私募股权投资基金监管研究

赵忠义 著

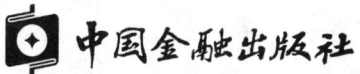

责任编辑：王素娟
责任校对：孙 蕊
责任印制：陈晓川

图书在版编目（CIP）数据

私募股权投资基金监管研究（Simu Guquan Touzi Jijin Jianguan Yanjiu）/赵忠义著. —北京：中国金融出版社，2011.10
ISBN 978 – 7 – 5049 – 6097 – 9

Ⅰ.①私… Ⅱ.①赵… Ⅲ.①投资基金—金融监管—研究 Ⅳ.①F830.45

中国版本图书馆 CIP 数据核字（2011）第 183403 号

出版
发行　中国金融出版社
社址　北京市丰台区益泽路 2 号
市场开发部　（010）63266347，63805472，63439533（传真）
网上书店　http://www.chinafph.com
　　　　　（010）63286832，63365686（传真）
读者服务部　（010）66070833，62568380
邮编　100071
经销　新华书店
印刷　保利达印务有限公司
尺寸　169 毫米 × 239 毫米
印张　12.5
字数　186 千
版次　2011 年 10 月第 1 版
印次　2012 年 7 月第 2 次印刷
定价　28.00 元
ISBN 978 – 7 – 5049 – 6097 – 9/F. 5657
如出现印装错误本社负责调换　联系电话（010）63263947

序

随着中国金融深化程度的提高，各种新型的金融工具和金融交易模式不断涌现，私募股权投资基金（PE）的发展历史在欧美发达国家不长，在我国的时间更短。

虽然PE的发展时间不长，但PE在经济运行中发挥的作用却越来越大。作为未上市企业的重要融资渠道，欧美国家的PE交易金额大都占到本国GDP相当高的比例，英国的PE在某些年份为企业提供的融资金额甚至超过了IPO的融资金额。中国的PE发展史虽然只有短短的几年时间，但已经显示出了很大的影响力，发展潜力很大。

如何引导PE健康发展，成为我国经济发展的积极因素，是摆在政府和PE市场各个参与者面前的难题。国外的经验可以借鉴，但由于市场环境不同，我们不能完全照搬，要研究我国的具体国情，探索适合我国PE发展的模式。

标准的PE奉行严格的所有权与经营权分离的模式，投资者一般不参与基金的管理，基金交给专业的管理人管理。投资者有雄厚的资金实力，管理人有很高的专业水平，因此，PE的参与门槛往往是很高的，与大众的关系不大，不可能出现"全民PE"的局面。但由于PE在我国出现的时间较短，投资者和管理人都不够成熟，深度委托—代理的机制和环境尚不具备，大面积采用严格的所有权与经营权分离模式的条件尚不完全具备，需要有个过程。

在欧美国家成熟的金融市场和PE市场环境中，PE受到的监管很少；但在我国PE市场的参与者还不很成熟的情况下，PE是否要监管，是个很重要而且很迫切的问题，需要从理论层面和实践层面进行深入的多层次研究后才能给予回答。但同时具备理论基础和实践经验的人很少，从这两个方面同时去系统思考的人更少。这是一项具有开创性的工作，正因为无人做过而显得艰难。唯如此,本书作者赵忠义在这个领域的探索才显得更加难能可贵。

在本书中,作者主要在理论层面研究了 PE 的信息不对称风险和潜在的系统性风险,从理论上回答了 PE 是否需要监管的问题以及如何监管和监管什么的问题。在实践层面,作者研究了 PE 在国内外的发展史,提出了我国 PE 监管的框架,其中的不少建议还具有较强的针对性和可操作性,这与作者在 PE 行业丰富的实践经验是分不开的。尽管如此,本书还是注重理论性,具有较高的理论深度,值得专业的金融从业者一读,特别是关注 PE 的金融监管人员、研究人员和 PE 市场的其他参与人员。

理论联系实际是我一直倡导的治学和做事理念,但真正做到两者的紧密结合是很不容易的,作者在此方面作出了难得的探索。我国年轻的金融工作者能够秉承此优良传统,我感到欣慰,同时也希望作者不要就此止步,对相关问题作出更加深刻的研究。

刘鸿儒

2011 年 8 月 12 日

目　录

第一章　导论 …………………………………………………… 1

第二章　私募股权投资基金的金融中介特征 ………………… 24
　第一节　私募股权投资基金的定义 …………………………… 24
　第二节　私募股权投资基金与典型金融中介的功能比较 …… 40

第三章　私募股权投资基金的信息不对称风险 ……………… 56
　第一节　金融市场中的信息不对称风险 ……………………… 56
　第二节　PE 运营中的信息不对称风险 ……………………… 59

第四章　私募股权投资基金的潜在系统性风险 ……………… 68
　第一节　金融市场的系统性风险 ……………………………… 68
　第二节　PE 运营中的潜在系统性风险 ……………………… 73

第五章　私募股权投资基金监管的理论基础及其模式选择 … 81
　第一节　主流金融监管理论及其对 PE 监管的启示 ………… 81
　第二节　私募股权投资基金的监管对象和模式 ……………… 95

第六章　全球私募股权投资基金的发展及其监管变迁 ……… 102
　第一节　发达国家（地区）PE 的发展 ………………………… 102
　第二节　2008 年金融危机前发达国家（地区）的 PE 监管政策
　　　　　及其变迁 ……………………………………………… 113

第三节 2008年金融危机后的PE监管改革趋势及其启示……… 137

第七章 我国私募股权投资基金监管框架的构建 ……………… 147

第一节 我国私募股权投资基金的发展历程 ……………… 147
第二节 我国私募股权投资基金监管的现状 ……………… 151
第三节 我国私募股权投资基金监管框架的构建 ……………… 159

参考文献 ……………… 176

第一章 导 论

一、研究背景

私募股权投资基金（Private Equity Fund，PE）起源于20世纪40年代的美国。1946年，美国哈佛大学教授乔治·多里特在波士顿发起并注资340万美元成立了美国研究与发展公司（American Research & Development Corp，ARD），专门为新兴的企业提供权益性启动资本。1957年，ARD对数据设备公司（Digital Equipment Corp，DEC）投资了7万美元的种子资金，14年后出售其所持DEC股份，获利3.55亿美元，增长5 000多倍。ARD对DEC的成功投资促进了创业投资在美国及世界各地的蓬勃兴起，随后迅速扩展到欧洲大陆、英国以及亚洲地区。20世纪70年代以后，PE进入中型以上企业的并购领域，因此得到了快速的发展。

（一）我国私募股权投资基金发展很快，但问题不少

我国的股权投资活动最早可以追溯到20世纪80年代中期。1985年9月，国务院正式批准成立了"中国新技术创业投资公司"（中创），它是我国第一家专营创业投资事业的全国性机构，主要股东是原国家科委和财政部。1998年，全国政协提出"一号提案"以及国务院对《关于建立我国风险投资机制的若干意见》的适时转发，标志着风险投资已引起政府的重视，并成立了一系列国有的风险投资机构，到2002年6月，全国成立了296家风险投资公司或基金，注册资金达580亿元，进入了实际的探索与操作。但政府主导的PE运行效率不高，真正投入资金的只占注册资金的10%左右。根据大中华区著名创业投资与私募股权研究机构清科集团发布的研究数据，中国已成为亚洲最为活跃的私募股权投资市场。从2000年到2009年，中国私募股权投资金额从85.8亿美元增长到1 451.86亿美元。从摩根士丹利等3家投资公司斥资5亿元投资蒙牛乳业、新加坡政府投资公司和中国鼎晖投资李宁再到新桥资本收购深

圳发展银行17.9%的股份，PE在中国的投资规模越来越大，而且介入范围越来越广，扩展到制造、IT、医药、金融服务业、房地产、电信等行业。与此同时，国家开始把PE的发展提升到了战略层面，并制定了一些相关政策来完善PE的外部环境，比如2006年新修订的《公司法》、《证券法》以及国家十部委联合颁布的《风险投资企业管理暂行办法》。

总体来看，我国PE的发展起起伏伏。一方面，2001年科技股泡沫破灭后，PE的发展进入观望状态；2007年6月1日修改后的《合伙企业法》生效后，有限合伙企业在中国被允许设立。此后各类PE机构在中国迅速成立、发展壮大。各类民营PE机构纷纷成立，但随后遇到了证券市场开户问题、税收问题、保险公司等机构投资者能否做有限合伙人（Limited Partner, LP）问题、PE机构和普通合伙人（General Partner, GP）是否需要监管等一系列问题。另一方面，面对全球金融危机和二级资本市场的委靡，投资机构开始把投资重心转移到一级市场。在这种情况下，国内PE的发展更是陷入一片混战。而美国的经验告诉我们，对PE的监管并不能过分放松，尤其是对商业银行系PE机构需要加强监管。与美国相比，我国PE产业还处于发展状态，业内还未形成规范体系，同时行业内又呼唤机构投资者的进入，在这种情况下，对其监管的讨论显得尤为紧迫。

（二）加快私募股权投资基金发展对优化经济发展具有重要意义

PE是一种新型的投融资模式，它对于优化经济发展具有重要意义：

1. 促进金融创新，拓宽直接融资渠道。以银行体系为主导的间接融资占据主导地位，融资渠道过于单一和集中是当前我国金融结构的特点和缺陷。企业直接融资和间接融资比例严重失调，使得整个金融体系的资金配置效率不高，金融风险也在不断积聚。有关资料显示，[①]在欧美国家，企业直接融资比例一般在70%以上，而在我国最高峰值也不过20%。因此，要大力发展资本市场，扩大直接融资比例，同时，要进行金融改革创新，可在PE等方面进行改革试验。大力发展PE，能为众多身陷融资困境的企业开辟一条新的直接融资渠道，为我国居民及机构投资者增

---

① 欧新黔. 我国拓宽直接融资渠道缓解中小企业融资难. 2007-06-12, http://www.in.ah.cn/shownews.asp?newsid=271.

加新的投资渠道。通过 PE 将社会闲散资金聚集起来，通过专家管理进行股权投资，不仅可以提高资金的使用效率，获得较高的投资回报，还可以缓解资金流动性过剩的状况，完善资本市场结构，丰富资本市场层次，健全资本市场功能，更好地发挥资源配置的基础性作用，降低过度依赖间接融资带来的风险。

2. 改善融资结构，完善企业治理结构，促进中小企业发展。PE 是对未上市企业的股权进行投资，因而它对企业的早期、成长期和扩张期的发展都发挥着比较大的推动作用。

（1）为企业提供了新的股权融资方式，减轻了部分资金密集型行业对于银行债务高度依赖所形成的风险。目前，不少资金密集型企业特别是未上市的企业因为缺乏股权融资的渠道，因而对于银行贷款等债务形成相当高的依赖性。这种融资结构使得当前不少企业都背上了巨额债务，稍微运作不善就有可能陷入资金周转困境，若这些企业能够获得 PE 的投资则可以大大降低企业对于银行贷款的依赖性。

（2）减少企业的融资成本。PE 是优质金融资源，只要它决定给该企业投资，企业使用这些资金就不需要付出利息，也不用像公开发行股票那样层层审批，手续简单、时间短，大大提高了融资效率，融资成本也相对较低。

（3）促进企业快速成长。PE 机构作为企业股东，为了使投资利益最大化，也会为该企业做大做强充分发挥自身优势，如规范企业内部管理、提供先进的管理经验等。通过 PE 市场引入合格的战略投资者和机构投资者，对于建立和完善企业的公司治理结构、引导企业行为都具有非常重要的作用。

（4）有利于提高企业资本的运作效率。作为一种投资工具，PE 属于专家理财，通过投资分析能力比较强的专家理财，有利于发现企业的价值，有效提高企业的资金使用效率。

3. 有利于高科技企业的创立和高科技成果的产业化。融资难制约了高科技成果产业化率的提高。一方面，高科技成果存在较大的不确定性；另一方面，在成果拥有者和投资者之间存在较大的信息不对称，使得高科技成果很难从正式的、传统的金融部门获得资金，因此只能寄希望于风险投资等。PE 既可以突破正式金融对融资者信用记录、规模、盈利性、担保等方面的限制，又能够以灵活的条款设计（包括高回报率）

来吸引投资者和补偿投资风险，因此是高科技成果产业化融资的一个好方式。

4. 符合国家战略，有助于促进产业结构优化升级，促进经济发展。PE是市场化配置资本资源的方式之一。由于PE的内在机制是追求投资回报，其管理人必须选择前景广阔、效益较高、质地优良的企业进行投资，这就使资本流入好的企业，客观上起到扶优限劣、优胜劣汰、优化资源配置的作用。在产业和地区结构调整方面，PE同样可以起到这种作用。比如在产业和地区结构失衡的情况下，急需发展的产业和地区由于供给不足而获利空间增大，这势必会吸引PE进入此类行业，从而可以加快此类行业的发展，实现产业和地区的均衡发展。因此，PE有助于优化资源配置，促进经济结构调整。

（三）高效监管是促进中国私募股权投资基金行业发展的核心

我国传统的金融机构，如银行、保险公司、证券公司、信托公司、证券投资基金管理公司等都是从传统的计划经济中脱胎而来，是政府逐步放松管制的结果。而PE机构的资金渠道则主要来自境外和民间资本，是从市场中自发产生的，虽然有不少政府出面组建的国有PE机构，但占主流地位的活跃机构都是外资机构和民营机构。这些自发成立的PE机构就是在适应中国经济环境的过程中诞生、发展的，而且按照"适者生存"的市场法则在运行。不同于人工设计出来的国有PE机构，它们具有顽强的生命力。这些机构的创办者、经营者会想出各种办法求得生存和发展，只要生存环境不是过于恶劣，其发展问题可以自我解决。

从1985年9月成立中创开始我国就出现了股权投资活动的萌芽，后来IDG、软银等国际风险投资机构也开始进入中国克服困难，自我发展。后来政策改善，尤其是2009年创业板推出后，PE在中国出现了前所未有的大发展局面，投资案例和上市退出案例迅速增加（见图1-1）。

PE在我国是个非常新的产业，在全球发展的历史也不长。近两年，我国的PE行业发展迅猛，呈现出旺盛的生命力。尽管我国各类机构纷纷设立，但随后遇到了证券市场开户问题、税收问题、工商登记注册问题、保险公司等机构投资者能否做有限合伙人（Limited Partner，LP）问题、PE投资机构和普通合伙人（General Partner，GP）是否需要监管等一系列问题。由于行业发展过于迅速，政府和学术界对PE机构还没

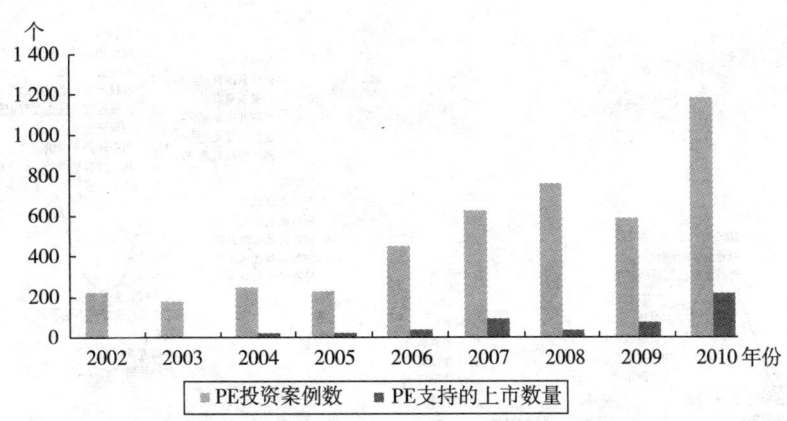

资料来源：清科集团。

图 1-1　2002—2010 年 PE 投资案例数与上市退出案例

有一个清醒的认识，需要研究的课题非常多，如要面面俱到，既无可能，也无必要。中国金融业一直处于较强的管制之中，对于 PE 机构之类的"类金融机构"，是否要监管、监管什么、如何监管，这些基础性的问题需要从理论层面给予回答，并指导实践工作。因此，PE 监管问题是中国 PE 行业发展的核心，如果能够认清这个问题，并有效指导实践工作、理顺监管，能促进中国 PE 行业的快速发展，进而促进经济的发展。

基于资金来源的考虑，早期的学者一般认为私募股权投资基金不需要监管。随着实践的深入，私募股权投资基金的一些负面作用开始显现出来，有一些学者逐渐认为应该对其采取适度的监管行动。Ulf Axelson (2007) 认为 PE 会加大宏观经济的波动，需要适度的监管。Douglas Cumming 和 Sofia Johan (2006) 分析发现，对私募股权投资基金的监管相对缺乏，会阻止机构投资者在私募股权投资基金上的投资。

吴晓灵 (2007) 认为，私募股权投资基金巨额持仓的失败有可能波及证券市场，风险比较大，且有一定的外部性，应对其进行一定的管理。管理可以分为三个方面：资格管理、私募股权投资基金备案和大额交易监管。尽管关于私募股权投资基金监管的论点并未达成一致，但是可以

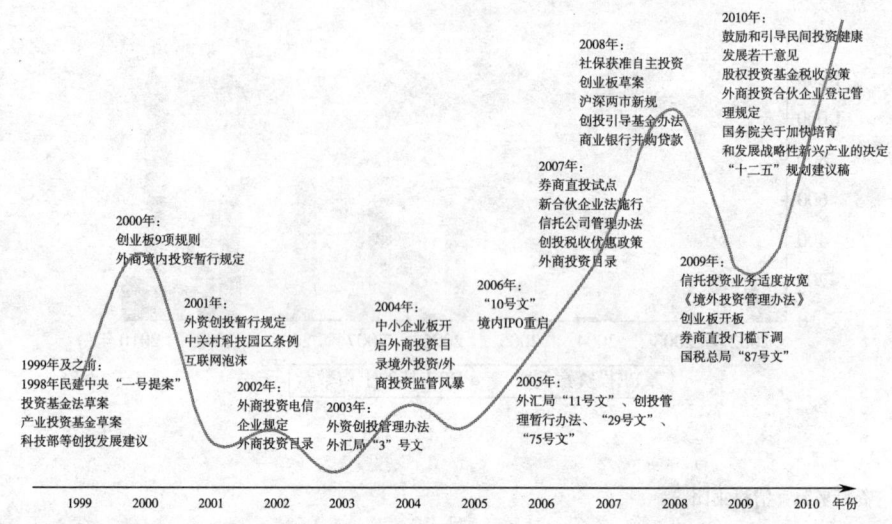

资料来源：清科集团。

图1-2 1999—2010年我国PE政策内容

肯定的是私募股权投资基金的监管是必要的①。

我国资本市场目前的水平远远不能适应我国经济发展的需求，我们应当正视经济发展的需求，对新兴的 PE 机构在促进经济发展方面的作用要有深刻的认识，对 PE 机构要给予足够的关注。理顺监管是促进 PE 行业发展的关键，但对此关键问题，现有的理论探索和实践探索远远不能满足要求，本书打算就 PE 监管问题作一些理论上的探索。

二、国内外文献述评

从现有的文献来看，国内外学者对私募股权投资基金文献综述主要从委托—代理机制、退出机制、影响因素以及风险业绩等方面进行分析。不过，对私募股权投资基金监管的文献并不多见，只能散见于各类文献中。本章对这些 PE 及其监管方面的文献进行了综述，为后文的研究提供必要的理论依据。②

---

① 吴晓灵. 发展私募股权基金需要研究的几个问题 [J]. 中国企业家，2007 (5).
② 黄亚玲. 私募股权基金文献综述 [J]. 国际金融研究，2009 (3).

（一）PE 定义的界定

私募股权投资基金的英文名称是 Private Equity Fund，缩写为 PE，中文通常译做"私募股权投资基金"、"私人权益资本"、"私人股权投资基金"等①。严格地讲，这几种译法都不太准确，Private Equity 最初的含义是指针对非公开上市企业进行的股权投资，是与 Public Equity 相对应的概念。中文将其中的"Private"翻译为"私人"或"私募"都容易引起误会。前者容易让人与私有化之类的敏感话题相联系，误认为其只投资于私人企业；后者容易让人以为其资金募集方式只能是私募形式，而且容易与时下人们所熟知的从事证券投资的"私募基金"相混淆。事实上，这个概念中的"Private"最初是从投资对象的角度强调其投资的是非公开上市的股权，是为了与投资于公开上市交易的证券相区别，而并非是对资金募集方式的限定。而且，随着 PE 的发展，其投资对象也进一步扩展到上市公司的非公开发行股份。因此，在中文中实际上很难找到一个完全对应的术语来准确地反映其内涵。

关于 PE 概念的界定，将其与"创业投资"（或风险投资，Venture Capital）进行比较，对二者的关系有三种不同的观点：

1. 将"PE"界定为与"创业投资"相对应的概念，包括"创业投资"以外的所有"非创业类投资"（Non-Venture Capital），以并购投资为主。

2. "PE"是包含"创业投资"在内的更广泛的概念。例如，欧洲私募股权投资与创业投资协会（The European Private Equity and Venture Capital Association，EVCA）将"PE"定义为："为非上市企业提供股权资本，可用于开发新产品和新技术、增加运营资本、收购，或改善企业的财务状况，也可用来解决所有权和管理问题，例如家族企业的持续经营，或管理层收购。严格地讲，创业投资是 PE 的一个子集，是指对创建、早期发展或扩张阶段的股权投资。"著名评级机构标准普尔对"PE"的定义②是："PE 是各种另类投资（Alternative Investment）的统称，包括

---

① 相应地，通常将 Private Equity Fund 译做"私募股权投资基金"、"私募股权基金"、"私人股权基金"或"私人股权投资基金"。本文使用目前国内最常见的译法"私募股权投资"和"私募股权投资基金"来分别指代"Private Equity"和"Private Equity Fund"。

② Standard & Poor's Ratings Direct, Private Equity Fund of Funds: Overview and Rating Criteria, Nov 07, 2001. www.standardandpoors.com/ratingsdirect.

对非上市公司的股权投资、创业投资、较大规模和中等规模的杠杆收购、夹层债务和夹层股权投资（Mezzanine）①，以及房地产投资等。此外，PE还包括对上市公司进行的非公开的协议投资（Private Investment in Public Equity，PIPE）。"②

3. 对"PE"和"创业投资"二者不进行明确区分并交替使用，如Levin（2002）。现实中，英国、澳大利亚、以色列、中国香港和中国台湾等国家或地区的行业协会等均不区分二者。

国内学界对PE的含义也存在争议。

盛立军（2003）认为，PE的投资通过私募形式对非上市企业进行的权益性投资，并通过退出机制获利。他将PE的定义也分为狭义和广义两种。广义的概念是指对种子期、初创期、发展期、扩展期、成熟期和Pre-IPO等各个时期的非上市企业所进行的私募权益投资基金；狭义的概念则是指对已经形成一定规模并产生稳定现金流的成熟性非上市企业进行股权投资的基金。

周炜（2007）指出，PE包括风险投资基金、收购基金（Buyout）、夹层基金（Mezzanine）、房地产基金（Real Estate）、财务困境基金（Distressed）、基础设施基金（Facilities）。周炜的这种定义实际上混合了两种分类方法，一是按投资阶段划分，PE可以分为风险投资基金、收购基金、夹层基金等；二是按投资行业划分，PE可以投资于任何能创造高收益的行业，如农业、制造业、房地产业、制药、教育和卫生等行业。因此，这种定义只是粗略说明了PE的融资活动，并没有完整表达出PE的本质。

吴晓灵（2007）把PE定义为以非上市企业为主要投资对象的各类创

---

① 夹层投资，是介于优先债权投资（如债券和贷款）和股本投资之间的一种投资形式，通常采取可转换公司债券或可转换优先股之类的金融工具提供形式灵活的较长期融资。当企业破产清算时，优先债务提供者首先得到清偿，其次是夹层资本提供者，最后是公司的股东。因此，对投资者来说，夹层资本的风险介于优先债务和股本之间。夹层债务与优先债务一样，要求融资方按期还本付息，但通常要求比优先债务更高的利率水平，其收益通常包含现金收益和股权收益两部分，因此夹层资本的收益也介于优先债务和股本之间。夹层资本提供者可以选择将融资金额的一部分转换为融资方的股权，例如：期权（Option）、认股证（Warrant）、转股权（Convertibility）、股权投资参与权（Equity Participation Rights）等，从而有机会通过资本升值获利。最常见的夹层融资形式包括含转股权的次级债（Subordinated Debt with Warrants）、可转换债（Convertible Debt）和可赎回优先股（Redeemable Preferred Equity）（孙景安. 夹层融资——企业融资方式创新[J]. 证券市场导报, 2005 (11)）。

② PIPE作为上市公司筹措资金的一种新手段在最近10年得到了迅速发展，并被誉为"私募股权投资市场中一粒不为大众所知的蒙尘明珠"（有关PIPE的详细介绍可以参阅斯蒂芬·德森纳，库尔特·金. 上市公司私募融资[J]. 北京：中信出版社, 2007.）。

业投资基金或产业投资基金，如渤海产业投资基金。① 根据我国《产业投资基金管理暂行办法》第一章第二条，产业投资基金是指一种对未上市企业进行股权投资和提供经营管理服务的利益共享、风险共担的集合投资制度，主要从事创业投资、企业重组投资和基础设施投资等实业投资。

李昕旸、杨文海（2008）提出，产业投资基金与PE相比，具有三个显著的特点，即政府主导性、投资区域性和非营利性，因此产业投资基金不是原始意义上的PE。

从构词法上看，"私募股权投资基金"可以看成是"私募股权投资+投资基金"的合成，即"PE"是一类从事私募股权投资的投资基金。但严格地讲，"投资基金"只是一种俗称而不是法律概念。学术界对"PE"概念的理解既有将其作为一种集合投资工具或产品，如刘健钧（1999）；也有将之理解为一种投资制度，如夏斌等（2002）；或一类投资组织或机构，如郭建鸾（2006）和刘琦（2006）等。无论将PE看成一种集合投资工具或产品或者一种投资制度或者一类投资组织或机构都有其内在的合理性。但从美国的实践看，正是组织化了的专业投资机构——PE的出现，才使得美国PE市场的发展获得了独立于政府意志之外的市场力量的推动和支撑。从这个角度来看，将其界定为一类组织化了的投资组织或机构，更能反映PE这种高级金融创新的现状和发展趋势。

美国是PE最发达的国家，组织化的PE扮演了推动PE市场发展演进的重要市场化力量。但美国的法律也并没有对"PE"给出明确界定，只是在美国联邦银行业监管条例中罗列了PE需要满足的相关条件②。显然，这并不是对"PE"概念的规范性定义，而主要是对其必须满足的法律要件的规定。

上述几种认识在不同范围内都存在，但随着实践的发展，PE成为了

---

① 吴晓灵于2007年6月在中国并购年会暨首届中国企业国际融资洽谈会上的演讲。
② 这些条件包括：（1）业务方向限于投资于金融/非金融公司的股权，资产或者其他所有者权益，并且将在未来将之出售或以其他方式处置；（2）不直接经营任何商业/工业业务；（3）任何一家金融控股公司，董事、经理、雇员或者其他股东所持有的股份都不超过25%；（4）最长持续期限不超过15年；（5）并非出于规避金融控股监管条例或者其他商人银行投资条例目的而设立[Code of Federal Regulations. Banks and Banking, Chapter XV - Department of The Treasury, Subchapter A - General Provisions, Part 1500 - Merchant Banking Investments（12 Code of Federal Regulations 1500.4）]；北京大学金融系产业投资基金课题组. 国外产业投资基金研究之一：国外产业投资基金概况. 国家发展和改革委员会网站（http://cjs.ndrc.gov.cn/gzdt），2006-12.]。

在创业投资的基础上发展起来并被广泛采用的一个概念,表1-1对"PE"这个概念进行了总结,并将其划分为不同层次。

表1-1 PE定义比较

序号	层次	含义
1	最狭义的PE	仅指并购投资
2	狭义的PE	指对已经形成一定规模的,并产生稳定现金流的成熟企业的股权投资,主要是指创业投资后期的PE部分
3	广义的PE	指为非上市企业提供股权资本,包括企业首次公开发行(IPO)前各个阶段的股权投资,形式上包括创业投资、并购投资、夹层投资
4	最广义的PE	在业务范围层面上定义,不仅包括对非上市企业的股权投资,还包括其他形式,如基金的基金(Fund of Funds, FOF)、PIPE、不良债权投资、房地产投资以及基础设施投资等

本书采用最广义的定义,将"PE"界定为"集合两个以上投资者资金,实行专业管理的,专门从事股权投资的组织或机构"。

(二)影响PE产业发展的因素

1. 经济因素

Acs & Audretsch(1994)指出,宏观经济因素的变动对企业的创业活动有着深刻的影响,比如GDP和贷款利率。GDP的增长不仅提高了对创业资本的需求,而且给企业提供了更多的融资渠道,给投资者创造了更好的投资环境,GDP的增长和PE产业的发展具有正相关的关系。此外,贷款利率反映了债务市场的广度和深度以及内在的风险溢价。高利率意味着借贷环境风险较高,贷款渠道有限,创业企业通过债权市场获取投资资金的渠道较少,企业面临着较高的风险溢价。Gompers & Lerner(1998)指出,影响PE产业发展的因素有资本收益税、养老金基金规模、GDP增长率、股票市场收益率、研发支出、公司业绩和声誉等。其中,GDP增长率对VC产业的影响很大,而IPO对PE的影响并不明显。此外,一国的经济状况也会影响PE市场的发展。

与Gompers & Lerner(1998)的结论相反的是,Jeng & Wells(2000)以21个国家10年内的面板数据为样本对影响PE产业发展的因素(比如IPO、劳动力市场的流动性、财务报告标准、GDP增长率、市场资本化程度、政府政策等）进行实证分析发现，IPO退出模式是推动创业投资活动的主要动力，政府政策对PE的影响主要体现在监管和投资政策上，GDP增长率和市场资本化以及财务报告标准对PE产业的影响并不显著。

2. 法律因素

Megginson（2004）指出，PE产业的发展取决于一国的基础制度，尤其是法律体系。Cumming & MacIntosh（2002）认为，在法律体系比较完善的国家，基金管理人更喜欢投资于高科技中小企业，而且在退出时更倾向于选择IPO方式获得较高的收益。Cumming（2004）等人进一步研究了法律体系对治理结构的影响。在法律体系相对完善的市场中，融资资金能快速获得，从而也相应缩短了筛选项目的周期。Lerner & Schoar（2005）指出，在法律体系不完善的环境下，基金管理人更倾向于对被投资企业控股，说明法律体系直接影响了基金管理人和被投资企业在交易契约中的股权配置。Kaplan等人（2000）以投资者和被投资企业的契约为研究对象，发现现金流控制权（the Rights over Cash Flows）以及其他控制权、流动性和董事会席位都会随着法律体系的改变而改变，美国的各类融资契约结构在不同的制度环境下都表现出了一定的有效性。Djankov（2003）指出，法律体系的不完善常常导致私人盗用或者政府以合法形式"巧取豪夺"企业的专利。

La Porta（1999a）指出，法律对投资者利益的保护程度也影响了企业外部融资的广度和深度。如果一国能很好地保护投资者的利益，则融资价格会降低，减少的融资价格会鼓励企业家和基金管理者寻找更多的外部融资渠道。La Porta通过比较49个国家的股票市场规模、上市公司的数量、以IPO模式退出的企业数量以及债权规模，发现对投资者利益保护程度高的国家，其金融市场的广度和深度也更大。La Porta（1999b）从27个富裕国家选取了企业样本，研究结果表明对投资者利益的保护程度越高，则托宾Q指数越大。此外，所有权和企业估值价值之间的相关度在保护程度差的国家比较明显，反之在富裕国家并不明显。

总之，从企业层面来看，影响PE产业发展的因素可以分为内部因素和外部因素。内部因素主要有创业企业的专有特性、创新能力和研发支出、历史业绩和业内声誉；外部因素则主要是指一国的综合环境，包括法律和金融体系、社会制度和文化。其中，法律是否完善直接影响了PE

产业的发展。

（三）PE 的委托—代理问题

Ried（1998）认为，风险资本投资中最大的风险莫过于委托—代理风险。CanKut etal（2007）指出，委托—代理问题实际上是因为基金管理者和企业经理人之间缺乏透明度和信息不对称所致，CanKut 等人将 PE 融资过程中可能遇到的风险分为五种：投资前评估风险、委托—代理风险、被投资企业内部风险、投资组合风险、宏观风险等。对于基金管理者而言，信息不对称所导致的代理风险、证券投资组合管理风险和宏观类风险最为重要。Promio & Wright（2004）指出，信息不对称主要表现在三个方面：一是信息差距（无论是否影响基金管理者和企业家的决策）；二是对企业经理人有利的信息不对称；三是对基金管理者有利的信息不对称。Gompers（1995）认为，三种机制可以降低融资过程中的委托—代理风险：融资契约（Financing Contract）、辛迪加投资（Syndication of Investment）、分阶段融资（Incremental Financing or Stage Financing）。

1. 融资契约

Gompers & Lerner（1996）根据"契约成本"理论试图找出影响设计融资交易结构的决定因素，Gompers 和 Lerner 通过比较分析 140 份契约协议，发现企业所处的发展阶段、企业类型、基金规模、企业支出对业绩的弹性等因素都影响了代理成本。William（2001）研究了企业经理人和基金管理者在契约中如何配置风险、收益以及股权，他认为控制权和责任的分配主要取决于以下五个因素：一是企业家的经验和声誉，二是投资吸引力，三是公司的发展阶段，四是契约双方的投资技巧，五是风险资本市场的总体情况。

2. 辛迪加投资

辛迪加投资是风险资本家常用的另外一种风险控制机制（Gompers，1995）。基金管理者通过和其他投资者联合投资，分散投资风险，从而减少了信息不对称所引起的逆向选择问题。参与企业日常经营管理的投资者会利用这种信息优势，高估企业在下一轮融资中的价格。Admati & Pfeiderer（1994）认为，防止领导投资者机会主义行为的唯一方式就是限制他们对被投资企业的持股份额。Lerner（1994）认为，当风险资本融资过程中信息不对称程度较高时，辛迪加可能有效。可见，辛迪加也是一个减少逆向选择问题的方法。

3. 分阶段融资

Duffner（2003）指出，分阶段融资延长了基金管理者对企业融资项目的观察期，对每阶段的融资项目信息的掌握可以减少代理成本。Sahlman（1990）认为，分阶段投资是最有效的一种监督机制。Gompers（1995）认为，基金管理者会权衡潜在的代理成本、监管成本和控制成本。潜在的代理成本越高，监管力度越大越有效，缩短融资周期的可能性越大，从而能有效防止企业家投资于注定要失败的项目。根据代理成本理论，一些因素会影响代理成本。一是企业资产的特性，包括资产流动性价值（Williamson，1988）、资产专有性（Asset Specificity）（Williamson，1975）、企业价值对增长的依赖度；二是企业的经营历史；三是企业的发展阶段。Gompers（1995）的实证研究发现，除了企业的发展阶段以外，上述因素都对企业的融资周期有影响，证明了分阶段融资可以有效控制代理成本。

此外，Gompers（1997）认为，将被投资企业的所有权和控制权相分离，也可以降低代理成本。基金管理者经常面临一个困境：利用股权激励企业经理人的同时，企业经理人凭借持有的股权和在企业内部的位置存在隐瞒信息的可能。为了解决这个问题，基金管理者通常会制定契约制约经理人的控制权。这些控制权通常包括董事会席位、重大决策表决权、禁止资产出售、控制权转让的限制、企业重大支出限制、发行新证券的限制、强制赎回等权利。有了这些限制条款以后，企业家作出任何重大决策都要经过基金管理者的监督和同意。可见，所有权和控制权分离机制不仅创造了经济利益，也充当了一种筛选机制。

在我国，PE委托—代理问题也引起了学者的关注。例如，吕厚军（2007）研究了私募股权基金管理人和被投资企业经理人之间的关系，认为基金管理人与企业经理人之间存在双向代理特征。他指出，创业企业家作为委托人、基金管理人作为代理人这种反向代理关系中基金管理人可能会给创业企业家带来各种道德风险和逆向选择，并对投资契约、声誉市场、联合投资等治理机制进行了研究。从国内学者的研究来看，主要还是集中在对国外文献的讨论，对我国私募股权基金在实际操作中的风险控制问题则很少进行实证研究。

(四) PE 的退出机制

在一个流动性较强的市场，投资者的退出渠道越多，投资动力就越大，PE 产业就会发展得更加迅速，缺乏退出渠道将会阻碍 PE 产业的发展。

Ritter (1998) 认为，风险资本家之所以喜欢对企业投资，是因为通过 IPO 成功退出能获得较高回报。Black & Gilson (1998) 通过检验日本、德国和美国的资本市场结构，发现是否存在一个积极的 IPO 市场对于风险资本产业的成长非常关键，IPO 给投资者提供了一条快速的高收益的退出渠道。Jeng & Wells (2000) 认为，退出机制对于 PE 产业的发展至关重要，IPO 是投资者考虑退出的首选模式，因为并购则意味着控制权的丧失。Armin (2001) 发现，当新产品完全是创新产品时，上市比并购可获取更多的收益，如果企业家在风险资本家退出后热衷于做一个独立的经理人以获得更多的个人利益，企业家会扭曲创新战略迫使风险资本以 IPO 模式退出。Kaplan 等 (2003) 选取了 1980—2000 年 23 208 家接受私募股权基金融资的企业作为检验样本，计算结果显示预期收益最低时是 1.12（融资阶段为企业发展后期），最高时达到 5.12（融资阶段为企业发展早期），私募股权基金的预期收益取决于企业类型、企业融资阶段、融资时企业的估计价值以及当时的市场环境。

Cumming & MacIntosh (2002) 比较分析了美国和加拿大创业资本的退出机制，发现美国的创业市场更具有流动性，IPO 是收益最高的退出模式，其次是收购。笔者指出，全部退出 (Full Exit，比如风险投资者在 IPO 后一年内退出，或者是并购退出和次级销售) 的绩效不一定比部分退出 (Partial Exit，比如在 IPO 后 3~5 年内退出) 的高。Andreas & Uwe (2001) 指出，企业经理人和风险资本家之间的冲突不仅在于直接经济利益的分配，更重要的是退出模式的选择，因为退出模式也影响两者的经济利益，可以使用可转换证券 (Convertible Securities) 避免这些利益冲突。

总之，PE 的退出方式主要有以下几种：IPO、并购 (Acquisition)、次级销售 (Secondary Sale)、回购 (Buyback)、清算 (Write Off) (Cumming & MacIntosh, 2002)。

国内关于 PE 退出机制的研究不多。例如，范柏乃 (2002) 通过对浙江、上海、广东、北京等省市 30 家风险投资公司的 90 位高级管理人员进行问卷调研，结果发现与国外 IPO 为主流退出模式相反，我国风险投资最为现实的退出方式首先是企业并购，其次是创业板交易、回购和买壳上市。这与我国目前多层级的资本市场发育不够、企业市场门槛高、产权交易不活跃等因素有关。吴晓灵（2007）认为，国内很多私募股权基金投资的企业绕到海外上市的动机是国内退出渠道有限，建议建立多层级的场内市场、建立合格投资者的场外市场、尝试制定鼓励中资投资企业股权协议转让的外汇政策。①

（五）PE 的组织结构

从国际上来看，私募股权投资基金主要有公司制、有限合伙制和信托制这三种组织形式，这些组织形式的存在以及发展的状况取决于它们解决投资者和基金管理人之间的委托—代理问题的效率。对私募股权投资基金组织结构的研究主要采用了以下两种理论。

1. 契约理论

契约理论认为投资者和基金管理人之间是契约关系，而且这个契约关系在一定的条件下可以解决投资者和基金管理人之间的委托—代理关系。

Fama（1980）首先使用契约理论研究了私募股权投资基金的组织结构。Fama 认为，"时间"可以解决激励问题，因为基金管理人的市场价值以及收入取决于其过去的经营业绩。从长期看，基金管理人必须对自己的行为负完全的责任。因此，即使没有显性的激励合同，基金管理人也会有努力工作的积极性，因为这样可以改进自己在基金管理人市场中的声誉，通过暂时牺牲期初的一些效用，来获得未来投资期间内报酬的提高和筹资机会的便利。

Heinkel（1994）认为，在订立创业投资契约之前，基金管理人对自身业务能力的了解优于外部投资者，在这种信息约束条件下，基金管理人的业务能力信息往往通过契约的具体订立明确反映，所以投资者的事前分析对契约的订立有重要的作用。

Gomper & Lerner（1998）也认为，投资者与基金管理人之间的契约是处理代理问题的一种有效的方法，投资者与基金管理人订立契约时，往往要求基金管理人具有甄选高质量可投资项目的能力和为项目增值的

---

① 吴晓灵在 2007 年中国私募股本市场国际研讨会上的演讲。

能力。这些能力也构成了基金管理人的业务水平信息。

2. 信号选择理论

信号选择理论认为,投资者和基金管理人之间存在信息不对称,私募股权投资基金管理人需要通过一些特殊的机制(例如,IPO)来向投资者传递代表其能力的信号。事实上,私募股权投资基金内部存在双重委托—代理关系,包括投资者和基金管理人之间的关系、基金管理人和创业企业管理者之间的关系(Robbie K. Wright, 1997)。Gibbon(1992)认为,由于私募股权投资基金的运作特点,基金管理人的业务能力很难被投资者全面了解,投资者所知道的都仅为该业务能力的一般分布,在这样的情况下,基金管理人的首期业绩将会成为其自身和外部投资者借以衡量其业务能力的依据。Hellmann(1998)、Bernard S. Black & Ronald J. Gilson(1998)进一步指出,由于信息不对称,基金管理人和基金投资者之间存在一个学习的过程,成功的 IPO 成为反映私募股权投资基金管理人能力的一个重要信号,IPO 机制也成为基金管理人和基金投资者之间的信号传递机制。

基于契约理论和信号选择理论,Sahlman William(1990)详细论述了私募股权投资基金运作的方式,并且指出在 20 世纪 80 年代以后,美国的私募股权投资基金主要采用有限合伙制。Fenn、Liang & Prowse(1997)的研究结果也支持这个结论。

(六)PE 的监管问题

标准的 PE 不需要太多的监管,早期的学者也认为 PE 不需要监管,PE 也产生在美国管制较松的环境中,因此 PE 在早期发展过程中受到的监管不多,主要是立法所引起的组织形式的变化。例如,Ulf Axelson(2007)认为,由于存在对基金管理人的激励,结果会促使 PE 在经济景气时过度投资,在经济萧条时投资不足,结果整个行业周期将被放大,并加大了宏观经济的波动,所以 PE 需要适度的监管。Douglas Cumming & Sofia Johan(2006)通过对 100 家荷兰机构投资者对荷兰和国际的 PE 投资项目的资金配置情况进行分析,发现对 PE 监管的相对缺乏,会阻止机构投资者在 PE 上的投资,特别是当 PE 缺乏透明度的时候。数据还表明,融洽的监管,特别是国际会计准则(International Financial Reporting Standards)和《巴塞尔新资本协议》(Basel II),会增加机构投资者在国内和国外 PE 投资上的资金配置。

Fried Frank Harris Shrive & Jacobson LLP（2005）研究了法国对 PE 的监管。George C. Nnona（2006）研究了尼日利亚对 PE 的法律规定，重新审视了理论与政策中的关键问题。Michael J. Barclay、Clifford G. Holderness & Dennis P. Sheehan（2009）回顾了对大宗股票进行私募的论据并提出了新的论据进行监管。

与国外学者的研究相比，国内学者关于中国 PE 产业的研究还停留在初级阶段。一些学者探讨了 PE 产业发展对我国经济的影响。侯玉娜等（2007）从发展形势、意义方面介绍了国内 PE 的发展状况。张明（2008）、艾小乐（2008）指出，外资并购对我国经济造成了品牌消灭、行业控制、短期效益以及内资企业外资化等消极影响，克服这些负面效应可以从具体个案、法律与政策、市场基础三个层面着手。岳清唐（2003）的博士论文《国外 PE 行业监管理论与实践及其对我国的启示作用》主要是研究证券投资基金的监管问题，部分提到了 PE 的监管问题。

卞华舵（2007）指出，国内目前对于发展 PE 的鼓励性政策不多，障碍性政策较多，例如双重征税的问题还没有彻底解决，《商业 PE 机构法》和《保险法》限制金融资本进入 PE 市场；金融分业经营也使得许多成熟稳定的资金不能进入这一领域。吴晓灵（2007）在中国私募股本市场国际研讨会上演讲时指出，目前制约中国 PE 产业的因素主要有以下几个：一是政府监管，政府监管主要表现在三个方面，即投资者资格、注册以及大额交易的监管；二是双重征税问题；三是 PE 的退出渠道有限；四是企业的股权登记托管，而这四个问题能否解决还要依靠政府通过制定法律政策来规范。上述学者对我国 PE 的监管问题做了有益的探索，但尚未给出一个整体的系统化的框架。

（七）国内外文献简评

从上述文献综述可以看出，国外 PE 发展比较成熟，相关的研究也相对更加丰富，对 PE 的组织机构、交易机制、风险管理、退出机制、投资绩效等问题进行研究，但总体上看，国外学界对 PE 的研究还有待深化。

与国外文献相比，尽管国内学者都对 PE 多个方面进行了研究，其理论研究还是显著滞后于实践，国内的研究更是处于起步阶段。从目前的国内研究情况来看，尚存在以下问题。

1. 研究缺乏数据支持

从研究角度来看，国内的研究大多还停留在理论阶段，关于 PE 融资实证的研究少之又少，主要原因是缺乏统计数据和案例。国内目前只有一家商业调查机构——清科研究中心和中国创业投资网能对外提供部分数据，企业出于商业保密的要求通常会拒绝调研和提供相关数据，即使根据投资协会的要求上报数据时，也可能存在虚报谎报的情况。

2. PE界定存在混淆

到目前为止，国内关于PE的定义还没有一个权威的说法。美国和欧洲都成立了投资者协会，并对PE的定义给出了相应解释，中国尽管也成立了投资协会，但是并没有对PE的定义及其特性做一个比较权威的诠释。由于中英文语言习惯和翻译时的差异，国内关于PE的定义就存在很多误区。通常将其与风险投资、私募证券基金、公共基金、天使资本等专有名词混淆。定义是根本，如果一个市场内关于PE的定义都没有形成规范的说法，恐怕学术研究和实务操作会更加混乱。总之，关于PE的一些基础性概念和范畴尚未得到统一的认识，影响了建立于其基础之上的理论分析框架以及监管政策的制定。

3. 研究出发点偏颇

国内学者对PE的研究应该以本国市场为立足点，但是多数文献都是停留在对美国、欧洲或者英国等PE市场的比较分析上。无可厚非，研究先行者的发展路径对于后来者是有着积极的借鉴意义的，但是在借鉴后还要进一步检验这些路径到底是否符合本土市场，遗憾的是，目前还没有什么文献研究中国国内PE市场的发展状况。将来国内学者的研究应该更加关注本土PE的发展。而且，国内大多数文献都是研究PE中的创业风险基金的，对于PE的其他形式（例如并购基金等）则研究很少。然而在实践当中，并购基金的规模和影响力已远远超过创业风险基金。此外，无论是西方学者还是国内学者，对PE的研究主要集中在风险投资，原因可能有二：一是风险投资在PE投资中所占的份额最大，二是VC的运作模式可以被运用到其他PE投资业务中。

4. 研究角度比较单一

国内研究主要集中在委托—代理风险以及退出模式上，忽略了PE融资过程中的其他重要问题。实际上，西方学者关于这两个问题的研究可以说比较成熟了，没有必要在理论上对此问题过度花费时间。在PE融资过程中还有很多重要的问题，例如PE实际操作中会遇到哪些法律问题、PE如何设立与被投资企业的交易结构、如何决定退出时机和退出程度、国内券商如何发展PE业务等,这些都是国内学者可以结合本国国情进一步充实的地方。当然,学术研究和实务发展相辅相成,国内研究水平总体不高的状态与国内PE只是刚刚起步也有关系。此外,制度性因素对PE的影响很少涉及。西方学者虽然在这些方面作了一些初步的分析,但是对转轨经济和发展中国家的PE发展和制度之间复杂关系的分析却很鲜见。

5. 研究重点不突出

通常,PE投资过程有以下几个关键问题:一是基金管理人如何对潜在的被投资企业进行评估;二是基金管理人如何控制投资过程中的委托—代理风险;三是PE公司如何和被投资企业设计交易结构;四是PE投资成功后如何退出,退出又涉及退出模式、退出程度和退出时机的选择问题;五是PE发展环境问题,尤其是PE的监管问题。国外文献在关于影响PE发展的因素、委托—代理风险以及退出模式上的研究已经比较成熟,对于交易结构和退出机制的研究也比较充实,但对PE监管问题的讨论还是相对较少,我国PE起步较晚,相关政策和立法均比较落后,对PE监管问题只有零星的论述。

基于上述文献综述,结合自身的PE实际工作经历,笔者选择PE监管问题作为博士论文的研究选题,具有理论和实践的双重意义:

一方面,近年来,我国PE发展迅猛,对PE的适当监管和政策引导不仅有利于PE行业的健康发展,也有利于PE更好地服务于国民经济的发展,降低PE可能带来的风险;另一方面,由于我国PE监管尚处在空白状态,本书从理论和实证层面的研究旨在构建我国PE监管框架,相信本书的一些观点和结论将对相关研究和政策制定有直接的帮助。

三、研究内容和框架

私募股权投资基金监管是一个开放性话题,争论很多,因为私募股权投资基金产业的发展是一个动态的过程,各国各地区的法律、金融以及社会资源存在很多差异,因此不存在一个万能的模式。本书对私募股权投资基金的研究着重在于回答下面一些问题,即监管的必要性、监管谁、由谁监管、如何监管。

本书的研究是为了理清对PE监管问题的认识,促进我国PE的顺利发展。全文分为七章，各章节主要内容安排如下：

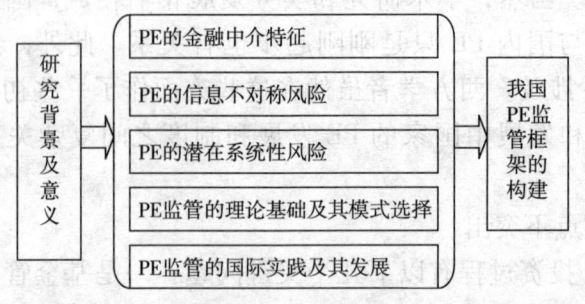

图1-3 全书结构图

第一章是导论。从国内外 PE 行业发展的事实与遇到的问题出发，阐述了我国发展 PE 的必要性以及由此引起的监管问题，从而介绍了本书的选题背景与研究意义、国内外文献述评、研究方法与本书结构、本书的主要观点与创新之处以及需要进一步研究的问题。

第二章主要研究 PE 的金融中介特征。首先简要介绍并辨析了 PE 的概念、基本运作流程、特点及功能，其次把 PE 的功能与商业银行、投资银行、对冲基金与共同基金等典型金融中介作了详细的对比研究，最后得出结论：PE 是一类新型的金融中介，从而把对 PE 的监管纳入金融监管的理论体系中，找到了理论基础。

第三章分析 PE 的信息不对称风险。本章结合 PE 金融中介特征，重点分析了 PE 的信息不对称风险。本章首先分析了金融市场中的信息不对称风险及其影响和监管要求，进而剖析了 PE 运营过程中的信息不对称风险及其提出的监管要求，为后文的分析提供必要的依据。

第四章剖析 PE 的潜在系统性风险。为揭示 PE 潜在系统性风险的特征，本章首先分析了金融市场的外部性、脆弱性和系统性风险特征，然后集中阐述 PE 运营中的高杠杆特征以及由此导致的潜在系统性风险，并构建理论模型论证了其监管要求。

第五章分析 PE 监管的理论基础及其监管模式。本章首先从主流金融监管理论出发，阐述了金融机构监管的一般理论依据，并产生主流金融监管理论对 PE 监管的若干启示，然后结合 PE 运行的主要风险特征分析 PE 监管的必要性和有效性，并据此提出了 PE 监管的对象和模式。

第六章研究 PE 的国际发展及其监管变迁。本章从实践角度研究了

PE 监管，主要是参照了美国等发达国家的实践经验，重点研究了发达国家 PE 监管的理念与模式。2008 年美国爆发金融危机后，金融监管理念有所变化，监管理念与模式由机构导向转为功能和目标导向，监管面更宽，更加重视不同金融业态的内部联系与全面监管。发达国家 PE 监管的实践经验为我国 PE 监管提供了参考。

第七章构建我国 PE 监管的基本框架。本章研究了我国 PE 的发展与监管状况，分析了 PE 从我国出现雏形到快速发展的整个过程及其监管思路与措施，分析了其中存在的主要问题。根据前文的理论研究和对发达国家的实践研究，比较分析了中国和美国 PE 发展环境的差异后，系统地设计了我国 PE 监管的框架，阐述了我国 PE 监管的理念、内容、模式、主体、对象和措施。

四、研究方法

本书在研究过程中运用了多种科学研究方法，主要有：

（一）比较研究方法

本书主要采用了比较研究方法，主要是把 PE 和典型金融中介进行比较，PE 发展和监管中国外与国内的比较。通过前一个比较，研究发现 PE 具备金融中介的基本特点，它也是一类新型的金融中介，但 PE 又跟传统的金融中介不同，有自己的特点，从而决定了其监管模式也与传统的金融中介有所不同。通过后一个比较，研究发现中国的 PE 发展也要遵循一般规律，与发达国家的 PE 发展有相似的地方，但由于中外发展环境的不同，决定了 PE 的发展又有所不同，监管模式也应该有所不同。

（二）规范分析和实证分析相结合的方法

在分析金融市场失灵、PE 行业市场失灵、我国 PE 行业的监管等方面将运用规范分析方法进行研究；在 PE 组织形式、监管模式等方面分析中，将通过案例进行实证检验分析 PE 监管的各种模式的有效性问题。

（三）静态分析与动态分析相结合的方法

在对 PE 机构中的激励约束机制进行分析时，将对公司制、信托制和合伙制进行静态对比分析，同时将对 PE 组织形式变迁的过程进行动态分析，研究影响组织形式变迁的主要因素。

(四)数理演绎分析方法

运用数理经济学的一般分析工具,建立模型,分析金融机构杠杆化经营风险传染的模式,在信息不对称情况下管理人侵害投资者利益的情况,从而为政府是否监管、监管条件找出理论依据,保证理论分析的准确和严密性。

(五)制度分析方法

PE 监管问题的研究属于制度分析的范畴,本书在研究过程中始终贯彻制度经济学分析的研究方法。在对国内外 PE 监管的实践进行历史考察时,从制度变迁的角度对 PE 组织形式的演变历程进行详细的分析。

(六)案例研究法

本项研究面临的一个主要问题是数据不足。由于并不要求 PE 公开相应信息,因此无法实地调研近几年来 PE 实际的运营情况,只能从国家发展改革委、清科集团等研究机构发布的研究报告中获得一些数据,国家发展改革委的数据仅限于备案企业,而且及时性不够,清科集团等市场研究机构的数据权威性不够。为弥补这种不足,本书将选取一些 PE 机构已投资的案例,进行典型研究,为理论研究提供实证支持。

五、进一步研究方向

本书从理论和实践的角度详细研究了 PE 的监管问题,并对中国 PE 的监管框架提出了建议,鉴于笔者的能力等方面的局限,与 PE 监管有关的几个重要问题本文尚未研究,需要以后进一步的研究。

(一)是否允许小投资者参与 PE

PE 在历史上一直不接纳小投资者,但在美国已经出现了 PE 上市、接纳小投资者的现象。我国目前还不允许小投资者参与 PE,但鉴于我国小投资者的投资渠道较少,运作规范的 PE 是很不错的投资渠道,应该想办法让小投资者有机会参与。小投资者参与的 PE 必须要监管,政府为此要设计出合适的投资方式和监管方式,需要深入研究。PE 投资流动性低,小投资者直接参与的风险可能较大,是否可以考虑采用 FOF 的模式,但 FOF 的流动性敞口风险又如何控制,都需要研究。

(二)PE 是否存在最优杠杆率

金融危机前美国的 PE 大量使用杠杆,而且杠杆率还很高;金融危机后出现了"去杠杆化"浪潮,是否矫枉过正?我国目前还不允许 PE 机构进行杠杆运作,实业企业之间的并购贷款刚刚开始试点,并且需要单项审批。杠杆化运作是 PE 未来的发展方向,未来肯定要放开,在放开前要研究清楚如何监管 PE 机构的杠杆运作行为。安全的杠杆率如何确定,是否存在最优杠杆率,如何实时监控,如何防止一家机构的运作风险向外传递而引发系统性风险,都需要研究。

(三) PE 法规的配套性

在中国,作为 PE 投资机构主流组织形式的有限合伙制是个新事物,工商、税务、证券登记机构等执法部门未有配套的各种规定,多项工作处于无法可依的状况,加大了前期沟通协商成本,而且不同地方处理方式不一致,影响了行业的发展。

立法是制定一部"PE 法"还是修改完善现有法律中的各项内容?PE 涉及经济活动的多个层面,股权融资、债权融资、混合融资、投资、证券发行上市等,涉及面广,与之相关的法律较多,涉及《公司法》、《证券法》、《合伙企业法》等,梳理修改的工作量很大。此外,由哪个部门牵头梳理,也需要研究。

第二章 私募股权投资基金的金融中介特征

第一节 私募股权投资基金的定义

一、PE 定义辨析

由于英文翻译、使用习惯等原因，在国内关于 PE 的实践和理论研究中，经常出现概念混淆的情况，常见的容易混淆的概念包括证券投资基金、私募基金、PE 管理机构等，本节通过对相关概念的辨析以揭示 PE 的本质。

（一）PE 与证券投资基金

证券投资基金是与 PE 相对应的一类投资基金，二者虽然都是投资基金，在许多方面有一定的相似性，但也有着重要的区别。

1. 投资对象不同。证券投资基金主要投资于公开交易的有价证券，基金管理人利用市场上的投资工具组合出满足投资者不同需求的风险收益组合产品。而 PE 则主要投资于非上市企业的股权，通过向所投资企业提供经营管理服务，帮助企业实现价值增值。

2. 投资特征不同。由于投资对象所具有的差异，二者在投资期限、投资风险、流动性方面也表现出不同的特征。多数证券投资基金都是投资于流动性较高的证券类资产，开放式证券投资基金甚至允许投资者随时赎回；而 PE 则是一种期限较长的、购买—持有型投资，投资的流动性较差，在整个基金存续期内投资者的投资一般被"锁定"，其转让与流通也要受到一定限制。

3. 信息不对称程度不同。证券投资基金主要以公开交易的有价证券为投资对象，其流动性较强，在信息披露方面更加公开和完善，投资者可以利用市场中的公开信息对基金业绩作出评价，并可以方便地"用脚投票"。而 PE 由于投资对象主要是非上市企业，缺乏公开的信息，投资者对投资业绩的评价更为困难，投资流动性差，投资者"用脚投票"的成本很高甚至难以实施。因此，相对于证券投资基金，PE 的投资者面临的信息不对称问题更为严重。

4. 委托—代理问题不同。证券投资基金的投资对象一般是在二级市场公开交易的证券，委托—代理链条相对较短；而 PE 则是直接向所投资企业提供资金，从事的是直接投资业务，其与所投资企业又形成了新的委托—代理关系，即 PE 具有双层委托—代理问题。因此，与证券投资基金的投资者相比较，PE 的投资者面临的委托—代理链条更长，委托—代理关系更为复杂，投资风险可能更高。

（二）PE 与私募基金

由于"PE"与"私募基金"在字面上非常接近，因此最容易被天然地联系在一起。许多人都认为后者是前者的简称；或者将前者看成是后者的一个组成部分，例如，夏斌等（2002）；或者认为二者的资金来源都仅限于向特定投资者以私募方式筹集。

混淆这两个概念的主要原因是对"私募"这个词的理解存在偏差。我国一般将英文"Private Placement"译为"私募"，是与"Public Offering"（公开募集）相对的一种资金募集方式，即向特定投资者筹集资金，因为不涉及公众投资者往往较少受到政府监管。因此，"私募基金"强调的是基金的募集方式是私募。而"PE"中的"私募"，最初是从投资对象的角度强调其投资于非公开上市股权（以区别于投资于公开交易证券的证券投资基金）。

从资金募集方式看，虽然只是在传统上，大多数的 PE 都采取了私募方式筹集资金，但最近几年，出于对流动性、透明度和募集资金来源的考虑，到公开市场上市的 PE 数量开始增加。根据标准普尔的统计，截至 2006 年 11 月，发达资本市场国家大约有 60 家上市交易的 PE 企业，市值超过 2.5 亿美元。为此，标准普尔还在 2007 年 3 月 12 日推出了"标准普尔上市私募股权指数"[①]。

[①] 标准普尔 2007 年 3 月 12 日推出的"标准普尔上市私募股权指数"（The S&P Listed Private Equity Index）是由 25 个领先的私募股权投资企业组成的，这些企业在北美、欧洲和亚太地区的交易所挂牌上市，并且满足特定的规模、流动性和与私募股权相关的标准。符合该指数的组织结构包括公开上市的投资公司、企业发展公司（Business Development Companies，BDCs）、投资信托公司、特定目的收购载体（Special Purpose Acquisition Vehicles）、杠杆并购基金和从事私募股权投资的 FOF。该指数的 70% 左右是由杠杆并购企业构成，其余部分则由创业投资企业构成（Standard & Poor's. *Standard & Poor's Launches Global Listed Private Equity Index*. Mar 12, 2007, www. Standardandpoors. com/indices.）。

表 2-1　　　　　　　　　私募基金与公募基金的比较

类别	私募基金	公募基金
募集方式	私下非公开	公开销售
募集对象	少数特定投资者,一般为富裕阶层或机构投资者,数量一般不超过200人	社会公众投资者
信息披露	一般只需要0.5~1年私下向投资者和监管机构公布投资组合,不需要公开披露	定期公开披露详细投资组合以及基金重大变化
与投资者的关系	投资者可与基金管理人共同商讨并制订基金投资方案,包括投资目标和投资策略等	由基金管理人按照基金合同或契约确定投资方案,投资者在投资过程中的参与度较低
监管原则	监管相对宽松、基金运作有较高的自由度	监管较为严格,对基金的运作行为有相对严格的限制

资料来源:樊志刚等(2007)。

(三) PE 与 PE 管理机构

虽然英文"Private Equity Fund"和"Private Equity Firm"只有一字之差,但它们所指代的对象却存在差异。然而,相当多的人混淆了这两个英文短语的含义,将其混用。①

1. 混淆了英文的翻译。一方面,如果将"Private Equity Firm"直接翻译过来就是"PE 企业",按照中文对"PE 企业"这个概念的习惯性直观理解,它就是指提供资本专门从事 PE 的企业。但实际上,"Private Equity Firm"的内在含义并非如此。例如,英国金融服务局(Financial Services Authority,FSA)(2006)②将"Private Equity Firm"定义为"提供基金管理服务的机构",并强调其服务的对象是 PE 而不是投资者。由此可见,英文"Private Equity Firm"的确切含义是指那些"为 PE 提供投资决策建议和管理服务的组织",也就是我们通常所讲的"PE 管理机构",是具有管理顾问性质的服务机构,而不是中文所指的"PE 企业"。因此,如果中文将之翻译为"PE 管理公司(企业)"或"PE 顾问公司"或"PE 管理公司"则可能更利于准确理解。另一方面,中文将"Private

---

① 比如,刘曼红(2000)在对风险投资进行研究后就曾指出"国内很多人并不清楚风险投资公司与风险投资基金之间的关系。在美国,这两个名词代表两个不同的概念,两个不同的组织"。但刘健钧(2003)则认为:创业投资企业是为创业企业提供资本的企业组织,事实上就是创业投资基金。

② Financial Services Authority、Private Equity:a discussion of risk and regulatory engagement. November 2006, Discussion Paper.

Equity Fund"通常直接翻译为"PE",但由于英美等国的 Private Equity Fund 基本上都采取了公司或有限合伙的组织形式,其本质上就是合法注册专营 PE 的企业,所以实际上"Private Equity Fund"才是中文所指的"PE 企业",即提供资本专门进行 PE 的企业或者组织。因此,"Private Equity Fund"和"Private Equity Firm"实际上是两类不同机构。

2. 混淆了二者的独立性。有人从我国证券投资基金和证券投资基金管理公司的一一对应关系中想当然地类推认为:PE 与 PE 管理公司一定是相互独立并一一对应的。但实际情况并非如此,例如,公司型 PE 可以实行自我管理,即与一般公司相类似,设有董事会和管理层,公司的高层管理人员即基金的管理人;而有限合伙制 PE 的普通合伙人既可以是机构,也可以是一个或多个自然人,他们代表有限合伙人进行 PE,是基金的管理者或经营者(Manager/Operator)。但是,随着 PE 的发展,基金管理人越来越向机构化发展,这一方面是因为管理团队的机构化有助于提高运作的专业化和效率,另一方面可以形成管理团队良好的品牌和市场声誉。由于在英国、美国的有限合伙制 PE 中,基金管理机构通常是作为基金的发起人和普通合伙人,并代表基金进行投资,因此它们往往也成了基金的代名词,成为了"PE 企业"。

通过以上分析可以看出,"PE"与"PE 管理机构"二者在本质上还是有差异的,PE 本质上是提供资本专门从事 PE 的组织,包括了公司,即中文通常说的"PE 企业";而基金管理机构则是为 PE 提供投资决策建议和管理服务的组织,是"PE 管理企业"。

(四)PE 与产业投资基金

长期以来,"PE"这个概念在我国得不到正确的认识和定位,取而代之的是"创业投资基金"(风险投资基金)和"产业投资基金"这些概念。关于创业投资基金,通过前文对"PE"概念的界定可以看出,它只是 PE 的一个类别,在此不再赘述。但是,对于"PE"与我国长期以来习惯使用的"产业投资基金"这两个概念,却有必要加以界定,以澄清概念上的误区。

1. 概念上的区别。首先,国外并没有所谓的"产业投资基金"这个概念。其次,国内关于"产业投资基金"概念的定义也是模糊不清的。从国内关于"产业投资基金"概念的描述来看,相当一部分学者认为我国所谓的"产业投资基金"在内涵上比较接近"PE",甚至将其称为中国式的"PE"①。例如,《产业投资基金试点管理办法》(征求意见稿)中将"产业投资基金"定义为:"向特定机构投资者以私募方式筹集资金,主要对未上市企业(包括上市公司非公开发行股份)进行股权投资和提供经营管理服务的利益共享、风险共担的集合投资制度,主要从事创业投资、企业重组投资和基础设施投资等实业投资。"但也有学者对"产业投资基金"作出了不同的理解。例如,王国刚等(2000)②将"产业投资基金"定义为:"产业投资基金是主要投资于产业发展的基金,其中既包括投资于传统产业、新兴产业及基础产业的基金,也包括投资于成长型中小企业的风险基金。"他们的定义基本上将"产业投资基金"限定为投资于"产业发展"的基金,与被投资对象是否是非上市公司,是否是股权投资等无关,而仅仅根据其是否投资于产业发展,与 PE 有着本质的差别。

应当说,"产业投资基金"这一概念当初在我国产生有其特殊的历史背景,但时至今日,如果还一味强调"产业投资"的概念并坚持以"产业投资基金"代替"PE",不仅以偏赅全,而且会对我国 PE 的发展造成危害。

2. 理论上的区别。从理论上讲,"产业"这个概念的内涵和外延过于宽泛,几乎可以做到无所不包,它本身就是一个模糊的概念,难以有清晰边界。例如,王国刚等(2000)认为,"产业投资基金主要投资于已产业化了的产业或企业中","风险投资基金主要投资于尚未产业化了的产业或成长型中小企业"③;他们进一步指出:第一,"产业投资基金由于主要投资于已产业化了的产业或企业……所以,产业基金在每个具体项目投资中,投资规模相对较大……与此相比,风险基金的投资规模较小";第二,"产业基金投资于已产业化了的产业或企业,由于这些产业或企业

---

① 刘琦. 产业投资基金——中国式的私募股权基金 [J]. 清科观察, 2006 - 10. http://www.zero2ipo.com.cn/eweekly/0260/view026018624.html; 北京大学金融系产业投资基金课题组. 国外产业投资基金研究之一: 国外产业投资基金概况. 2006 - 12. http://cjs.ndrc.gov.cn/gzdt.
② 王国刚等. 发展产业投资基金中的若干选择 [J]. 农村金融研究, 2000 (11)(中国社会科学院金融研究中心"投资基金课题组")。
③ 他们进一步指出:"所谓'已产业化了',是指该产业部门或企业的主要技术和生产设备可直接在市场(包括国际市场)上购买到、产品在市场上已形成激烈的竞争态势,因此,除管理要素外,投资者只要拥有足够的资金,就可采购到这些技术和设备、生产产品,加入竞争行列";"所谓'尚未产业化',是指某种主要技术和生产设备(甚至零部件和原材料)不能直接从市场(包括国际市场)上购买到、其产品在市场上尚未形成比较充分的竞争态势"。

的技术、设备、管理和市场相对成熟，项目选择中的各种信息和实践经验也比较丰富，因此，风险相对低些。风险投资基金主要投资于成长型中小企业，尤其是高新技术开发和产业化，由于这类企业大多尚未产业化，因此……风险投资常常要冒较高的风险"。可见，按照王国刚等（2000）的逻辑，产业投资基金实际上就是那些投资规模较大、风险较低的投资基金。由此引发的一个问题是：产业投资基金到底是按照是否投资于"产业"这个标准进行分类？还是按照投资规模的大小、投资风险的高低这些标准来分类？显然这种过分强调"产业"的定义存在内在逻辑分类的不一致。

3. 实践上的区别。从投资实践上看，强调基金的"产业投资"特性，将更多地烙上政府产业指导的目的，将本应市场化的投资行为赋予了政府的政策意图。在我国，各级政府工作的一个重要内容就是促进产业结构的调整、升级和优化，但这些工作需要大量资金的长期投入方可显现成效；同时，在我国，产业投资又必然涉及产业政策，与产业政策相关的投资活动就要纳入相关行政主管部门的审批和监管。可见，强调基金的"产业投资"特性实际上就从根本上将基金的资金来源、审批、运作和监管等所有环节与政府行为紧密联系在一起。如果继续以"产业投资基金"概念代替"PE"，并将其以政府为中心的发展模式推广至整个"PE"领域，必将严重束缚我国 PE 的发展，而这也正是我国 PE 市场长期以来畸形发展的根源和诟病所在。因此，产业投资基金概念上的误区容易将实践引向一个与市场内在发展规律背道而驰的错误方向。关于这一点，其他一些学者也有所认识。例如，王松奇（2003）认为，"按投资对象不同，投资基金可以分为证券投资基金和私人股权投资基金，并没有所谓的产业投资基金"，"有关部门目前坚持'产业投资基金'这个概念，一是希望借助于这个模糊概念，将审批权进一步扩张到并不适合于创业投资的其他领域；二是地方政府从地方利益考虑，希望借'产业基金'概念筹资圈钱；三是一些市场机构希望借'产业基金'概念进行合法乱集资，利用政府信誉来提升自己的资信"。此外，刘健钧（2003）也认为，使用"产业投资基金"来代称"创业投资基金"或"PE"确实对创业投资造成了一系列的误解，应该还"创业投资"本来面目。

本书认为，"产业投资基金"这一概念可以存在，在含义上也可以明确为"向某些特定产业投资的",但就其内涵而言只应是PE中的一个小分支,而不应该完全取代"PE"。而且其运作发展模式也应该以市场导向为基础,充分地尊重市场自身的作用和规律,通过投资于具有增长潜力的企业来推动经济结构的优化发展和行业的重组。从我国产业投资基金的发展历史和现有的试点情况来看,其始终都被直接或间接地铭刻上了沉重的政府烙印。因此,"产业投资基金"代替"PE"已经不再是一个简单的称谓问题,这背后折射出的是PE的发展思路与发展模式问题。如果继续用"产业投资基金"作为"PE"的代名词,现有的产业投资基金发展模式必将成为我国本土PE发展的桎梏,因此从行业发展的高度来说,有必要为"PE"正本清源,含糊其辞只会进一步造成概念和理解上的混乱,甚至可能导致整个行业发展方向的扭转,使一个原本最应该具有市场行为特征的行业最后又再次变成了政府主导的行业发展模式。

(五) PE 与 VC

"VC"是英文 Venture Capital（创业投资）的缩写,是指向创业企业进行股权投资,以期所投资创业企业发育成熟或相对成熟后主要通过股权转让获得资本增值收益的投资方式。"PE"是英文 Private Equity（私人股权投资,也称私募股权投资）的缩写,是指通过私募形式募集投资资金后对非上市企业进行股权投资,以期主要通过股权转让获得资本增值收益的投资方式。

广义 PE 包括经典创业投资（VC）和并购投资（Buyout）,狭义 PE 仅指并购投资。并购投资一般是指兼并（Merger）和收购（Acquisition）。兼并又称吸收合并,是指两家或者更多的独立企业合并组成一家企业,通常由一家占优势的公司吸收一家或者多家公司。收购指一家企业用现金或者有价证券购买另一家企业的股票或者资产,以获得对该企业的全部资产或者某项资产的所有权,或对该企业的控制权。从具体并购方式看,又可分为杠杆收购（Leveraged Buyout）和管理层收购（Management Buyout）。

从 VC 与 PE 的起源看, PE 是 VC 发展到一定阶段的产物,都是私下里进行的一种股权投资。从概念的范围来看,广义 VC 等于广义 PE,二者没有根本的区别;而狭义 VC 指经典创投,狭义 PE 则指并购基金（有时还包括夹层资本）。但是,自 PE 进入我国后,各种关于 VC 与 PE 概念一直比较混乱,归纳起来,主要有以下三种观点:

1. 投资阶段上的区分

这种观点认为 VC 与 PE 是一母之下的同胞兄弟,主观地从投资阶段、投资规模、投资理念、投资特点等方面对二者进行区分,甚至绝对地认为"VC 投资企业的前期,PE 投资企业的后期"。

从投资阶段区分 VC 与 PE 是片面的。因为,如何区分前期和后期呢?是按照企业发展时间长短还是营业额的大小?似乎都难以判断。实际上,无论中国还是国外发达国家,VC 投资最多的也是后期项目。图 2-1 是美国 2009 年 VC 投资企业的创业阶段分布,投资后期占 34%,投资扩张期占 31%,投资成长期 26%,而起步期和种子期只有不到 9%。

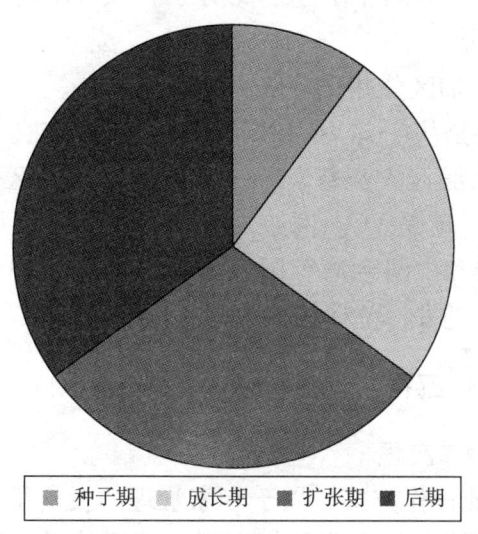

图 2-1　2009 年美国 VC 基金所投企业的创业阶段分布

显然,认为 VC 主要投资早期高风险企业而 PE 主要投资后期 Pre-IPO 企业的观点是片面的。从 PE 起源看,VC 不仅投资早期、成长期企业,Pre-IPO 企业也是 VC 的投资对象。PE 最早主要是并购投资,随着 PE 的发展,狭义 PE 不满足于并购投资,投资阶段逐步向前期延伸,也开始逐步投资 Pre-IPO 企业,并且投资数量和金额逐年增加,甚至超过经典 VC 机构投资额。这导致部分人士片面地从投资机构的名称来判断投资类别,认为 PE 机构的投资就是私人股权投资,VC 机构的投资就是创业投资,从而得出"VC 主要投资早期企业,PE 主要投资 Pre-IPO 企业"的错误观点。实际上,PE 机构不仅可以从事并购投资,也可以从事创业投资；VC机构主要从事创业投资，也可以从事并购投资，只是此时它承担的是一个并购基金的功能。

2. 学术概念的区分

作为学术概念的VC和PE，讲究其概念的外延性。这种观点认为PE是包含VC在内的更广泛的概念，VC只是PE的一个子集。例如，著名评级机构标准普尔对"私人股权投资基金"的定义是："私人股权投资基金是各种另类投资的统称，包括对非上市公司的股权投资、创业投资、较大规模和中等规模的杠杆收购、夹层投资以及房地产投资等；此外，私人股权投资基金还包括对上市公司进行的非公开的协议投资。"因而，学术上的VC与PE可通过下面的公式表示：广义VC = 广义PE = 狭义VC + 狭义PE（并购基金）。

3. VC与PE不加区分并交替使用

这种观点主要是从广义VC和广义PE角度来定义VC与PE，将"创业投资"和"私人股权投资基金"二者不进行明确区分并交替使用，认为VC就是PE，PE就是VC。例如，Levin（2002）以及英国、澳大利亚、以色列、中国香港和中国台湾等国家或地区的行业协会，不仅行业协会名称将二者都包括进去，统计相关数据时也不加区分。

二、PE的运作流程与特点

（一）PE的运作流程

PE是一种商业操作方式，属于专家管理的投资于未上市企业股权的基金，待投资者所持有的企业股权实现价值增值后再通过股权转让取得收益。PE的存续期通常为7~10年。基金经理人的目标就是在有效期到期时或之前出售所有投资，并视具体情况可以延长2~3年，到期要全部清盘。作为资本投资，PE的投资期一般为4~5年。在这段时期中，基金经理人的工作重点主要集中在寻找退出渠道。当出售、转让或收到利息收入及股息时，会按惯例分配给投资者，这样PE的预期目标就实现了。但是，大部分基金收入来自于基金存续期的后半阶段。投资者（有限合伙人）几乎不干预普通合伙人对基金的管理，但基金经理人选择投资项目也要考虑与投资者的背景与行业相关。有限合伙人的收益为扣除普通合伙人花费以及基金经理人收入分成之后的数量总额。

从PE的运作流程来看，主要可以细分为四个阶段，即融资、投资、管理与增值服务、退出。

1. **融资阶段**。通过发行基金份额、债权或者从银行贷款获得资金，私募股权投资基金的融资策略大致可以分为股权融资和债务融资，不同的私募股权投资基金会偏好不同的融资策略。Ulf Axelson（2007）指出，私募股权投资基金的融资模式与其投资特征相关，创业投资基金的资金一般是其合伙人的股本，而收购基金经常会采用一定程度的杠杆，即向银行或者其他机构借债。

2. **投资阶段**。通过项目筛选购买公司股权，具体包括项目初选、审慎调查和价值评估，并与被投资企业签订相关投资协议。投资方通常从管理层素质、行业和企业规模、成长性、发展战略、预期回报和3～7年内上市可能性等多角度考察投资对象，通常私募基金只有在预期回报率不低于20%的情况下才会投资一家企业，且对新兴市场预期回报率有特殊要求。

3. **管理与增值阶段**。管理与增值服务环节是PE运作的核心环节。这些大环节环环相扣，任何一个环节的不畅都会影响整个项目的运作。通过设计适当的投资方案和管理结构，实现价值增值。投资方案包括估值定价、董事会席位、否决权和公司治理结构、发展战略和退出策略等方面的设计或改造事项。

4. **退出阶段**。选择合适的渠道实现股份退出获利。退出方式包括公开上市、股权出让或者管理者回购等。相对而言，私募证券投资基金的运作流程相对简单，包括选择投资策略，构建收益与风险相匹配的投资组合等。

（二）PE 的主要特点

与共同基金（Mutual Fund）等公募基金相比，私募基金主要有以下鲜明的特点：[①]

1. 投资目标更具针对性，投资手段更加多样化，投资方式更加灵活。私募股权投资基金以非上市成长性企业股权为主要投资对象，私募证券投资基金则以证券市场各种投资品为主要投资对象。由于私募基金的投资者与私募基金管理人的关系往往较为密切，且能够有效影响管理人的投资策略选择，因此在监管相对宽松的背景下，私募基金的投资策略和

---

① 樊志刚，赵新杰. 全球私募基金的发展趋势及在中国的前景 [J]. 金融论坛, 2007（10）.

投资手段更加丰富，变化也更多。而共同基金等公募基金限于监管和基金合同等契约的要求，操作往往受到更多的限制。

2. 与资本市场关系更加密切，资本市场是其实现退出的主要通道。共同基金等公募基金的退出形式往往较为简单，基金到期后自动清算。而私募基金（主要是私募股权投资基金）则需要通过所投资企业上市或者通过资本市场股权转让等方式实现资本退出。

3. 信息披露要求较少，募集成本低。公募基金普遍通过媒体宣传进行资金募集，同时监管部门对公募基金的信息披露往往要求严格，因此设立公募基金需要支付相对较高的宣传、注册和承销费用。私募基金则由基金经理人私下向大资金拥有者进行"一对一"的募集，且监管层对私募基金的信息披露要求较少，因此私募基金往往不需要注册，也不需要严格的评估和审计，甚至不需要券商承销，因此募集成本相对较低。

4. 投资的专业性和低流动性。作为一种实业投资，PE 所投资企业的股权实现价值增值需要时间，难以在短期内调整投资组合，收回投资。其投资对象是非上市企业股权，往往不存在公开的股权交易市场，投资者大多只能通过协议转让股份，投资缺乏流动性。低流动性要求 PE 管理机构关注企业的成长性以及企业日常经营的现金流。PE 管理机构对所投资企业所处行业有深入了解，而且还需具备企业经营管理方面的经验，这样才能作出正确的投资决策，并有能力对所投资企业进行管理。此外，为实现所投资企业的价值增值，往往还需要管理者利用自身的专长、经验和社会资源向其提供策略、融资、上市和人才等方面必要的支持，因此 PE 投资的专业性很强。

三、PE 的基本功能

PE 的运作流程分为融资、投资、管理与增值服务、退出四个阶段，在融资与退出阶段主要面对基金投资者，在投资、管理与增值服务阶段主要面对被投资企业，对 PE 功能的研究也从这两个方面展开，在一个"两部门经济"的社会模型中总结其功能。

（一）融资——价值集聚

私募股权投资基金的融资策略大致可以分为股权融资和债务融资，不同的私募股权投资基金会偏好不同的融资策略。Ulf Axelson（2007）指出，私募股权投资基金的融资模式与其投资特征相关，创业投资基金的资金一般是其合伙人的股本，而收购基金经常会采用一定程度的杠杆，即向银行或者其他机构借债。

研究表明，私募股权投资基金的股权融资能力与其普通合伙人（GP）的能力息息相关，而其权益资本的实际提供者则是有限合伙人（LP）。例如，Sahlman、William（1990）以及Fenn、Liang & Prowse（1997）指出，私募股权投资基金设立时就融到了权益资本，主要由有限合伙人提供。Gomper & Lerner（1999）发现，在动态环境下，基金管理人的首期业绩将成为投资者衡量其业务能力的依据。因为私募股权投资市场规模较小，如果基金管理人参与投资组合的企业失败过多，其声誉将受损，这将导致其很难再募集到资金或加入其他的创业投资机构。因此，历史业绩与声誉成为投资者选择基金管理人的主要依据。

Sahlman、William（1990）以及Fenn、Liang & Prowse（1997）还指出，当被投资项目可以进行抵押时，额外的资金就可使用债务融资的方式。Ulf Axelson（2007）通过建立私募股权投资基金的融资结构模型，进一步分析了收购基金使用杠杆的动机。他认为，普通合伙人进行一系列的投资活动时，是不会把具体的投资活动细节告诉基金投资者的。为取得私募股权投资基金的价值最大化，基金管理人会通过构建一个最优的资本结构，以便降低其投资失误和错过机会带来的损失，最终获得私募股权投资基金资金的价值最大化。模型发现，对于私募股权投资基金来说，其最优的资本结构最好是能够做到事前（Ex Ante）融资和事后（Ex Post）融资的结合。事前融资可以促使基金管理人发掘投资项目，而事后融资依赖于整个市场的融资环境，可以增加市场约束，降低风险。

对于多余资金的拥有者，必然要想办法通过各种渠道将储蓄转化为投资，取得投资收益。投资的形式多种多样，有股权投资、债权投资、混合投资，有长期投资、短期投资，有实业投资、证券投资等。每个投资者总要根据自己的资金状况和投资偏好进行资产配置。PE是一个新出现的投资品种，可以为投资者提供其他投资品种所不具备的一些特殊功能。

PE投资者可以参与投资实体企业，但又不需要具备相关的专业知识。通过投资活动，资金最终流向需要资金的实体企业，如果这个过程越短、越透明，对投资者来说风险越可控，风险和收益的匹配性越好。PE 的资金往往直接投入实体企业中，而且 PE 的管理者往往会向企业派董事等，跟企业保持紧密的联系，有的 PE 甚至会控制被投资企业。因此 PE 的管理者对被投资企业非常了解，PE 的投资者可以很清楚地知道其资金投入哪家企业以及企业的运行状况，相当于直接投资了该企业，投资环节少，风险容易控制。虽然有的投资品种，如国债，可以通过法律安排做到很低的风险，但投资者却损失了很大的收益。而 PE 投资的直接性在控制风险的同时又保持了较高的收益，长期复合收益率较高。

（二）投资——价值发掘

企业在经营过程中要不断投入生产要素，其中资金是必不可缺的要素，尤其是一家有发展前景、经营规模不断扩大的企业，经常处于需求资金的状态。企业融入资金的方式有多种，PE 是新出现的一种融资方式，PE 的功能除了提供资金，还有其他功能。

Wells（1974）通过调查 8 位私募股权投资基金管理人，得出了评估创业项目的四个主要因素：创业企业家的背景和经验、管理层的能力以及对创业项目的承诺、潜在的市场规模以及产品的市场适应性、技术水平及其技术保护。Poindexter（1976）以调查问卷的形式收集了更多的样本，认为创业企业家的经历、管理能力以及相关的财务信息是创业项目评估的重要因素。Tybjee & Bruno（1984）通过实证分析，总结出基金管理人对项目筛选时所采用的一些共同标准：投资规模与基金的政策、市场与项目所属的市场类型、项目所属的地理位置、发展阶段等。澳大利亚的部分基金管理人根据自己的实践，对 Tyrbjee & Bruno 概括的标准又做了补充，即市场规模、竞争优势和创业企业管理团队。Vinig & Haan（2002）通过对荷兰和美国的 19 位基金管理人进行问卷调查或面谈，得出了基金管理人对商业计划书的四个主要筛选标准：企业家、产品和服务、市场、财务标准。

Muzyka、Birley & Leleux（1996）的研究更加细化，他们将私募股权投资基金管理人分为广泛型投资家（The National Investors）、经销型投资家（The Dealers）和主流型投资家（The Mainstream Investors）三类。通过对 73 位欧洲私募股权投资基金管理人进行问卷调查，并使用联合分析方法（Conjoint Analysis）与聚类分析法（Cluster Analysis）进行分析，他们认为，广泛型投资家主要注重的评估因素包括达成损益平衡的时间长短、维持与扩大市场占有率的能力、组成团队是否有与企业相关的专家、团队的组织或行政能力的大小；经销型投资家主要注重的评估因素有创业项目的特性、创业项目是否符合投资组合、能否达成损益平衡的时间长短；主流型投资家主要注重的评估因素包括维持与扩大市场占有率的能力，团队的行销能力，团队的组织以及行政能力、退出能力，对产品或市场了解的程度。

Alexander Ljungqvist、Matthew Richardson & Daniel Wolfenzon (2007) 还研究了新老基金的不同投资方式，认为新创立的私募股权投资基金为创造一个良好的业绩记录，其管理人往往倾向于风险较大的投资项目；而当管理人所管理的基金具备了好的业绩后，其投资行为会变得相对保守。这种现象在新创立基金前几年的运作中表现得尤其明显。

除了以上的微观因素，Alexander Ljungqvist、Matthew Richardson & Daniel Wolfenzon (2007) 还进一步研究了影响项目筛选的宏观因素，他们将私募股权投资基金的投资决策与基金的需求、信用市场状况联系起来。通过对207家收购基金过去20年的2 274个收购项目进行分析，他们认为，当投资机会提高、竞争较小和信用市场放松时，已建立的收购基金会加快投资，从而降低选择标准。

任何投资项目的经济价值都等于其未来现金流的现值，这一理论已经成为现代金融学的基础理论（Berkey & Meyers, 2002）。但是，在私募股权投资的实践中，仅采用贴现现金流法经常会低估企业的价值（Hayes & Garvin, 1982），所以，越来越多的研究者开始修订传统的定价方法，期权定价理论开始逐步应用于实物资产的投资评估。

Majd & Pindy (1987) 就多阶段投资（如企业研发投入）且随时可能撤出的期权提出了投资决策模式，探讨了可延迟但不可逆转的多阶段复合期权的定价方法。McGrath (1997) 认为，研发费用可以分为两个阶段——前期的研究费用和后期的发展费用，即商业化费用。只有在市场条件良好时，研究技术才进入发展阶段，所以投入研究的费用是购买未来可以商业化的期权。

在上述理论研究的基础上，项目的定价模式开始采用实物期权定价理论。Schwart & Moon (2000) 认为企业价值评估模型多为二叉树模型，不能准确衡量公司的价值。为此，他们建立了连续时间的实物期权模型，并对网络公司的价值进行评估。Kellogg 等（2000）利用决策树模型和成长期权模型评估了生化科技公司的估价，也发现了早期使用的实物期权方法较为准确。张陆洋（2001）则认为，风险投资的价值实现是以创业机制为基础的风险资本股份期权化过程，所以需要利用期权的方法来对投资项目进行定价。

PE 主要以股权方式给企业提供长期发展资金，有时候也会附带借款等短期资金。PE 对被投资企业无论是参股还是控股，都是以股东注资的方式给企业提供稳定长期的资金，为企业的长期发展打基础。PE 成为企业的股东后，其利益就跟被投资企业紧密正相关，PE 从机制上就有动力帮助企业提高收益。PE 管理的资金规模大，有大量的专业人才，尤其是在金融、法律、财务方面聚集了大量的人才，有的专业化 PE 在其擅长的产业领域也聚集了大量的人才，能够为企业提供多项专业知识和专业服务，帮助其改善管理，优化战略，注入资源，促进发展。PE 成为企业的股东，一般都持有较大比例的股权，有时甚至控股被投资企业，因此在股东大会中有较大的发言权，而且 PE 也有相应的专业人才来行使股东权利，对企业中原有的股权格局有较大的改变，尤其是对于家族企业，改变更为明显。这种改变对于权力制衡、减少方向性的错误有明显的优化作用，优化了企业的治理结构。

（三）管理——价值创造

PE 往往是把资金直接注入最有成长潜力的企业，把资源配置到最能创造价值的领域。这种有效的配置体现在 PE 的业绩上，会帮助其融资，社会资金向 PE 聚集，再流向最有效的领域，PE 从而从整体上优化了社会的资源配置，创造了价值。PE 的这种优化资源配置、创造价值的功能在 PE 出现后迅速得到了实际经济活动的验证。

因为私募股权投资基金管理人与创业企业家之间存在委托—代理关系，私募股权投资基金在项目投资之后，还需要对项目进行培育。

Sahlman（1990）的研究表明，当私募股权资本投入创业企业之后，基金管理人和创业企业经营管理层之间就形成委托—代理关系。同时，由于所投资企业多为新创的，资产透明度低，缺乏生产经营的历史记录和市场上可以观测的信息，因此这种不对称性愈加显著，创业经理层更加有可能产生滥用资本、过度投资等严重的道德风险行为，并威胁到基金管理人的利益，所以需要对投资项目进行管理和培育。

根据培育的方式不同，Macmillan、Kulow & Khoylian（1989）把创业企业划分为紧密追随型（Close Tracker Involvement）、适度参与型（Moderate Involvement）和放任自由型（Laissez Faire Involvement）三大类。在紧密追随型的创业企业中，基金管理人直接参与管理，可以直接影响、主导和控制创业企业的董事会，其意见对创业企业的决策具有决定性的影响；在适度参与型的创业企业中，基金管理人适度参与管理，通常会参与制定企业的发展战略、人事制度等；在放任自由型的创业企业中，基金管理人基本不参加或者很少参加所投资企业的管理。

Chesbrough & Henry（2003）分析了来自施乐公司的35家技术分立公司的组织结构，发现施乐公司特有的最初权益立场和其分立公司接下来的业绩表现之间是负相关关系。这并非由于权益本身，而在于其对分立公司的管理惯例。研究指出，因为新的技术和市场是需要被开发的，公司必须决定是否以及何时替换创业投资公司的CEO、是否修改创业投资的交易模式，因此影响分立公司技术商业化成功的一个重要条件是创建能够提高适应性的监管结构的能力。有鉴于此，监管方法必须能够促进新实验的开展，同时对于没有前途的实验施加强大的筛选压力。

（四）退出——价值实现

退出方式包括首次公开发行（IPO）和交易出售（TS）等。Bygrave & Timmons（1992）研究发现，在私募股权投资基金的退出方式中，以IPO方式退出获得的价值最大，大约是出售新创公司所得收益的5倍。Cumming&Mac Intosh（2001）从私募股权投资基金的退出收益、退出成本、退出的时效性、现金偏好、退出价格、退出程序的复杂性、退出市场的容量和内部控制权激励效应等方面对退出方式进行了比较，同样认为IPO是最理想的退出方式。Basha & Walz（1999）通过比较IPO和TS这两种退出路径时发现，绩效表现较好的企业采用IPO更有利，绩效较差的企业则适于采用TS。此后，Timothy H. Lin & Richard L. Smith（2001）等人采用IPO方式出售的数据，对内部出售决策（Insider Selling Decisions）与信誉之间的关系进行了研究。

退出时机的研究主要是利用动态博弈理论。Elizur & Gavious（2002）运用动态博弈理论，探讨了私募股权投资基金与创业企业之间的最优合约，指出对基金而言，最佳策略是在特定的时点退出，以留给其他投资者投资。同时，他们从理论上得出了退出的最优时点。TyKvova（2003）认为，在理论上，私募股权投资基金的退出都有一个最佳时机，但实践中，由于大部分私募股权投资基金采用有限合伙制的组织形式，因而有时候无法在最佳的时机退出。从历史收益数据来看，PE 收益率明显超过股票市场收益率。近年来，美国 PE 行业的平均年收益率为 15.6%，同期纳斯达克和标准普尔 500 指数的年收益率分别为 7.8% 和 9.9%。[①] 部分优秀 PE 机构，如 3i、瑞信、Ripplewood、罗斯和凯雷，过去 5 年的年投资收益率均在 30% 以上。

作为未上市企业的重要融资渠道，PE 在经济运行中发挥的作用越来越大。2006 年美国 PE 交易金额占 GDP 比例的 3.2%，欧洲为 1.8%，亚洲为 0.5%。1998—2004 年伦敦股票交易所（LSE）新上市企业中约 50% 受 PE 支持。2006 年 PE 为英国企业提供的融资金额甚至超过了首次公开发行的融资金额。

英国 PE 业对经济的贡献尤为显著，PE 支持的企业为英国提供了 8% 的就业机会，5 年来的就业成长率高达 9%，同期富时 100 指数成分上市公司的就业成长率仅 1%。PE 还为被投资企业提供了资金以外的帮助，如战略指引、融资服务、行业联系、招募管理人才、营销等。

PE 行业处于快速成长阶段，资金筹集数额不断创出新高，出现了不少巨型基金，如黑石、KKR、TPG、凯雷等，管理的资产规模均在数百亿美元。再考虑高达 3~4 倍的可应用的债务杠杆，PE 的资金运作能力惊人。2006 年以来，PE 的交易金额屡创新高，Equity Office Properties 的并购出价为 400 亿美元，TXU 案高达 450 亿美元。

第二节 私募股权投资基金与典型金融中介的功能比较

一、金融中介功能概述

所谓金融中介，是指介于资金需求方和供给方之间的第三方。John Chant（1990）认为，金融中介的本质就是在储蓄—投资转化过程中，在最终借款人和最终贷款人之间插入一个第三方，也就是说，金融中介既

[①] 资料来源：NVCA 与 Thomson Financial，截至 2006 年第三季度。

从最终贷款人手中融资，又投放给最终借款人。对于资金需求方，金融中介提供资金，提供方式可以是债权、股权和二者混合三种权益方式；对于资金提供方，金融中介融入资金，融入的方式也可以是债权、股权和二者混合三种方式；金融中介的双重身份使它成为金融活动的一方当事人。

（一）金融中介的主要功能

金融中介最基本的功能在于为最终借款人和最终投资者提供中介服务，即所谓的中介过程。传统的金融理论认为，金融机构有信用媒介与信用创造两大功能，具体而言，金融中介的中介过程可以衍生出以下六大职能：①

1. 支付中介（Payment Intermediation）。商业银行是最重要的金融中介之一，银行业的支付中介职能非常重要，它担负着社会资金结算的重任。随着通过银行进行的支付金额的增长，银行业的支付系统的安全和效率已大大提高并且运用现代化的手段形成了连接全世界的庞大结算网络，如全球银行间通信网络——SWIFT。由于商业银行能够吸收活期存款，所以它还有创造信用货币的功能。

2. 时态中介（Temporal Intermediation）。借款人与投资者有不同融资期限偏好。商业银行等中介机构可以提供时态中介服务，如借短贷长，满足双方在期限上的要求。那么，与借款者和投资者的直接交易相比，金融机构进行时态中介究竟有什么优势呢？通常的解释为：金融机构有人才、技术和管理经验等方面的优势；通过金融机构进行的大额交易，具有规模效应。

3. 规模中介（Size Intermediation）。金融机构发挥着吸收小额资金、提供大额资金的规模中介功能。规模中介还表现在通过筹集大规模资金来发放小额贷款。时态中介与规模中介合称资产转换，即借款者和投资者之间的资产与负债的转换。传统的金融中介理论也强调金融中介的资产转换功能。如格利和肖就认为，金融中介的主要职能是从最终借款人那里买进初级证券，并为最终投资者持有资产而发行间接证券。但传统理论未对时态中介与规模中介加以区分。

4. 信息生产（Information Production）。早在 20 世纪 70 年代，美国最

---

① 秦国楼. 现代金融中介论［M］. 北京：中国金融出版社，2001.

大的金融集团——花旗银行的前负责人沃尔特·瑞森（Walter Wrison）就有一句被银行业称为经典的名言："银行业的关键不在钱，而是信息。"瑞森的这一名言被管理学大师彼得·德鲁克赞许为"金融服务业的真谛"。的确，如果认为金融机构的主要职能就是资产转换，那么，它与零售商就没有本质区别，因为后者从厂商那里购买商品或服务，然后出售给最终消费者，同样实现了资产的转换。现代金融中介理论强调金融机构的信息生产职能，理由是：金融机构在提供资金时对借款人的信用调查、对借款拟投资项目的论证、投资项目结束后的盈亏评估，获得每一个经济活动主体的信用历史、现金流量等私人信息同时进行信息加工和信息处理，这就是金融机构独有的信息生产功能。由于金融机构集中了全社会的资金，汇集了经济主体的大量信息，所以金融机构本身就是社会的信息生产机构，对经济、金融、生产、消费活动的决策起到重要的作用。

5. 受托监控（Delegated Monitoring）与激励（Incentive）。现代金融中介理论认为，金融机构与客户的关系实际上是一种契约关系，一种委托—代理关系。比方说，银行与借款人之间是一种契约关系，银行是委托人，借款人是代理人；银行与储蓄者之间也是一种契约关系，此时储蓄者是委托人，银行是代理人。由于委托人与代理人的利益与目标的不尽一致，并且委托人不能直接观测代理人的行动，委托人必须对代理人进行监控，以激励后者按前者的利益行动。就银行与借款人而言，由于银行和借款人的目标不同，并且信息在二者间分布的不对称，一旦双方建立契约关系（签订贷款合同）后，银行就必须（受储蓄者的委托）对借款人进行监控。银行要定期检查借款人的现金流量和担保品的状况，要防止借款人将贷款挪作他用或发生其他与贷款合同条款相违背的行为；如果借款人陷入财务困境，银行还必须根据实际情况作出债务延期、追加贷款或者对借款人进行清算的决定。

6. 风险中介（Risk Intermediation）。一般的个人或企业都有风险厌恶（Risk Aversion）的倾向。风险厌恶是指在确定性结果和不确定性结果中，人们更愿意选择前者。因此，现代的金融中介都提供风险中介或风险管理的服务。金融中介有两种风险管理方法：一是通过资产的多样化来降低风险。如商业银行同时向众多客户发放大量的贷款，相当于给每个储蓄者提供了高度分散风险的一个资产组合。金融中介的另一种风险管理方法是利用金融衍生工具进行套期保值。金融衍生工具有远期、期货、互换和期权四种基本形式。经济活动中的主要风险——利率风险、汇率风险和股票价格风险都可以通过相应的金融衍生工具进行套期保值。

(二) 金融中介存在的价值[①]

对金融中介为什么存在的原因的认识，有一个发展过程，体现了经济活动的发展过程和人类对此认识的发展过程，从理论角度看，主要观点如下：

1. 降低交易费用。将交易费用用于解释金融中介的存在，这是现代金融中介理论发展的两大趋势之一。投资者对借款者的融资可看做一种金融交易活动。这种金融交易是当前的现金流量与将来一系列现金流量的交易，因而交易中的不确定性因素很多，投资者承担的风险更大，旨在减少交易不确定性、降低交易风险和促进交易顺利进行而发生的交易费用。而金融中介的出现却能改变这一切。这是因为：首先，金融中介把众多投资者的资金集中在一起进行投资，可以降低单个投资者的交易费用，具有规模经济的优势，如规模巨大的商业银行可以运用计算机技术建立电子通信系统和电子交易系统，降低交易的运作成本；其次，作为一种集体投资方式，金融中介的资产或投资规模很大，可以购买分散化的证券组合，降低投资风险，使个人投资者得以享受分散投资的好处；最后，金融中介可以雇用专业技术人员，开发专门的交易技术，降低交易费用，并为投资者提供流动性便利。

2. 降低信息非对称程度。非对称信息是现代金融中介理论的另一个分析趋势。金融中介之所以在金融体系中具有比金融市场更重要的地位，除了交易费用以外，另一个重要原因就是交易中普遍存在的信息不对称问题，主要表现为逆向选择问题和道德风险问题，而金融中介的出现在很大程度上解决了这两个问题。一方面，金融中介本身是信息生产的专家，他们从投资者（储蓄者）那里获得资金，并向其提供或显性或隐性的担保；根据对借款者的评估，将资金贷给好公司。另一方面，金融中介对公司拥有强大的谈判能力，可以要求公司披露更多的信息，甚至直

[①] 彭文平，肖继辉. 新金融中介理论述评 [J]. 当代财经，2002 (3)；张杰. 金融中介理论发展述评 [J]. 中国社会科学，2001 (6).

接向公司派遣董事,对公司的日常经营活动进行实时监控,金融中介具有的委托监控功能较好地解决了道德风险问题。

3. 增强流动性。Diamond & Dybvig(1983)在《银行挤提、存款保险和流动性》一文中提出了 D-D 模型,从流动性转换功能角度证明了存款类金融中介(银行)存在的理由。在 D-D 模型中,银行为存款人提供活期存款合约,同时向借款人提供非流动性贷款,因而承担着将非流动性资产转换为流动性负债的流动性转换职能。在 Diamond & Dybvig 看来,这相当于为存款人提供了一种流动性保险,允许他在最需要的时候消费,银行的存在可以提高存款人的总福利水平。除了银行,投资银行、共同基金等权益类金融中介由于其标准化合约交易的便利性,也提高了资产的流动性。

4. 提高监控水平。Diamond(1984)建立了一个简单的受托监控模型(Delegated Monitoring Model),通过该模型证明,尽管金融中介本身的代理成本不容忽视,但金融中介仍然具有信息生产和监控的优势。Diamond 的受托监控模型建立在涉及多个委托人的委托—代理理论和非对称信息理论的基础上。在委托—代理理论中,拥有私人信息的参与人是代理人,不拥有私人信息的参与人是委托人,他们构成委托—代理关系。双方当事人都是效用最大化者,代理人不会总以委托人的最大利益而行动。因此,委托人必须给代理人足够的激励,使之按委托人的利益行动;或者对代理人实施严密的监控,使之不能随意越轨行动。监控与激励都会产生成本,这就是代理成本。在没有金融中介的情况下,借款人直接向投资者融资,借款人是不知情的委托人,投资者是知情的代理人,他们之间是一种委托—代理关系,并产生代理成本。如果金融中介存在,则会出现双层代理关系:在存款人与金融中介之间,存款人是委托人,金融中介是代理人;在金融中介与借款人之间,金融中介是委托人,借款人是代理人。在金融中介与借款人之间,存在类似于直接融资时借款人与投资者之间的代理问题,同时也会导致双重的代理成本。Diamond(1984)证明,伴随金融中介出现的分散化会降低代理成本,因而金融中介具有信息生产和监控的成本优势。

5. 降低参与成本。金融创新和信息技术革命对基于市场不完美假定的现代金融中介理论提出了新的挑战:一方面,现有的金融中介理论较好地解释了以融资业务为核心的传统金融中介在融资中的功能,如流动性转换、信息生产和受托监控等,但对于新兴的以风险管理为核心业务的金融中介而言,现有的金融中介理论还不能作出强有力的解释;另一方面,信息技术革命给金融业带来的一个重要变化是,它为解决借贷双方之间的非对称信息问题提供了技术支持,因为信息技术能使信息在市场参与各方之间或借贷方之间得以更便捷地流动,信息处理成本的下降又使得金融中介的信息产生功能似乎不再那么重要了。风险管理功能的增强和信息技术的变革要求有更具解释力的金融中介理论。

Allen & Santomero(1998)对现代金融中介理论提出了质疑,并提出了基于参与成本的新观点。他们认为,20世纪70年代以来的金融创新活动是金融机构风险管理功能日益增强的结果。在金融创新活动中,金融中介是创新工具的最主要交易主体和创新市场的最重要参与者。无论是金融工具的创新还是金融市场的创新,其主要目的都是为了更好地管理金融活动中不断增大的风险。从金融中介本身来看,存款类机构的相对下降和投资类金融中介的越来越重要,也是源于风险管理对于金融中介的重要性的提高。由于风险管理已经成为金融中介活动的核心,但金融中介理论还不能对这一功能作出解释,所以他们提出,降低参与成本,即学习如何有效地经常利用和参与市场的成本,应当在解释已经发生的这些变革中扮演重要角色。Allen & Santomero(1998)认为,现有的金融中介理论假定,所有的投资者都"全面参与"市场中,所以,金融中介无须提供风险管理或其他增值服务,但其实不然。许多研究表明,只有小部分的投资者直接购买股票,并且购买股票的投资者中的大部分只有一两只股票,极少有超过10只股票的。大部分投资者的大部分资产投资在更为安全的由金融中介提供的间接金融工具(如银行存款、基金份额)上。投资者实际上只是"有限参与"市场的。Allen & Santomero(1998)将投资者"有限参与"市场的原因解释为参与成本太高:一方面,如果投资者直接参与市场,既要承担了解某一股票或其他直接金融工具所发生的固定成本,还要承担对所投资的金融工具进行经常性监控所需要的边际成本。另一方面,人们的时间价值在不断上升,直接参与的机会成本比以往大大提高了。相对而言,金融中介具有风险管理的优势,由它发行的间接金融工具的大部分风险被过滤出去,投资者持有金融中介发行的金融资产不需要承担太高的参与成本。

6. 价值增加。Scholtens & Wensveen（2000）基本同意 Allen & Santomero（1998）的观点，但是认为他们的分析并不全面。他们发现，尽管市场不断向完美市场逼近，信息价格不断下降，但不对称信息和交易成本仍然是中介起作用的重要因素。他们认为，参与成本并不能很好地解释金融业近年来发生的一些巨大变化，诸如共同基金的发展和金融衍生工具的广泛使用。在他们看来，这些金融产品迅速发展的关键仍然是风险而不是参与成本，应当将风险分析置于金融中介理论的中心，因为银行业和保险业最初的主要任务就是风险吸收，即使是现在的许多金融创新业务也是围绕风险展开的，正是风险决定了金融中介所开展活动的范围。因此，金融中介理论必须拓展其研究边界，应当放弃静态的完美市场范式，采用更为动态的概念，金融中介理论应当包括金融创新的动态过程和在此基础上的市场差异化。

Scholtens & Wensveen（2000）指出，金融中介不是在最终储蓄者和投资者之间充当代理人，以达到减少像不对称信息和参与成本之类的市场非完美性的目的，相反地，金融中介是一个独立行事的市场主体。金融中介能够创造金融产品，并通过转换财务风险、期限、规模、地点和流动性而为客户提供增加值。因此，价值增加是现代金融中介发展的主要驱动力，从而理应成为金融中介理论的核心。当然，价值增加是通过降低人们的参与成本和扩展金融服务来实现的。换言之，金融中介增加了储蓄者与投资者双方的价值，因此价值增加是现代金融中介发展的主要驱动力，从而理应成为金融中介理论的核心。当然，价值增加是通过降低人们的参与成本和扩展金融服务来实现的。

Scholtens & Wensveen（2003）具体阐述了价值增加的过程。开始，金融中介（主要是银行和保险公司）将储蓄者和投资者的不同需求和各种偏好转换成合适的金融服务和金融工具，它们的积极活动诞生了一系列的金融产品。在此过程中，金融中介所扮演的并不是传统意义上介于储蓄者和投资者之间的代理人的角色，而是一个独立的市场主体，是价值的创造者，通过金融产品的创新为客户提供价值增加。为了阐述现代金融中介所扮演的积极角色以及突出其价值增加的功能，Scholtens & Wensveen（2000）还对现有的金融中介理论提出了修订建议（见表2-2）。

表2-2　　　　　现有的金融中介理论和修订后的金融中介理论

现有的金融中介理论	修订后的金融中介理论
静态：完美市场	动态：市场差异化
市场非完美性	产品创新
中介充当储蓄者与投资者之间的代理人	中介是金融服务的企业化提供者
储蓄的有效配置	财务转换
成本	价值
不对称信息	客户（包括储户和贷款者）导向
逆向选择、道德风险和信贷配给	风险/收益最优化和风险管理
脱媒	中介的动态性（新市场、新产品）

资料来源：Scholtens & Wensveen (2000)。

二、PE与传统金融中介：功能比较

由于资金融入方式和投出方式的多样性，金融中介的形态多种多样。本书选取了商业银行、投资银行、对冲基金（或共同基金）三类金融中介跟PE进行比较。其中，商业银行是存款类金融中介的代表，是最早也是最典型的金融中介，至今也是最重要的金融中介；投资银行是跟PE关系最密切的投资类金融中介，很多投资银行也从事PE，不少PE也有投资银行业务；对冲基金（或共同基金）是跟PE相似度最高的投资类金融中介，经常容易被混淆，而且对冲基金和共同基金之间也经常被混淆，所以放在一起作比较研究。

（一）PE与商业银行

"商业银行"是英文Commercial Bank的意译，商业银行是以经营工商业存放款为主要业务，并以获取利润为目的的货币经营企业。商业银行作为典型的金融中介，具备六大基本功能。

跟商业银行相比，PE一般不做支付业务，基本不具备支付中介的功能。PE的投资者和被投资企业都是以权益方式提供长期资金，本身的资金期限匹配程度很好，不需要PE进行期限的转换，时态中介的作用不明显。近些年，有PE通过公开市场发行可上市交易的基金，能把短期资金转换成长期资金，具有一定的时态中介功能。PE可以吸收较小投资者的资金，投入大型企业中，也可以从大型机构获得大量资金，投资给相对较小的企业，有规模中介的作用。PE的投资者和被投资企业往往不在同一个行业，资产品种转换的功能较为明显。

商业银行给企业贷款时往往需要抵押等方式来保证还款，企业业绩迅速提高后银行也不会去分享，因此银行对企业的经营活动基本不参与，对企业的信息了解有限。PE作为股东，其利益与企业经营业绩高度相关，PE往往深度参与企业的经营，对企业非常了解，其生产信息的能力远远高于银行。PE掌握了企业大量的信息，并参与股东会，对企业的监控能力很强，而且对于业绩良好的企业经营团队还有奖励机制，在监控和激励方面要强于银行。PE有充分的信息，拥有专业的人才队伍，在控制风险方面有明显的优势。银行主要通过资产的高度分散来控制风险，PE主要通过充分信息和专业人才来控制风险，前者的风险控制成本较高，而后者的成本较低。

综合比较，PE的支付中介功能、时态中介功能、规模中介功能都弱于商业银行，有的甚至不具备，但信息生产功能、监控与激励功能、风险中介功能要强于商业银行。

（二）PE与投资银行

投资银行是最典型的投资类金融中介，一般认为，投资银行是在资本市场上为企业发行债券、股票，筹集长期资金提供中介服务的金融中介，主要从事证券发行与承销、公司购并与资产重组、公司理财等业务。投资银行的典型功能就是在资金供需者之间搭建一个直接交流的平台，让双方直接交易，投资银行本身一般并不参与交易。虽然投资银行不参与交易，但是为了使交易更加高效地进行，投资银行要联系大量的投资者，深入了解融资企业的信息，并深入分析研究，同时要监控企业，承担保荐责任，运用多种方式为投资者控制风险，明显具备金融直接的后四项功能特征。

跟投资银行相比，PE的投资者规模往往较大，但数量没有投资银行多，规模中介的功能也稍逊。PE与投资银行的另一个不同是，投资银行扮演的是一个"媒婆"的角色，给供需双方搭建一个直接交流的平台，而PE则是"两头代理"，代理人并不直接交易，由PE直接参与交易，因此PE在信息生产、激励与监控、风险中介方面要强于投资银行。

(三) PE 与对冲基金 (或共同基金)

对冲基金 (Hedge Fund) 又称套利基金或避险基金，在二级市场上通过低买高卖或者高卖低买的交易操作来获利，因此其操作对象是二级市场上的证券和证券衍生品。共同基金 (Mutual Fund) 的盈利模式跟对冲基金相同，也是通过二级市场的低买高卖来获利，但共同基金面向公众发行，投资者众多，信息披露要求高，监管严格，操作不大灵活；对冲基金往往私募发行，投资者少，无强制信息披露要求，一般也不用监管，操作方式灵活。共同基金除了没有支付结算功能外，其他功能方面类似商业银行，都有明显的时态中介、规模中介功能，也有信息生产、监控与激励、风险控制的功能，但弱于其他类型的中介。对冲基金也要直接参与交易，而且持股比例较大，在信息生产、监控与激励、风险中介方面的功能非常明显。

PE 跟对冲基金相比，相似性很高，都是私募发行，都是深度参与交易，但 PE 主要投资低流动性的产品，而对冲基金投资的产品流动性很高；PE 把资金直接注入企业，而对冲基金主要在二级市场买卖，资金没有直接注入企业，跟企业的关系没有 PE 紧密，因此在信息生产、监控与激励、风险控制方面要逊于 PE。PE 的融资往往在金融市场，而 PE 的投资却在实体企业，因此 PE 连接了金融和实业，对企业的创新、企业管理的改善都有较大的促进作用；对冲基金的融资和投资基本都在金融市场，对企业的影响没有 PE 大。

(四) 基本结论

总体来看，PE 具备金融中介的最基本功能：为最终借款人和最终投资者提供中介服务，但对于从基本功能衍生出的六项职能，没有支付、时态、规模方面的职能，但在信息生产、监控与激励、风险中介方面的功能非常强大，因此 PE 也是一类新型的金融中介。

不同的金融中介机构在功能上各司其职，尽管各有侧重 (见表 2-3)，但是不能否认的是，上述机构作为金融中介的功能也存在一个共性，即提供平台、实现资金的融通。值得注意的是，大部分金融中介是通过资金的流通发挥资源配置的功能，在资金流通过程中获取收益，只有 PE 是通过改善企业实体实现企业价值增值，这是其他金融中介所不能比的。

表 2-3　　　　　　　　不同金融中介机构功能比较

中介功能	商业银行	投资银行	共同基金	对冲基金	PE
支付中介	强	无	无	无	无
时态中介	强	较强	强	无	无
规模中介	强	较强	强	无	无
信息生产	弱	较强	弱	较强	强
监控激励	弱	较强	弱	较强	强
风险中介	弱	较强	弱	较强	强

三、PE 的金融中介功能：功能观角度

我们的研究发现，PE 也是一类新型的金融中介，在金融市场上发挥着不可替代的功能。近年来兴起的金融中介功能观理论，可以帮助我们从另一个角度论证 PE 的金融中介属性。

（一）金融中介功能观

对于金融中介有两种不同的分析思路：一种思路视现存的金融中介为给定，认为公共政策的目标就是帮助现有的机构生存和兴旺，把这种分析思路简称为机构观；另一种分析思路则不同，视金融中介运作的功能为给定，并探索运作这些功能的最佳机构结构，这种思路称为功能观。Jensen & Meckling（1976），Leland & Pyle（1977），Greembaum & Higgins（1993），Diamond & Dybvig（1986），Black（1985），Williamson（1985，1988），Brennan（1991），Cossin（1993）和 Scholtens & Wensveen（2000）都不同程度地论述了金融中介的功能，但系统地论述金融中介的功能并把它提升到金融中介的功能观层次的是 Bodie & Merton（1993，2000）、Merton & Bodie（1993，1995）及 Merton（1995）的分析。

金融中介功能观大大地拓展了金融中介理论的视野，从而把金融中介理论的研究推向了一个新的水平。金融中介功能观的核心内容可表述为：金融功能比金融机构更稳定，即在地域和时间跨度上变化较小；机构的形式随功能而变化，即机构之间的创新和竞争最终会导致金融系统执行各项职能的效率的提高。而且功能观首先要问金融体系需要行使哪些经济功能，然后去寻求一种最好的组织机构，而一种组织机构是否最好，则又进一步取决于时机和现有的技术（Merton，1995；Bodie，2000）。

第二章 私募股权投资基金的金融中介特征

Merton（1995）把金融机构分为透明的各类证券市场、半透明的各类非银行金融机构以及不透明的传统金融中介（如商业银行、保险公司）。金融市场发生变化的一部分原因是由于新设计证券的大量涌现，计算机和电信技术的进步也使得不同证券的大宗交易得以顺利完成，另一部分原因是由于金融理论的重要进步，所有这些都大大地降低了金融交易的成本。结果，导致金融市场交易量大幅提高，从而替代了金融中介的某些职能。于是，有人提出金融中介（特别是非透明中介，如银行）正在被金融市场的制度性安排所替代。

Merton 根据金融产品的性质对金融市场与金融中介作了具体分工。相比之下，金融市场倾向于交易标准化的或者说成熟的金融产品，这种金融产品能服务于大量的消费者，并在定价时能被交易者所充分理解；而金融中介则更适合于量小的新金融产品，这些新产品一般而言是高度定做的，只针对那些具有特殊金融需求的消费者，因此信息也是不完全对称的。金融中介和金融市场是一个动态的过程，中介通过创造出构成新市场基础的产品和加大市场上已有产品的交易量来帮助市场成长。反过来，市场通过降低生产产品的成本帮助中介创造新的更加个性化的产品。短期内，中介和市场是两个相互竞争的制度；然而在长期中动态地看待金融系统的演进时，两者又恰恰是互补性的制度，在功能的发挥上彼此加强、相互促进。

因此，与传统金融中介理论不同，Merton 认为，为各个家庭提供金融产品的提供者既不是单纯的金融中介，也不是单纯的金融市场，而是金融中介—金融市场间的循环：在由金融中介高度定做的金融产品中，成功的产品会从中介移向市场。换言之，一旦它们适应了市场，并且一些信息不对称的困难得到克服，就会在市场上进行交易。这样，金融中介提供了创造和检验新金融产品的一个重要的专利性功能，就像风险资本中介为初创企业提供融资会失去它们中成功的消费者一样，因为这些企业成功后会到市场上筹集资金。显然，金融中介近似地相当于一种金融产品的孵化装置，任何金融产品在走向市场之前都需要在金融中介这种装置中接受培育。或者说，金融市场是通过降低生产产品的成本帮助金融中介创造新的更加个性化的产品，如果中介与市场相互间无法建立有效联系，将不会为家庭提供多样化和具有可分性的有效资产组合。

总之，若动态地看待金融中介与金融市场的关系，二者是相互补充和促进的，共同促使金融产品日趋多样化，推动金融职能和业务领域的交叉和重组，导致金融结构日趋复杂，形成金融体系的螺旋式演进。在 Merton 看来，金融中介与金融市场处在一个先后具有内在联系的逻辑链条之上，它们是履行不同金融产品"创造"与"打造"功能的制度安排，而不像在以往的理论中，人们总是把它们放在竞争性、替代性以及此消彼长的角度进行理解。

从这种意义上讲，Merton 对金融中介理论的贡献是真正具有建设性的，甚至是革命性的（张杰，2001）。他抛开了不断变化的产品、机构、市场的形式，抓住了相对稳定的金融需求和金融功能作为研究的着手点。功能需求的稳定性使金融服务，如发行、配置、支付以及融资，比提供服务的机构和满足客户要求所提供的特定产品都要稳定，为我们理解金融体系的运作提供了新的视角，也为我们认识金融中介提供了新的视角。

（二）从功能观角度认识 PE 的中介功能

PE 在运营过程中表现出的特点和发挥的功能具备了金融中介的核心特点和功能。以 Merton & Bodie（1993，1995），Merton（1995），Scholtens & Wensveen（2000）为代表的金融学家们提出对金融体系和金融中介的认识应该摒弃传统的"机构观"而转向"功能观"，应该动态地认识金融中介的功能，金融中介已经不再仅仅限于商业银行、证券公司等传统的金融机构了。

目前，国外的研究文献已经注意到 PE 具有的金融中介的本质属性了。这方面的代表性文献和观点有：（1）Schell（1999）提出"PE 是投资和收益分配的金融中介，它将所有者（投资者）的资金对外投资，然后将实现的收益进行分配"；（2）Kurt Geiger（2005）也认为，PE 不仅仅是一种金融工具，也是一个金融中介，它们为私人企业的发展提供了支持，已经成为了经济增长重要的催化剂;[①]（3）Metrick & Yasuda（2007）则进一步地认为，"PE 是作为一种如同商业银行和共同基金一样的金融中介，发挥着越来越重要的作用"。

[①] Kurt Geiger 是欧洲复兴与开发银行（The European Bank for Reconstruction and Development，EBRD）金融机构部业务主管（Business Group Director of Financial Institutions），上述观点是在其代表 EBRD 参加 2003 年 EVCA 举办的 "Central & Eastern European Policy Meeting" 演讲中表达的，EBRD 从 1992 年开始向大约 85 只基金投资了近 15 亿欧元。

四、PE 的金融中介功能：主要表现

上述理论分析表明，PE 具有金融中介属性，PE 在经济活动中也确实发挥了金融中介的功能，证明了其存在的价值。一般地，PE 具有如下金融中介功能：

（一）投资中介功能

PE 机构为企业提供了股权资本，而 PE 机构的资金又是从出资人处募集而来，这个募集资金并投资的过程实现了储蓄向投资的转化，只是这种转化的形式一直采用权益资本的形式，而不是银行的债权债务形式。

（二）降低信息不对称功能

PE 的出资人往往是进行被动投资的机构（如养老基金等）或者是缺乏专业水平的投资者，这些出资人如果直接购买公司的股权，对公司的好坏识别能力有限，往往会出现逆向选择和道德风险问题。PE 的出现解决了这个问题，PE 基金可以凭借资金实力和专业水平要求公司提供更多的信息，降低信息不对称程度，能够发现好公司。

（三）风险管理功能

PE 机构拥有足够的专业人员，而且往往要向被投资公司派驻董事，影响公司的重大决策，同时又能实时掌握和监控公司的日常经营活动，可以及早采取预防措施，风险识别能力和管理能力得到大大加强。

（四）增强流动性功能

除了少部分上市交易的 PE，大部分 PE 的份额没有上市交易，流动性也不是很高，但 PE 的份额转让仍然要比那些没上市的公司的股权转让要来得容易，因为 PE 的规模大，结构简单，运作透明。因此，相对于被 PE 投资的未上市的公司股权，PE 份额的流动性还是增强了不少。

（五）降低交易成本功能

由于具备上述功能，对于 PE 出资人来说，认购基金份额比直接购买未上市公司股权要容易，其中的交易成本降低了很多。

尤其值得一提的是，PE 在资本市场上金融中介功能尤其突出（见图 2-2）：PE 能够为那些难以通过银行间接融资体系和资本市场直接融资体系获取资金的企业提供有效的资金供给。它所具有的这一独特作用和优势，能够发挥银行等传统金融中介所不能发挥的作用。因此，PE 不仅仅是一种"集合投资制度"，更是一种新型的重要的金融中介。

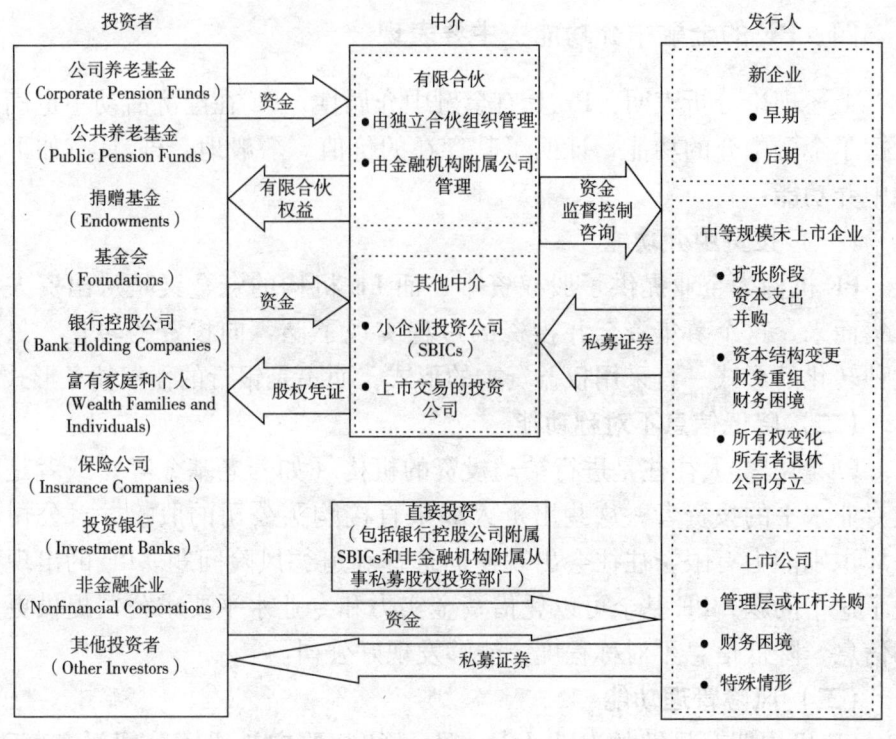

图 2-2 资本市场中 PE 的中介作用

五、PE 的金融中介功能:案例分析

PE 的金融中介功能集中体现为,PE 投资企业后,往往要提供大量增值服务,协助企业进行并购,提升管理水平,从而促进企业业绩的快速增长。为此,本书以九鼎投资的两个投资案例进行分析。

(一)九鼎投资入股吉峰农机

2009 年 4 月,在投资入股了吉峰农机(股票代码:300022)后,九鼎投资就开始协助企业提升管理水平,并物色并购对象,企业于 2009 年 10 月成功上市后,2010 年完成了 8 次并购:1 月,吉峰农机称使用 2 405 万元对吉林金桥农机增资并受让金桥农机原有股东的部分股权;3 月,吉峰农机用 1 110 万元投资设立宁夏吉峰同德农机汽车、772 万元投资设立甘肃河西吉峰农机、204 万元设立四川吉峰三立、204 万元设立四川吉峰联科;4 月,吉峰农机用 1 941 万元对辽宁汇丰农机城进行增资,增资完成后持有其 51% 的股权;同月,其又对吉林金桥农机增资 720 万元;7

月，吉峰农机公告称使用2 550万元设立四川控股子公司。在PE的协助下，企业业绩迅速提升，见表2-4。

表2-4　　　　　　　　吉峰农机主要财务数据

年份	2006	2007	2008	2009	2010
营业收入（亿元）	2.11	3.78	7.94	16.03	36.8
环比增长率（%）	—	79.10	110.10	101.90	129.57
净利润（万元）	104	1 611	2 917	5 023	7 077
环比增长率（%）	—	1 451.00	81.10	72.20	40.89

（二）九鼎投资入股金杯电工

2007年11月，在投资入股了金杯电工（股票代码：002533）后，九鼎投资同样也是协助企业稳步提升了业绩，见表2-5。

表2-5　　　　　　　　金杯电工主要财务数据

年份	2007	2008	2009	2010
营业收入（亿元）	12.67	14.69	14.77	19.27
环比增长率（%）	—	15.94	0.54	30.47
净利润（万元）	6 615	8 636	10 083	11 376
环比增长率（%）	—	30.55	16.76	12.82

PE投资企业是把资金直接注入企业作为股本金，在促进企业资本形成、管理水平提升方面具有其他金融中介不可替代的作用。

由上述案例可知，PE作为一种新型的金融中介，在促进企业发展、提升企业绩效方面发挥了重要作用。

第三章　私募股权投资基金的信息不对称风险

第二章的研究发现，PE 本质上发挥着金融中介的功能和作用，因此 PE 是一种新型的金融中介，也是一种新型的金融机构。基于此，PE 的监管其实是金融监管的一部分。为研究 PE 的监管问题，需要分析其风险特征，也需要准备相关的金融监管理论。为此，接下来的两章我们将分别对 PE 运行过程中的两种主要风险（信息不对称风险和高杠杆导致的系统性风险）进行研究，为 PE 监管提供必要的依据。①

第一节　金融市场中的信息不对称风险

一、金融市场的不对称信息

信息经济学认为，市场经济活动中普遍存在着信息不对称性，造成价格扭曲和市场失灵。在委托—代理关系中，代理人具有信息优势，委托人处于信息劣势，即信息在他们之间的分布是不对称的。所谓信息不对称，是指经济活动参与各方对有关事件的知识或概率分布的把握程度不同，从而导致信息在交易双方当事人之间分布的不均衡性。由于信息不对称性的存在，市场中的某些参与者拥有比另一些参与者更多的信息，具有较明显的信息优势，导致市场权力的垄断，从而使自由市场竞争机制失灵。股市中的大户操纵现象便是典型的实例，可借用实证主义犯罪学的一句名言："夜间发生在小巷的抢劫，其原因之一是没有路灯。"② 因此，必须借助有效的监管制度安排，切断一些市场参与者特有的信息获取渠道，采取信息公开披露和激励约束机制，减少信息不对称性及由此带来的损失和危害。

---

① 陈宗胜等（2010）指出，私募股权基金具有信息不对称、参与人非理性、超强的负外部性等三个特点。本书着重分析信息不对称风险和负外部性导致的系统性风险。
② 李世谦. 公开资本市场监管问题研究［M］. 北京：经济管理出版社，1997.

二、不对称信息的影响

信息不对称会导致金融市场失灵。由于存款人和银行之间存在着信息不对称，银行难以把握存款人的流动性偏好，并对紧急情况下的大量提取款项的行为作出准确预测和反应；对于分散的存款人而言，搜集和识别金融信息的成本很高，同样是由于信息的不对称性，客户很难掌握银行的财务状况和经营管理水平，他们不能把高流动性银行同低流动性银行区别开来，只能以不完全的信息对银行的风险作出判断。一家银行出现挤兑风波，会使公众对其他具有良好清偿力的金融机构的信誉也产生怀疑，而造成恐慌性挤兑，危害金融体系的安全与稳定。

特别是在信息不对称的情况下，知情较多的当事人一方还会出现逆向选择和道德风险问题，导致金融交易的低效率或金融市场失灵。具体说来：

（一）逆向选择

逆向选择（Adverse Selection）是指在建立委托—代理关系之前，代理人已经掌握某些委托人不了解的信息，而这些信息有可能是对委托人不利的。代理人利用这些信息签订对自己有利的合同，而委托人则由于信息劣势而处于对其不利的选择位置上。这与 Akerlof（1970）给出的旧车市场模型结论相类似，[①] 在保险市场以及银行信贷市场上，也存在非对称信息下的不利选择情况。借款人的信用程度和运用资金的能力均各不相同，因而具有不同的还款概率，银行往往会进行一番资信调查和评估的工作，但总有一些信息无法了解或不确切、不可信，使得银行处于信息劣势和不利选择的位置上。由于银行不能很好区分谁的风险大（如果能区分，则针对高风险的收高利率，低风险的收低利率），因而银行制定贷款利率低于高风险借款者愿意支付的利率，而高于低风险借款者愿意支付的利率。这样，一些低风险借款者便会退出信贷市场，出现"格雷欣法则"（Gresham's Law）所描述的"劣币驱逐良币"的市场不利选择，使市场平均风险加大，导致市场失灵。

[①] "旧车市场"是不对称信息的经典案例。由于旧车往往存在质量问题，买卖双方对车的质量信息是明显不对称的。卖主经过对车的使用，对车的质量和性能显然是了解的，而买主的信息来自卖主的提供，显然受到卖主"诚实度"的影响，其掌握的信息是有限的并且是不可靠的。旧车市场上如果没有政府的有效监管（如规定对旧车质量性能的检验和信息的公开披露），必然是劣质车将好车挤出市场。这就是非对称信息下的逆向选择。

(二) 道德风险

与逆向选择相比，道德风险（Moral Hazard）发生在契约签订之后，是指代理人因拥有独占性的私人信息，为满足其自身效益最大化而损害委托人利益的行为。道德风险表现为偷懒（Shirking）和机会主义（Opportunism）①行为。典型的例子有：

1. 在信贷市场上，借款者获得资金后，在利益驱动下可能会转而投资于高风险的行业，对此贷款人难以控制。如果没有有效的监管制度，处于信息优势的一方就会利用其信息优势，靠损害信息劣势一方的利益来为自己谋取利益。

2. 在股票市场，当股票发行者筹集到资金后，如何使用资金、股利分配方案如何、是否能保证股东权益等完全取决于股票发行者的个人行为，在缺乏完善的监督机制下，上市公司有可能产生道德风险，作出损害股东利益和市场效率的行为。例如，在盈利时不分配或少分配利润给股东、编制虚假年报和公告等。

3. 在中央银行与商业银行的博弈中，由于中央银行再贷款人的作用和存款保险制度的实施，可能使得商业银行有恃无恐，破产约束软化，弱化了商业银行的谨慎经营原则，加剧了金融市场风险。特别是现代商业银行机构及其业务规模越来越庞大，因其巨大的外部性，各国政府都对有问题的大金融机构采取过度保护措施，但这样却导致大金融机构产生道德风险。它们相信自己"太大而不能倒闭"（Too Big to Fail），从而就不顾一切地盲目扩张，粗放经营，出现严重亏损则转嫁给政府。因此，由金融监管当局对其进行严格的日常监管就非常必要，而且在许多情况下，借助于行业自律、社会公众约束和外部审计实施全方位、多层次监管，对于消除信息不对称性的危害同样是十分重要和必不可少的。

三、不对称信息下的监管要求

信息不对称对金融市场的影响需要金融监管来解决。

---

① 经济学家威廉森（Williamson）发展了亚当·斯密的"自利但还不至去损人"的经济人假定，指出人具有随机应变、投机取巧为自己谋取最大利益的行为倾向，在追求自身利益时会采取非常隐蔽和狡诈的手段，要花招来欺骗对方。也就是说，经济中的人都是自利的，而且只要一有机会，就会不惜损人而利己。这种"机会主义"行为倾向直接影响了市场的效率，市场上交易双方不但要保护自己的利益，还要随时提防对方的机会主义行为，每一方都不知道对方是否诚实，都不敢轻率地在对方提供的信息的基础上作决定，因此多了一份心理防范和准备措施的成本。

信息不对称问题对金融的影响，其后果是严重的。诸如逆向选择导致挤兑风潮，致使银行破产；道德风险导致保险最优性失效，致使保险业破产；委托—代理问题致使监管机构决策失误，导致监管风险等。要解决这些信息不对称问题，需要的是金融监管。银行业是个特殊行业。银行的破产成本明显高于银行自身的成本，并且个别银行的破产因"多米诺骨牌效应"可能导致整个银行系统的崩溃而引发金融危机，因此需要监管来消除其外部性。银行体系是脆弱的，银行的利润最大化目标促使它们增加风险性业务活动，导致系统的内在不稳定性，因而需要对其经营行为进行监管。银行比其他企业更容易受外界影响而失败，也比其他产业更加脆弱，更容易被传染，特别是在金融全球化的今天，其特性更加明显，因此需要金融监管来消除其脆弱性。

金融监管理论认为，金融市场有时会失灵，政府实施金融监管是为了保护社会公众利益，而对市场过程中出现的不适合或低效率现象进行管理，是为了纠正由金融市场垄断性、外部性、传染性、脆弱性等引起的市场失灵而进行的制度安排（Stigler，1971；Wolf，1994；Xavier & Rochet，1997）。目前占主流的理论有两个：公共利益理论和金融脆弱性理论。其中，信息不对称问题的存在对金融监管提出了要求，成为对金融市场进行监管的主要依据。

信息不对称的解决需要金融监管，但值得注意的是，金融监管过程中也存在着信息不对称。一方面，尽管监管部门可以通过现场、非现场检查来了解金融机构的经营情况，但掌握所有真实信息是不可能的；另一方面，在被监管机构看来，其掌握的监管当局的信息也是不充分、不完全的。所以，信息不对称贯穿金融业运作的整个过程，金融监管的目的在于降低信息不对称劣势，发挥金融在经济发展中的核心作用。

第二节　PE 运营中的信息不对称风险

一、PE 运营中的委托—代理问题

金融资产的形态很多，并且常在不同形态间进行频繁的转换，甚至会转换为流动性差的非金融资产。在这种情况下，非专业的金融资产持有人难以胜任金融资产的管理工作,于是产生了专业的金融资产管理人(主要是各种金融机构),金融资产实现了较为彻底的持有人与管理人的分离,普遍存在着深度的委托—代理关系。

金融资产持有人,即投资者,就是指购买了金融资产的自然人或法人,他拥有所持金融资产的收益权、转让权等权利,有的金融资产还赋予持有人按所占比例投票的权利。管理人则受投资者委托,按委托人利益最大化原则来管理运作金融资产,它有收取一定管理服务费的权利,对运作负有责任。

在实践上,一方面,由于投资者众多,相对于庞大的整个金融资产来说,每个投资者所占的份额都小得微乎其微,由于"搭便车"效应的存在,单个投资者没有动力去掌握必要的信息来监督管理人为委托人(投资者)努力工作的程度;另一方面,又由于成本收益的不对称,单个投资者也没有能力去把握全面的经营信息来监督管理人。而作为被委托方的管理人则是金融资产全部信息的拥有者,因为正是它在实际运作金融资产。由于管理人追求自身利益的最大化,这与投资者的利益最大化存在一定的冲突,在没有约束和监督的情况下,处在信息优势地位的管理人有可能会通过损害投资者利益的机会主义行为来增加自身的利益。在内部监督不足时,有必要引入第三方进行外部监督,同时要注意外部监督的成本。

二、PE运营中的信息不对称

PE的管理人与投资者相比,拥有信息优势。如果投资者规模较大,一方面可以要求管理人提供更多的信息,另一方面也能支付信息搜集成本,信息不对称问题不严重。如果投资者规模小,谈判地位弱,也难以支付信息搜集成本,信息不对称问题就很严重。因此,对于没有小投资者参与的PE,无须政府监管,投资者可以自己监督管理人,最多依靠第三方市场机构参与监督即可;对于有小投资参与的PE,即公募发行的PE,政府有必要替小投资者对管理人进行监管。

通常,金融监管的必要性主要来自两个方面:一是金融市场的参与者众多,投资者尤其是小投资者,与金融机构之间存在较为严重的信息不对称,金融机构有可能借助信息优势损害投资者利益,而投资者则难以进行有效的监督;二是PE机构往往高杠杆运营,一家机构的风险容易传递出去，使风险在不同机构之间传染，形成系统性风险，因此，高杠杆运营的 PE 机构有很强的负外部性。

陈宗胜等（2010）明确指出，在私募基金领域，基金的管理者或者募集人（基金的卖方），通常占有更多的信息优势。相应地，购买基金的人，也就是基金投资者在信息拥有量上处于劣势。这种信息不对称会造成市场交易双方的利益失衡，影响公平、公正的原则及市场配置效率。因此，对私募股权基金来说，如果缺少强有力的外部约束监督机制，处于信息优势地位的私募基金管理公司极易从牟利动机出发而自觉或不自觉地欺骗投资者，从而造成道德风险。这也正是为什么麦道夫一方面可以在其公司网站明目张胆地打出广告称"伯纳德·麦道夫本人追求完美无瑕的从业记录，致力于公平交易，并保有高尚的道德标准"，而另一方面却成为华尔街金融大盗的原因所在。在不对称信息下，多数基金管理者倾向于只推介自己有优势的方面，不自觉或者有意识地掩盖自身的缺陷和不足。这就使得投资者更加难以辨别基金管理者的真实能力、运作模式、资金用途等信息。基于此，加强基金运作过程的监管就显得十分重要。

由于 PE 运营中委托—代理问题的存在，导致其信息不对称风险问题十分突出，在这种情况下，为保护投资者的利益，需要引入适当的监管安排。

三、信息不对称下的监管博弈模型

为深入分析信息不对称对 PE 运行的影响，本书借用了一个博弈模型，研究在信息不对称的情况下委托人对代理人的监督问题。

（一）假设前提

本模型试图说明委托人如何对代理人进行监督，以及监督的有效性如何，政府是否必须参与监督。模型拟定如下假设条件：

一是双方都是风险中性的理性经济人。在实际操作中，委托人通常都会在事前和代理人签订契约，制定条款规范和监督代理人的行动。委托人的行动策略只有"监督"和"放任"两种，对于委托人而言，即使采取监督策略，但是监督并一定是有效的，而其无论监督成功与否，都要支付一定的监督成本。对于代理人而言，在采取行动时，其策略基本可以分为"违约"和"守约"。代理人追求个人利益最大化，其中这种个人利益包括货币性利益和非货币性利益,代理人根据自身预期效益最大化原则采取行动。

二是对代理人的监督,除了委托人可以自己进行,也可以同时由独立第三方(如政府)进行,该独立第三方的效用表现为社会声誉等,与委托人没有直接的利益关系。

三是假设双方在博弈中信息不对称,这一假设符合现实,双方都是为了追求个人利益最大化,但是由于目标函数的不一致以及信息不对称,因此该博弈属于信息不对称的博弈。

四是在代理人守约的条件下,无论委托人监督与否,都不能改变投资项目的收益,这是因为影响投资项目的因素除了投资者能力以外,还有外部因素,如法律法规政策的变动、国际政治经济局势的变动以及自然灾害等。由于代理人能力是一种可控因素,因此,代理人守约并不能改变代理人能力的边际收益。对于委托人而言,即使完全行使监督权,由于信息不对称,并不能完全防范代理人的道德风险。

在上述四项假设条件下,代理人的违约将会有成本,除非他的违约不为委托人所察觉。如果委托人发现代理人违约,则代理人受到一定的处罚,如返还一定的资本或是缴纳违约金;如果守约,则给予适当的奖励,如奖励一定的利润分成。

综上所述,对于代理人而言,行动策略有两种,即违约和守约,违约如果被委托人发现,则会有一定的成本,如果不被发现,则个人利益会增加;对于委托人而言,行动策略有两种,即监督和放任,监督需要支付一定的成本,如果发现代理人违约行为,可以取得罚金等收益。

(二)模型建立

根据上述前提假设条件,代理人监管博弈模型结构见表3-1。

表3-1　　　　　　　　　委托—代理博弈模型

委托人			代理人	
			违约	守约
委托人	监督	成功	$U - C_2 + E, R_1$	$U - C_3, R$
		失败	$U - C_2, R_2$	
	放任	被检举	$U - C_1, R_1$	U, R
		未检举	U, R_2	

其中：R 是代理人守约的正常收益；

R_1 为代理人违约行为被发现后所缴纳的违约金；

R_2 为代理人违约而又未被查处时的个人利益；

U 为委托人的正常收益；

C_1 为独立第三方监督不力而受到的损失；

C_2 为委托人监督违约代理人所付出的监督成本；

C_3 为委托人监督守约代理人所要付出的监督成本，由于代理人的违约行为较为隐蔽，因此在监督时所遇到的难度更大，付出的监督成本更大，从这个角度讲 $C_2 > C_3$；

E 为委托人成功查处违约代理人后所得到的收益。

此外，假定委托人查处代理人违约操作的成功概率为 θ，代理人的违约操作行为被其他人检举的概率为 λ，这两个因素由社会环境、相关法规的完善程度以及 PE 市场的成熟程度等外在环境决定。

令

$$M = R_2 - R$$
$$N = R_1 - R$$

其中：M 表示代理人违约操作得逞所获得的超额利润，即比守约操作时多获得的效用；

N 表示代理人违约操作被查处后与守约操作时相比的效用差异；

$M + N$ 可以近似地看做是对违约操作的处罚力度。

表3-2　　　　　　　　委托—代理博弈转化模型

委托人	代理人	
	违约	守约
监督	$U - C_2 + \theta E$, $R + M - \theta(M+N)$	$U - C_3$, R
放任	$U - \lambda C_1$, $R + M - \lambda(M+N)$	U, R

（三）博弈分析

1. 纯策略的均衡分析

在上述模型中，分析了四种纯策略达到均衡的可能性及其达到均衡的条件：

（1）监督，守约

即委托人监督，代理人被迫守约。该策略达到均衡的条件是

$$U - C_3 > U - \lambda C_1 \text{ 和 } R + M - \theta(M + N) < R, \text{或}$$
$$\lambda C_1 - C_3 > 0 \text{ 和 } \theta > \theta^* = M/(M + N)$$

第一个条件的经济含义是，在监督不力而遭受的损失大于对代理人监督的成本的条件下，委托人和第三方人员会竭尽所能地进行监督；第二个条件的经济含义是，在竭力监督和加大对违约活动的处罚的情况下，代理人觉得如果违约操作可能会得不偿失，不如守约合算。

（2）放任，守约

即委托人采取放任策略，代理人能够自觉守约。这几乎是不可能达到的均衡状态。要使该策略达到均衡的条件是

$$R + M - \lambda(M + N) < R \text{ 和 } U - C_2 + \theta E < U, \text{或}$$
$$\lambda > \lambda^* = M/(M + N) \text{ 和 } \theta < \theta^* = C_2/E$$

其经济含义是：代理人采取违约行为不能获取比守约行为更多的效用；对于委托人而言，他们对违约操作的监督成本太大，而收益又太小。

（3）放任，违约

即委托人采取放任策略，代理人违约。该策略达到均衡的条件是

$$R + M - \lambda(M + N) > R \text{ 和 } U - \lambda C_1 > U - C_2 + \theta E, \text{或}$$
$$\lambda < \lambda^* = M/(M + N) \text{ 和 } \theta E/(C_2 - \lambda C_1) < 1$$

其经济含义是：代理人违约操作的效用大于守约操作所能够获得的效用，委托人也不愿意监督，因为监督会使其效用减少（奖得少罚得轻）。从第二个条件可以看出，要想促使委托人愿意监督，必须提高查处成功后的奖励，并加大对第三方监督不力的处分，同时设法减少监督代价。另外，我们还可以看出随着第三方监督力量增强，委托人不仅不会对第三方监督产生依赖心理，反而会更加恪尽职守。

（4）监督，违约

即委托人采取监督策略，代理人依然违约。该策略达到均衡的条件是

$$R + M - \theta(M + N) > R \text{ 和 } U - C_2 + \theta E > U - \lambda C_1, \text{或}$$
$$\theta < \theta^* = M/(M + N) \text{ 和 } \theta E/(C_2 - \lambda C_1) > 1$$

其经济含义是：代理人违约操作的效用大于违约操作所能够获得的效用，委托人监督时的效用大于放任时的效用。显然，这种均衡是最不

理想的,要想避免就必须加大对违约操作者的惩罚,提高监督成功的概率,使其满足 $\theta > \theta^* = M/(M+N)$。从而使得 $M+N$ 越大,代理人违约操作的区域越小。

2. 混合策略的均衡分析

如果同时满足条件 $\lambda < \lambda^* = M/(M+N)$,$\theta E/(C_2 - \lambda C_1) > 1$ 和 $\theta > \theta^* = M/(M+N)$,则该博弈会陷入"委托人监督—代理人守约—委托人放任—代理人违约—委托人监督"的循环中,这样博弈的均衡解将是混合策略。假定代理人以概率 p 选择违约,委托人以概率 q 选择监督,分别分析委托人和代理人的最优行为选择。

(1) 委托人的最优行为选择分析

假设委托人的预期效用是 U_s,则

$$U_s = q[p(U - C_2 + \theta E) + (1-p)(U - C_3)] + (1-q)[p(U - \lambda C_1) + (1-p)U]$$

对 U_s 求微分,并令其等于 0,

$$dU_s/dq = p^*(\theta E + C_3 + \lambda C_1 - C_2) - C_3 = 0, 得$$

$$p^* = C_3/(\theta E + C_3 + \lambda C_1 - C_2)$$

此式表明在代理人以小于 p^* 的概率选择违约行为时,委托人选择放任时的效用将大于监督时的效用,委托人的最优行为选择将是放任;当代理人违约操作的概率大于 p^* 时,委托人的最优行为是选择监督;当代理人违约操作的概率等于 p^* 时,委托人对监督的态度将变得无所谓。

其政策含义为:可以通过改变均衡概率 p^* 来改变委托人选择放任行为的区域,最直接最容易操作的是改变 E 和 C_1。显然 p^* 是 E 和 C_1 的减函数,当 E 和 C_1 增大时,委托人选择放任的区域将变小,当 E 和 C_1 减小时,委托人选择放任的区域将变大。监督的主要目的,就是要把代理人违约操作的概率 p^* 控制在一个可以接受的水平,要想降低 p^*,就必须对第三方监督人实施有效的激励和约束,理论上 p^* 应控制在监督的边际社会成本等于边际社会收益处。

(2) 代理人的最优行为选择分析

代理人的预期效用设为 U_i,

$$U_i = p[q(R + M - \theta N - \theta M) + (1-q)(R + M - \lambda N - \lambda M)] + (1-p)R$$

同样，对 U_i 求微分，并令其等于 0，
$$dU_i/dp = R_2 - \lambda(N+M) - q^*(N+M)(\theta-\lambda) = 0,得$$
$$q^* = [R_2 - \lambda(N+M)]/[(N+M)(\theta-\lambda)]$$

这表明，在委托人的监督概率小于 q^* 时，代理人的最优策略是选择违约操作，当监督概率大于 q^* 时，代理人的最优策略是选择守约操作，当监督概率等于 q^* 时，代理人选择两种策略的效用相同。

其政策含义为：可以通过制定政策来影响均衡概率 q^*，进而控制代理人选择违约行为的区域，容易影响的变量是 λ、N 和 M。显然，λ 越大，N 越大，M 越小，代理人违约操作的可能性就越小，这表明第三方监督环境越完善，监督能力越强，代理人违约操作被查处后的处罚越重，违约操作所能够获取的个人利益越少，代理人就越没有选择违约操作的动机。

四、需要外部监管的条件

从上述模型分析中可以看出，当违约利益高于违约成本时，代理人存在违约的可能。同样，当监督的利益小于监督成本时，委托人会选择放弃监督。如果多个委托人把监督权共同委托给一家监管机构，则每个委托人所分担的监督成本将大大降低，从而对代理人的监督程度将大大提高。这意味着，对于投资者而言，当不能有效监督基金管理人时，需要引入外部第三方来对代理人进行监督时，成本更低。

在 PE 运行过程中，如果一只基金只有一个投资者，该投资者有足够的动力进行监督，也能支付监督成本；如果一只基金有很多投资者，投资者之间会互相"搭便车"，谁都不愿意支付监督成本，小投资者也付不起监督成本，需要共同委托第三方进行监督，投资者之间分担成本。因此，基金是否需要外部监督的条件是投资者数量是否足够多。

如果投资者的数量较多，协商成本不高时，投资者可以共同委托第三方市场机构来监督，如聘请审计机构等；如果投资者数量非常多，协商成本非常高时，只能由政府制定统一的规则进行监管。因此基金是否需要政府监管的条件是投资者数量是否非常多。

由于协商成本难以量化，投资者数量在足够多跟非常多之间难以有明确的界限，政府一般根据经验从法律角度给出一个可以参考的数字。例如我国的法律规定：合伙企业的合伙人不得超过 50 人，有限责任公司

的股东不得超过 50 人，一份信托计划的持有人不得超过 200 人，非上市股份有限公司的股东不得超过 200 人等。设立合伙企业和有限责任公司不需要审批，但发行信托计划、设立股份有限公司需要简单审批，公司上市成为公众公司审批环节更长，设立可以吸收公众存款的商业银行的审批环节非常长。

第四章 私募股权投资基金的潜在系统性风险

第三章的研究发现，PE 机构往往存在复杂的委托—代理关系，具有较高的信息不对称风险，因此，对 PE 机构的运营需要引入适当的监管机制，从而确保 PE 的稳定性和金融市场的安全。事实上，PE 机构还具有另一个重要的风险，即由于高负债经营导致的潜在系统性风险，本章将系统分析 PE 的潜在系统性风险，明确这种风险对 PE 监管的基本要求。

第一节 金融市场的系统性风险

一、金融市场的外部性

新制度经济学认为，市场失灵的一个重要原因就是外部性的存在。所谓外部性，是指由于自然的或制度上的原因，在提供产品和劳务时，私人费用（或所得）和社会费用（或利益）之间存在偏差，某个独立个体的生产和消费行为对其他的行为主体产生附带的成本或效益，而造成利益上的损失或增利的行为。当社会利益大于私人所得时，这一相关的产品称为公共产品（Public Goods）。公共产品具有两个主要属性，即共同消费和非排他性。这两种属性意味着，一个消费者获得产品并不减少这一产品的性质或他人的可获得性；非购买者也不能被排除在该产品的消费之外。非排他性所引致的"搭便车"（Free-rider）的问题意味着私人没有或极少有动因去生产公共产品，从而导致公共产品供给不足。当存在外部性时，仅靠自由竞争不能保证资源的有效配置和正常的经济效率。

根据产权经济学的观点，在产权明晰的条件下，私人供应商会走到一起协商解决外部性问题。著名的"科斯定理"断言，在交易费用为零的条件下，外部性的有关各方会相互谈判并达成契约，从而使外部性内部化，消除私人费用和社会费用之间的偏差。但由于"搭便车"问题难以杜绝，各方的协商成本太高，使得外部性的私人解决方法难以尽如人意。因此需要通过介入政府监管来矫正外部性，消除外部性所造成的成本效用分摊不公和经济效率降低问题。

事实上，金融机构的经营具有很强的外部性，有正外部性和负外部性之分。如果金融业较发达，运行稳健，单个金融机构的生存空间也就扩大了，可受惠于市场深度加大和金融同业合作的双重好处，这是金融机构经营的正外部性。然而更应引起关注的是，金融机构的经营存在着相比较其他行业而言更强的负外部性。由于金融机构有广泛的债权债务关系，包括金融同业之间和对社会公众的债权债务关系，一家金融机构即使经营正常，也会因与之有着较强的债权债务关系的金融机构的倒闭而蒙受损失，损失严重时也可能步入倒闭之列，尤其是如有金融机构（银行）经营不善、出现流动性风险，致使公众失去信心而发生挤兑时。

特别对银行业而言，由于银行保持部分储备，严重依赖外部资金来源，从事短借长贷的期限转换，具有很高的负债比率，因而银行业具有内在的不稳定性。Diamond & Dybvig（1983）指出，任何对存款者信任产生不利影响的事件都可能导致银行挤兑。一家银行挤兑不仅会对公众心理预期产生强烈震撼，而且可能中断社会债权债务的支付链，产生"多米诺骨牌效应"（Domino Effect），引起金融恐慌，威胁整个银行体系的安全，甚至酿成国际金融危机，破坏社会经济发展。尽管一些企业的倒闭或破产也会带来失业等社会问题，具有外部性，但实在无法同银行倒闭或破产相提并论。银行体系不仅承载着广泛的债权债务，更承载着全社会的信用，银行业的破产将会导致整个社会的信用崩溃。

金融领域内存在比其他经济领域更为严重的负外部性这一事实，为政府介入、实行必要的金融监管提供了重要的理论支持。金融机构经营中的负外部性的存在，客观上要求政府监管当局对每一家金融机构实施有效的日常监管，以矫正负外部性或最大限度地减轻负外部性的影响。为防范金融风险和金融危机的国际间传递，还须加强国际金融监管合作，采取统一协调行动，防止负外部性在国际间的传染和扩散。

二、金融市场的脆弱性

(一) 金融不稳定假说

要考察金融机构脆弱性的问题,就不能不提到 Minsky (1963) 提出的"金融不稳定假说"。该假说是建立在西方经济学的长波理论基础上的。Minsky 认为,银行业的内在特性将使得它们经历周期性的危机和破产浪潮。他指出,"正是经济繁荣时期埋下了金融动荡的种子,在循环往复的资本主义经济的上升时期,贷款人或者由于当前的利好和繁荣而淡忘了上一个经济周期的金融灾难,或者出于竞争压力而日益放宽贷款条件,甚至作出许多不审慎的贷款决策。随着经济趋向繁荣,用于投机性用途和高风险用途的贷款所占比重越来越高,生产部门、家庭和个人的债务占其收入的比例也越来越高。股票、不动产等各类资产价格持续攀升,直至长波上升段后必然的滑坡,任何打断信贷资金流入生产部门的事件都可能引起违约和破产的风潮,而这一切又反过来影响金融体系,银行业破产将像传染病一样迅速蔓延"。也就是说,正是由于银行追求利润最大化目标,促使它们在系统内增加风险性业务和活动导致系统的内在不稳定性,因而需要对银行的经营行为进行监管。

(二) 金融机构脆弱性的原因

"金融不稳定假说"提出后,金融脆弱性问题引起了广泛关注和争论。研究表明,由于银行业较高的杠杆率,资产又多配置于不透明的、非流动的、比较困难的市场,在存款人与银行之间信息严重不对称的情况下,加剧了公众预期的不确定性。同时,银行之间拆借及其支付系统使它们的财务更紧密地缠绕在一起,使得银行的支付困难产生交叉影响,即一个银行对另一家银行的违约会影响到该银行承担另一个银行的责任,从而使任何一个银行的困难甚至破产都会很快传播到其他银行;另外,银行经营失败,涉及的利益相关者众多、发生较快,所以银行业的确存在着较高的脆弱性和传染性,并且金融全球化使这种特性进一步增强。这种不确定性在经济萧条期和出现银行破产的时候会更加明显。由于信息不完全,人们无法准确甄别有偿还能力的银行和无偿还能力的银行。对于存款人来讲,此时存款收益的不确定性会突然明显增加。如果市场信息是完全的,或存款人能够甄别银行的类型,那么存款人此时的预期收益就不会出现不确定性。较高的脆弱性和传染性并不必然导致更大的银行经营失败和系统性风险。如果没有最后贷款人和存款保险等金融安全网的支持，每一家银行都因为更加注重自己的清偿能力及系统性风险的影响而保持较高的流动性资产比例，增强抵御风险的能力。

以美国银行业为例，在建立金融安全网之前，银行一般保持较高的资本充足率，资产组合的信用和利率风险较低。从1865年到1914年建立联邦储备系统之前，美国银行业每年失败的比率明显低于非银行系统。而自1914年引入金融安全网至1980年，银行每年的失败率比1914年之前有明显提高。相反，非银行企业的失败率却有所下降（Kaufman，1996）。Schwartz（1988）的研究也表明，在20世纪20年代末之前，银行失败、银行恐慌及其传染在发达国家几乎消失，试图为银行脆弱性提供保护而建立的政府监管却增加了银行的脆弱性和破产率。所以，银行的脆弱性更主要是一个监管问题而非市场问题。进一步的研究表明，造成银行脆弱性和传染性的根源在于不完全信息条件下存款人与银行之间以及银行与银行之间的不完全契约。以存款人与银行之间的不完全契约为例，当存款人将货币存入银行，便与银行之间签订了一个债权债务契约，这个契约只是载明了存款人在一定时期内对其存款和利息的要求权，以及银行在约定的时间内承担偿还债务和支付利息的责任，但并没有对银行因经营失败可能造成的各种违约责任作出明确规定。这种债务契约显然是不完全的，在银行经营出现问题时，存款人的预期收益存在很大的不确定性。

根据先到先被偿还的原则（Diamond & Dybvig，1983），存款人的最优行动就是抢先到银行提款，形成银行挤兑。如果契约是完全的，即债务契约对银行可能出现的各种违约责任作出明确的规定，那么在银行经营困难时，存款人对它的预期收益是确定的，从而就可以避免银行挤兑的危险。所以银行业的脆弱性和传染性主要应该是契约的不完备性造成的。如果该结论成立，那么银行业的脆弱性是否成为政府监管银行的直接理由还需要进一步探索，但至少有一点是可以明确的，即政府的银行监管不应该是防止个别银行的倒闭破产，而是通过相应的技术支持和制度安排来完善银行的契约，形成银行破产时各利益相关者准确的预期。

三、金融市场的系统性风险

由于金融市场具有显著的外部性和脆弱性，金融市场的稳定（尤其是金融机构的稳定)不仅具有脆弱性,而且也由此导致了金融市场的系统性风险。关于金融市场系统性风险的含义,主要有三种观点。

观点一:Mishkin(1995)将系统性风险定义为"一个突然的,经常是没有预期的事件,导致金融市场信息的中断,使得它们无法有效地融资并为其他部门提供更多的投资机会"。

观点二:Kaufman(1995a)将系统性风险定义为"某一事件的影响或损失沿着由制度和市场组成的系统不断地积累的概率……也就是说,系统性风险是引导内部连锁反应的风险"。国际清算银行(BIS,1994)也给出了类似的定义:"某一参与者的经营失败无法完成其契约责任,由于连锁反应而引起其他参与者的无法履约,从而导致更大范围的金融危机。"这一定义强调了因果关系和存在于制度或市场中的密切而直接的相互关系。即当第一块多米诺骨牌倒下时,必将引起其他骨牌的倒下,从而引发连锁反应。

观点三:第三种对系统性风险的定义关注于负的外部性,强调了弱的非直接的相互关系,即为了最小化额外损失,市场参与者将检验其他个体,在自身经济利益的驱动下,关注这些个体是否处于或在多大程度上处于风险暴露之下。机构风险暴露的相关性越高,出现损失的可能性越大,参与者则可能越快地撤出资金。这一反应将引起流动性危机,或更为严重的清偿性危机,它代表了非直接因果关系之间的相互作用。

由此可见,后两种对系统性风险的定义强调了个体存在的风险对其他个体的潜在影响。实际上,在最初发生危机时,危机产生的原因和重要性以及每一个体的风险暴露程度无法立即、准确和无成本地获得,对于这些信息的分析也无法达到及时、准确,因此,参与者需要时间和资料来识别其他个体的风险暴露程度和潜在损失的程度。另外,随着信贷市场的恶化,私人和公共信息都存在不同程度的恶化,不确定性在增加。由于参与者存在着逆向选择和风险回避偏好,他们将在信息尚不明确的期间,迅速地将资金转移到更为安全或风险更小的金融机构(至少是暂时的)。因此,这一期间的不确定性和紧张气氛将使市场参与者根据挤兑情况,而不是以价格来调整投资组合。① 普遍的冲击将传染给每一个个体,或多或少地对整个系统产生影响,并反映体系内一个总的信心损失。

---

① 关于投资者这一行为的解释可以参见 Herring & Wachter (1999)。

存在问题的个体将无法与运行良好的个体相区别。由于这种挤兑是同时发生并广泛传播，投资者的这一行为也被称为"从众效应"（Herd Mentality）[1]。

第二节 PE 运营中的潜在系统性风险

一、PE 的负债经营与潜在系统性风险

由于 PE 机构一般把资金通过股权的方式投入流动性很低的资产中，一旦投资标的因为外界不可控因素的影响难以实现预期收益，杠杆经营的 PE 机构就有可能难以偿还到期债务。杠杆率越高，难以清偿到期债务的可能性越大，被迫清算的可能性越大。如果一家 PE 机构被迫清算，债权人一般会受到损失，债权人就有可能难以偿还它的到期债务，也被迫清算，风险由此传染出去，形成"多米诺骨牌效应"，造成系统性风险。杠杆化率越高，风险传染的可能性越大，传染速度越快。英国金融服务局（FSA，2006）也在一份研究报告中指出，PE 运作过程中的风险主要是过度杠杆化风险。[2] 贷款人愿意提供给 PE 交易的信贷放款数额已大大提高。在某些情况下，这种贷款并非完全谨慎。一旦投资失败，就会给贷款人、债券购买人以及市场秩序造成不利影响，甚至还会威胁到整个金融体系的稳定。任何信贷危机的持续期及其潜在的影响可能会因企业自身问题而加剧，很难确定杠杆收购所产生的最终的经济风险以及风险承担者如何应对危机。因为透明度不高、风险转移比较复杂和耗时以及信用衍生品的广泛使用，可能会降低信贷危机化解措施的有效性，甚至会破坏其他可行的结构调整。

陈宗胜等（2010）认为，私募基金具有超强的负外部性。这主要是针对高风险型私募基金而言的。近些年发生的金融危机证明，国外大

---

[1] 从众行为一般被用来解释金融主体行为的有限性。在日常经济活动中，大部分金融市场主体的行为与羊群中的羊表现相似。羊群中的羊很少对前进方向加以思索，如果羊有"行动决策"的话，那么跟着头羊或羊群前进就是它唯一的"决策"。同样，在金融领域，如果某一大金融机构发明了一种金融工具，那么其他金融机构感到有必要马上跟从效仿，当所有的金融机构都认识到了这一点，从众行为就成为一种普遍现象。从众行为经常通过金融市场主体间的相互合作或渗透表现出来。

[2] Financial Services Authority. Private Equity: a discussion of risk and regulatory engagement, Nov, 2006. http://www.fsa.gov.uk/pubs/discussion/dp06_06.pdf.

部分私募股权基金运作过程中的风险来自过度的杠杆化。以高风险杠杆为手段的融资方式一旦出现差错，其产生的超强负外部性问题将对经济造成极大的破坏。我国刚刚开始试验性地允许杠杆性融资基金发行，因此，合理控制私募基金的融资杠杆比例对控制系统性风险而言，意义重大。

因此，不仅仅是银行，所有高杠杆经营的 PE 机构均有可能引发系统性风险，均需要相应的监管安排。

二、风险传染模型：Diamond & Dybvig 模型

如果仅仅是一家金融机构出现风险，问题也不是很大，问题在于一家金融机构的风险会向外传染，引发多家机构的风险，造成系统性风险，损失将非常大。对此问题的研究，最著名的就是 Diamond & Dybvig (1983) 的挤兑模型。Diamond & Dybvig 模型认为，银行所具有的非流动性资产和流动性负债的特征由于信息不对称的存在，当事人随时可能向银行提出满足其流动性的要求，使得信息的不对称造成了银行挤兑。

对 PE 而言，杠杆募集下的资金由两部分组成，即自有资金和负债，自有资金所撬动的这些负债就是所谓的杠杆作用，当一家 PE 机构出现风险时，如果杠杆率过高，风险会随着这个杠杆传染出去，也会出现类似的"挤兑效应"，因此，本书将在银行挤兑模型的基础上构建 PE 行业的风险传染模型。

（一）假设前提

一是个人消费风险假定，个人的消费时间不确定，且个人是厌恶风险并力求消费效用最大化。

二是个人消费效用函数 $U(C)$，假定为具有"良好性状"，包括具有递增的、二阶连续可导和严格凹性的特征，并满足 Inada 条件，即 $\partial U(0) = \infty$，$\partial U(\infty) = 0$。又设阿罗—布来特相对风险回避度 A_R 总是大于 1，即 $A_R = [-C \cdot U''(C) / U'(C)] > 1$。

三是生产技术假定，出于生产的目的，要求进行生产的投资能在两个期间内进行，如果投资第一期之后生产被打断，它的收益将低于如果能够继续到第二期时的结果。

（二）基本模型

假定三个时期，$T = 0, 1, 2$，生产技术相同，且生产单一的同质物

品。生产要素在时期 0 投入，若在时期 1 清算，时期 0 的每单位投资可以转化为 1 个单位的产量；若在时期 2 进行清算，产量为 $R>1$。又假定，所有消费者（投资者）可以分为两类：第一类只关心时期 1 的消费，第二类只关心时期 2 的消费。在时期 0 时所有的消费者都是一样且不确定自己的类型。在时期 0 时，消费者的消费效用函数可表述为状态依赖的形式：

$$U(C_1, C_2, \theta) = \theta U(C_1) + (1-\theta)\rho U(C_2)$$

上式中，θ 为状态变量，若消费者为第一类消费者时，$\theta=1$；若为第二类消费者时，$\theta=0$。ρ 为时间偏好率，满足 $1 \geq \rho > 1/R$。每位消费者在 $T=0$ 时，知道自己在 $T=1$ 时成为第一类消费者的概率为 t，$t \in (0,1)$，每个消费者有相等和独立的机会成为第一类消费者。这里先假定 t 是常数，$E(\theta) = t$。可推知，追求预期效用最大化的消费者会致力于实现下面等式的最大化。

$$E[U(C_1, \theta C_2, \theta)] = tU(C_1) + (1-t)\rho U(C_2)$$

求解这个效用最大化问题存在一个资源约束条件，设时期 1 时的消费品在时期 0 的价格为 1，时期 2 时的消费品在时期 0 时的价格为 $1/R$，则此约束条件为

$$tC_1 + [(1-t)C_2/R] = 1$$

利用拉格朗日函数，得

$$L = tU(C_1) + (1-t)\rho U(C_2) - \lambda[1 - tC_1 - (1-t)C_2/R]$$

一阶条件为

$$\frac{\partial L}{\partial C_1} = tU'(C_1) + \lambda t = 0$$

$$\frac{\partial L}{\partial C_2} = (1-t)\rho U'(C_2) + \lambda(1-t)/R = 0$$

$$\frac{\partial L}{\partial \lambda} = 1 - tC_1 - (1-t)C_2/R = 0$$

假定消费者无成本地窖藏消费品，即时期 1 的消费品可以留到时期 2 消费，则设 C_k^i 可以表示个人 i 在时期 k 的消费，可将 C_T 分解为

$$C_1 = C_1^1 + C_1^2$$
$$C_2 = C_2^1 + C_2^2$$

据定义和对一阶条件进行适当的变换后，可得到最优条件为

$$C_1^{2*} = C_2^{1*} = 0$$

$$U'(C_1^{1*}) = \rho R U'(C_2^{2*})$$

$$tC_1^{1*} + (1-t)C_2^{2*}/R = 1$$

由假定 $1 \geq \rho > 1/R$，有 $\rho R > 1$，代入上面第二个最优条件，有 $U'(C_1^{1*}) > U'(C_2^{2*})$。

由前面效用函数的假定可推知 $C_1^{1*} < C_2^{2*}$。若信息完全，两类消费者在完全竞争的市场上，将分别消费各自的数量：$C_1^1 = 1$，$C_2^2 = R$。但由于现实中的信息不完全，消费者在时期 0 不能确定自己属于哪一类，他们会乐于接受上述的效用最大化安排。而 $C_1^1 = 1$，$C_2^2 = R$ 不符合最优条件。这是因为

$$\rho < 1, R > 1$$

所以，

$$\rho R U'(R) < R U'(R) = 1 \cdot U'(1) + \int_{r=1}^{R} \frac{\partial}{\partial r}[rU'(r)]dr$$

$$= U'(1) + \int_{r=1}^{R}[U'(r) + rU''(r)]dr$$

$$= U'(1) + \int_{r=1}^{R} U'(r)[1 - A_R]dr$$

按照假定，$U'(r) > 0$，$A_R = [-r \cdot U''(r)/U'(r)] > 1$，有 $(1 - A_R) < 0$，所以 $\rho R U'(R) < U'(1)$。

而最优条件为 $U'(C_1^{1*}) = \rho R U'(C_2^{2*})$，这意味着 $C_1^{1*} \neq 1$，$C_2^{2*} \neq R$。为了得到最优，应该使 $C_1^{1*} > 1$，$C_2^{2*} < R$。也就是说，如果消费者在时期 1 提前提款，可以得到一定的补偿。在不充分信息的条件下，每个人都有提前提款可能，所以上述最优条件会得到所有消费者的支持。

Diamond & Dybvig（1983）建议通过银行的中介地位来实施这一最优风险分担契约。银行吸收存款，投资于生产过程，向在时期 1 提款的存款者承诺一个合理的回报：只要有资产尚未被清算，就向排队取款者承诺支付 $r_1 > 1$。这里就是我们时常提及的"顺序服务约束"（Sequential Service Constraint），即提款需求是随机地到达银行的，而银行的支付仅仅取决于提款者在队列中所处的位置先后，即排在后面的人可能面临无款可提的局面；若第一时期提款之后还有剩余资产，则存款者可按在银行资产中所占的份额获得相应比例的收益。Diamond & Dybvig 称这一契约为

"活期存款契约"。一方面,它类似于某种债务,若银行不破产则有固定收益;另一方面,若银行破产则没有固定收益,并且存款者在 $T=2$ 时拥有某种剩余索取权,这又使得它看上去像是一种债权与股权的混合金融工具。在这种特殊的契约下分析银行可能起到的最优风险分担的作用和潜在的银行挤兑的可能性。

令 f_j 为消费者 j 提款前其他存款总额在总存款中的比例,f 为 $T=1$ 时总的提款比例,V_i 为提款者 i 就每单位存款可得到的支付。在上述活期存款契约下,存款者可以得到的支付如下:

$$V_1(f_j, r_1) = \begin{cases} r_1 & 若 f < 1/r_1 \\ 0 & 若 f \geq 1/r_1 \end{cases}$$

$$V_2(f, r_1) = \max(R(1-r_1 f)/(1-f), 0)$$

假定所有的消费者在最初都被要求存款,当 $r_1 = C_1^{1*}$ 时,即在 $T=1$ 时每单位提款的固定支付恰好等于第一类消费者的最优消费时,存在纯策略纳什均衡:第一类消费者在时期1提款,第二类消费者在时期1等待,直到时期2才提款。证明如下:

将 $f=t$ 和 $r_1 = C_1^{1*}$ 替换进入上面的支付函数,可知 $V_1 = C_1^{1*}$,$V_2 = R\dfrac{1-C_1^1 t}{1-t} = C_2^{2*}$,由于 $C_1^{1*} < C_2^{2*}$,所以 $V_1 < V_2$,第二类消费者不会在时期1提款,这对银行而言是一个好的均衡,但不是唯一的均衡,即还存在一个坏的均衡:如果所有的消费者在 $T=1$ 时发生恐慌,担心全部存款的面值大于银行资产的清算价值,就有可能导致对银行的挤兑。若 $r_1 = 1$ 时虽然不会出现挤兑存款的问题($V_1 = 0 < R = V_2$),但这时,银行也不再提供流动性服务。

(三)主要结论

那么,究竟什么原因会导致第二类消费者挤兑存款呢?Diamond & Dybvig 的观点十分鲜明:他们认为,任何引起存款者预期挤兑发生的事件都有可能导致挤兑的现实发生,而与银行本身健全与否无关。如银行一份坏的收益报告、现实中对一家银行的挤兑事件、一项消极的政府预测等都会影响存款者的信心,因此,对银行而言,好的均衡是十分脆弱的,任何引起存款者预期发生挤兑的事情都会真的引起挤兑,银行必然特别关注对存款者信心的维护。历史上(如美国)曾借助"中止兑换"(Suspension Convertibility)来对付银行的挤兑,这种做法的前提是银行准确地知道第一类消费者出现的概率 t，这样在提款概率 t 出现时及时中止提款，由此保证上述最优条件的实现。但是，如果在此模型中将 t 作为随机变量引入，即在时期 1 没有人知道会有多少人提款，市场机制不能保证最优条件的实现，政府干预就显得十分必要，如对在时期 1 提款者征税，建立存款保险制等，以消除第二类消费者的恐慌心理，避免挤兑的发生。

（四）Gibbons 对 D - D 模型的阐述

Gibbons 在 1992 年出版的《博弈论入门》一书中，为说明信息完全但不完美的情况下动态博弈的过程与特点，[①] 利用 Diamond & Dybvig 的上述银行挤兑模型，对该模型作出了简明的阐释。

假设有两个存款者，在一家银行里每人有一笔存款 D。银行将他们的存款投资于长期项目，如果在项目到期前，银行被迫清算其投资，他们将会收回总额为 $2r$ 的款项，设 $D > r > D/2$；如果银行允许投资到期，项目收益总额为 $2R$，设 $R > D$。有两个日期，存款者可以考虑从银行提款：第一个日期在银行投资到期之前，第二个日期在到期之后。为简化计算，假定没有折现问题。在时期 1，若两个存款者都提款，则每人收到 r，博弈结束；若只有一个存款者提款，则该存款者收到 D，另一存款者收到 $(2r - D) < D$，博弈结束；[②] 最后，如果没有存款者提款，则进入下一个阶段，存款者在时期 2 提款，项目可以到期，在时期 2，若两人都提款，则每人收到 R，博弈结束；如果只有一个提款，则该存款者收到 $(2R - D) > R$，另一人收到 D，博弈结束。以上所述的两个时期内个人不同策略下的支付矩阵可以用表 4 - 1 表示。

表 4 - 1　　　　　两个时期内个人不同策略下的支付矩阵

		提款	不提款
时期 1	提款	r, r	$D, 2r - D$
	不提款	$2r - D, D$	下一阶段
时期 2	提款	R, R	$D, 2R - D$
	不提款	$2R - D, D$	R, R

[①] 根据张维迎的《博弈论》中对完美信息和完全信息的解释，完美信息（Perfect Information）是指一个参与人对其他参与人（包括虚拟参与人"自然"）的行动选择有准确了解的情况，即每一个信息集只包含一个值；完全信息（Complete Information）是指自然人首先行动或自然的初始行动被所有参与人准确观察到的情况，即没有事前的不确定性。显然，不完全信息意味着不完美信息，但逆命题不成立。

[②] 这里假定个人面对银行流动性的约束，率先要求提款者相对于未要求提款者而言具备优势。

与囚徒困境不同的是，考虑动态博弈之后，有可能存在不止一个均衡，即除了银行挤兑这一均衡外，也可能出现（不提款，不提款）这一均衡。可以用倒推法得到这一结论。考虑时期2，既然 $R > D$，因此有 $(2R - D) > R$，"提款"之举就是严格占优的。因此，这一对局有唯一的纳什均衡，两个存款者均选择"提款"，导致 (R, R) 的支付。由于没有考虑折现问题，可以简单地将这一支付替换到时期1中，形成表4-2的支付矩阵。

表4-2　　　　　两个时期转化为一个时期的支付矩阵

	提款	不提款
提款	r, r	$D, 2r - D$
不提款	$2r - D, D$	R, R

由于 $r < D$，因此有 $(2r - D) < r$，这个两期博弈化为一个时期的博弈之后，具有两个纯策略纳什均衡：

1. 两存款者都提款，导致 (r, r) 的支付；
2. 两存款者都不提款，导致 (R, R) 的支付。

这样一来，原来的两时期银行挤兑模型就有了两个子博弈完美结果：结果1是两存款者都在时期1提款，导致 (r, r) 的支付；结果2是两存款者都不在时期1而是在时期2提款，在时期2得到 (R, R) 的支付。

结果1可以解释为：如果存款者1相信存款者2会在时期1提款，那么，存款者1的最佳反应就是提款，即使都等到时期2再提款对双方都有好处。这里给出的银行挤兑的博弈模型不同于囚徒困境的模型，很重要的一点区别是，在囚徒困境中，导致社会无效率支付的纳什均衡是唯一的，并且是占优的；而在 Gibbons 的博弈模型中还存在另一个社会有效的纳什均衡。因此，这一博弈并没有简单化地预测说银行挤兑注定会发生，而只是表明，银行挤兑有可能作为一种均衡现象而出现。这一结论与现实更为接近。

三、系统性风险产生的条件

上述模型表明，银行被挤兑有两个条件：银行高负债经营，银行的经营受到外部冲击。第二个条件是随机的，我们来研究一下第一个条件。如果银行没有负债，没有存款人会去提款，不存在挤兑问题。如果银行的负债率不高,存款人不多,提款人也不会多,银行也能应付,发生挤兑的概率不大。如果负债率很高,提款人的数量稍有增加,银行就难以应付。因此银行的负债率是银行监管的重点,各国都限制银行的负债率。

一家机构被挤兑时,它往往要变现资产来应对资金缺口,从而对另一家机构形成挤兑压力,另一家机构为了应对资金缺口,也变现资产,给第三家机构形成挤兑压力,挤兑压力由此在机构之间互相传染,并且逐渐增大,形成系统性风险。

高负债经营的金融机构具有引发系统性风险的潜在因素,一旦受到外部冲击,潜在风险往往演化成现实风险。以雷曼为例,作为华尔街最大的房屋贷款持有者,金融危机爆发前杠杆比率曾达到了40:1的高位,[①]金融危机也由此引发。

综合上述分析可知,由于 PE 行业具有严重的信息不对称问题和高杠杆引发的潜在系统性风险,在某种情况下会引发巨大的金融风险,PE 具有信息隐秘不公开、流动性低、高风险、高回报的特点,因此政府对 PE 的监管既不能完全像证券投资基金那样制定复杂的条条框框,又不能完全处于真空状态。因此,需要对 PE 行业进行适度的监管,尤其应该体现在对信息不对称风险和杠杆风险的控制上。

---

① 冯郁青. 华尔街风暴:贪婪的代价 [N]. 第一财经日报,2008 - 10 - 06.

第五章　私募股权投资基金监管的理论基础及其模式选择

正如前文所分析的，PE 是一种新型的金融中介，PE 不仅具有传统金融中介的功能，更重要的是，PE 具有比传统金融中介机构更加严重的信息不对称风险和高负债经营导致的系统性风险，私募股权基金的这些特点决定了有效监督体系的重要性。如果缺乏有效监督机制，种种被隐藏起来的不利于投资者权益保护的私募股权基金运行会在信息不对称条件下因"杠杆化"的作用而愈演愈烈，为确保 PE 行业的稳定和金融体系的安全，PE 需要引入适当的监管机制（陈宗胜等，2010）。为此，本章将在前面章节分析的基础上，首先通过对主流金融监管理论的系统阐述，为详细分析 PE 监管问题提供必要的理论基础，进而结合 PE 的金融中介特性和风险特征，提出 PE 监管的对象和模式选择。

第一节　主流金融监管理论及其对 PE 监管的启示

通常认为，金融市场的局限性决定了金融监管的必要性，但是，关于监管政策及其制度安排是否能够纠正市场失灵、实现监管的社会福利最大化目标仍存在较大争议。一些研究表明，政府的金融监管不仅没有消灭市场失灵产生的金融动荡和金融危机，反而加剧了金融的内在不稳定性，产生了监管失灵（Schwartz，1998；Thomson，1990；Merton，1995；Kaufman，1996）。因为任何一项经济活动都有成本，金融监管也是有成本的，尤其是金融监管的间接成本，更不为人所注意。金融市场的发展往往领先于金融监管，金融创新与金融监管制度之间是一个相互博弈的作用过程，过严的监管会压制创新。因此，现代主流金融理论一般认为，金融监管不是万能的，金融市场的局限性既要靠金融监管来完善，也要通过市场本身的发展来完善。

正如前文的分析所指出的，PE 也是一种金融中介，具有金融中介的一般特征，同时，PE 还具有显著的信息不对称风险和高杠杆导致的潜在系统性风险，因此，对 PE 的运行必须引入适当的监管机制。由于 PE 也是金融市场的组成部分，因此，有关金融市场（机构）监管的一般理论也自然适用于分析 PE 监管问题，构成了 PE 监管的理论基础。

一、监管失灵说

支持监管失灵说的经济学家们认为，监管者和被监管者很容易形成利益合谋和利益共同体，并在黑暗中进行肮脏交易。他们虽然尖锐地提出了金融监管存在的一些弊端，但并没有提出有效的解决办法。其主要观点有俘获论、利益集团论和寻租论。

（一）俘获论

公共利益论分析的一个最基本假设是：企业追求利润最大化，个人追求效用最大化，政府则是追求社会公共利益最大化。即企业与个人是"经济人"，是自私自利的，而政府则是"社会人"，是无私的，没有自己独立的利益，是代表社会公共利益的。这一看似很有道理的假设，却被认为是难以得到现实的佐证。按照西方学者的说法，政府事实上并不是一个抽象的存在，而是一个由某些特殊的党派、政客和官僚集团构成的实体，每个成员都有独立的利益，为什么单个"经济人"组合起来的政府就成了"社会人"？这种假设显然是很牵强的。20 世纪六七十年代以来人们通过对受管制的行业的大量实证分析研究表明，管制并不必然地与市场失灵相关，市场失灵并不是实施管制的充分条件。例如，像出租车这种既非自然垄断也非外部性的许多产业一直存在价格和进入的管制。管制还导致了对竞争的破坏和限制，降低了企业的效率，减少了公共福利。所以，俘获论认为，公共利益论所宣称的管制的利益实际上是不存在的，管制能够保证有效竞争和保护消费者最大利益的说法是天真的想象。

俘获论强调，最初被管制者可能反对管制，但当变得对立法和行政的程序极其熟悉时，他们就试图影响管制者通过法规或利用行政机器给他们带来更高的收入。管制者被利用的一种情形是经由管制机构和被管制者之间的人事活动，由此创造密切的关系和共同合作的要求。俘获论认为，管制的目的是为了生产者的利益而不是消费者的利益，既然被管制者可以通过疏通的办法让管制为他们自己增加福利，那么管制机构的生命循环就会开始于保护消费者的年富力强时期，而终止于保护生产者的僵化老化时期。因此，俘获论呼吁放弃政府管制。

（二）利益集团论

利益集团论也有人称监管经济学、规制经济学、规制经济理论、管制新论等。前文的分析表明，目前并没有系统化的规制理论，有的只是相对不完善的假说，公共利益论和俘获论就是这样一种相对不完善的假说，它们都没有能解释从管制需要到管制行为的发生是如何转换的，也解释不了不同的利益集团因管制而福利得到改善的客观实在，以及现实中加强规制与放松规制交替出现的状况。为了从一个新的角度解决上述问题，斯蒂格勒（Stigler，1971）在其经典论文《经济规制理论》（*The Theory of Economic Regulation*）中试图运用经济学的基本范畴和标准分析方法来分析规制问题，发展了现在被称为规制新经济论的理论模型，即所谓管制新论。管制新论从一套假设前提出发来论述假说，符合逻辑推理，是朝向正规理论迈进的一大步，它解释了规制活动的实践过程。后来，佩尔兹曼（Peltzman，1976）和贝克尔（Becker，1983）等人在斯蒂格勒研究的基础上又进一步发展和完善了管制新论，形成了所谓的利益集团论模型。

1. 斯蒂格勒模型

斯蒂格勒的规制新论模型将规制作为经济系统中的一个内生变量，用经济学的基本工具供给—需求分析法对规制这种重要社会经济行为进行了深入的研究。斯蒂格勒模型有4个前提假设：（1）强制力是政府的根本资源；（2）如果一个利益集团能够有足够的力量使政府运用强制力为自身利益服务，那么，这个利益集团就会增加自身福利；（3）各规制机构（立法者、执法者等）的行为选择是理性的，都追求效用最大化（获得选票谋求连任或经济好处）；（4）规制是应利益集团的需要而提供的，通过规制的实施，利益集团可以实现收入最大化。

斯蒂格勒模型的推论为，规制的主要作用是重新分配财富，决定规制形式的最主要因素是财富在社会成员间转移的方式：规制立法者行为受其维持当权者愿望驱使，即立法设计追求政治支持最大化；利益集团为获得可接受的立法而以提供政治支持方式进行竞争。竞争的结果通常为：规制偏向于使组织良好的利益集团获益。斯蒂格勒分析到，生产者对立法过程的影响较之消费者有明显的优势，这是因为企业数量更少，并且企业可能比消费者有更多的同质性，花费较少成本即可组织起来。由于企业数量少于消费者，企业的平均获益高于强加给消费者的人均损失，因而生产者比消费者具有更强的行动激励。所以最后的规制结果必然是有利于生产者。

2. 佩尔兹曼模型

佩尔兹曼（1976）将斯蒂格勒模型进一步格式化、正式化，形成了斯蒂格勒模型的扩展形式——佩尔兹曼模型，佩尔兹曼将斯蒂格勒关于规制机构追求效用最大化假设进一步明确为：控制规制政策的个体会选择使其政治支持最大化的政策。在确定政府政策（包括价格规制和进入规制之外的其他政策）时，立法者将决定不同利益集团的损益及其程度。

该模型主要关注哪些产业最有可能受到规制的问题，规制者（立法者、执法者）会选择使其政治支持最大化的价格。如图 5-1 所示，设政治支持函数由 $M(P, \pi)$ 所表示，P 为产品或服务的价格，π 为产业利润，当价格较高时，消费者的政治反对增强，即 $M(P, \pi)$ 与价格成反比；当规制使产业的利润增加时，将获得产业的更大的政治支持力，即 $M(P, \pi)$ 与利润成正比。而 $\pi(P)$ 表示利润函数，即利润随价格的变化曲线，当价格低于垄断价格 Pm 时，$\pi(P)$ 随 P 增加而增加；当价格大于垄断价格 Pm 的区域时，$\pi(P)$ 随 P 增加而减少。

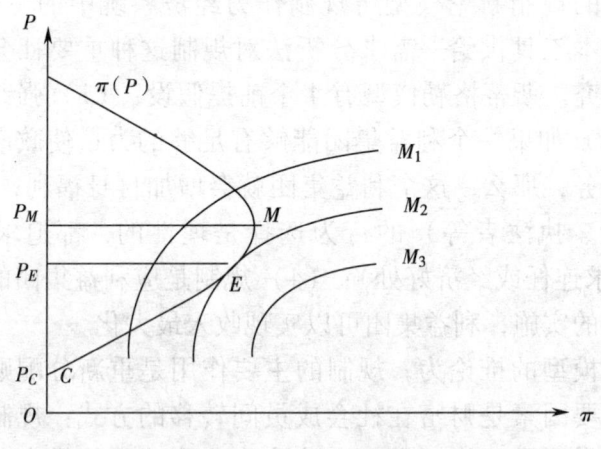

图 5-1 佩尔兹曼模型

图 5-1 画出了某规制者的不同无差异曲线 M_i，分别表示产生 M_i 政治支持时的所有价格和利润的组合。由于要想获得同等政治支持的话，

价格较高时（消费者的政治支持减少）的利润必须较高（获得产业的政治支持增加），所以无差异曲线 M_i 的斜率必定为正。$M(P, \pi)$ 随 P 的降低而增加，随 π 的增加而增加，即有 $M_1 < M_2 < M_3$。M_i 与 $\pi(P)$ 的切线重合时二者的交点 E 对应的价格 P_E 为最优规制价格，这时，规制者将获得最高政治支持力度。P_E 处于利润为零时的竞争性价格 P_C 和产业利润最大化时的价格 P_M 之间。由此佩尔兹曼得出结论：规制者不会将价格设定为使产业利润最大化得以实现的价格。

3. 贝克尔模型

斯蒂格勒与佩尔兹曼都是从以规制者选择实现政治支持最大化假设的角度来分析规制问题的，贝克尔模型则关注于利益集团之间的竞争，贝克尔认为规制主要是用来提高更有势力（更有影响）的利益集团的福利。

贝克尔假定有两个利益集团（集团1和集团2），集团1通过大于集团2的影响力来影响规制者，从而提高了其福利水平。集团1获得的财富转移依赖于它施加给规制者的压力（以价格 P_1 来表示）和集团2施加给规制者的压力（以价格 P_2 来表示）。压力的大小取决于集团内成员的数目以及使用资源的数量。集团1的较大压力与集团2的较小压力表明集团1对政治程序更有影响，较大的影响使得集团1获得较多的财富转移。如果 T 代表集团1因规制而增加的财富，$T = T(P_1, P_2)$，假定 $T(P_1, P_2)$ 随集团1的压力增强而增加，随集团2的压力增强而减少。为将数量为 T 的财富转移给集团1，集团2的财富必须减少 $(1+X)T$，其中 XT 为因规制而产生的社会总福利的净变化量。$X > 0$ 时，社会福利净损失，损失量为 XT；$X = 0$ 时，社会福利零损失，T 数量的财富在集团1和集团2之间完全转移；$X < 0$ 时，社会福利净增加，增加量为 $-XT$。

贝克尔模型的特征之一在于规制的总影响不变，意味着规制活动是由每个集团的相对影响来决定的。每个集团在假定其他集团选择的压力水平下选择使其福利最大化的压力水平。较大压力必然耗费集团较多资源，每个集团都不想提供过多压力。另外，一个集团运用的压力较小，其他集团的影响则会很大。考虑到运用压力的收益和成本，给定任何 P_2 值，能得到 P_1 最优值。

假定 $F_1(P_2)$ 是集团1的"最佳反应函数"，它描绘了集团1相对于集团2而言的最佳压力水平。如果集团2预期运用 P_2^* 的压力，则集团1

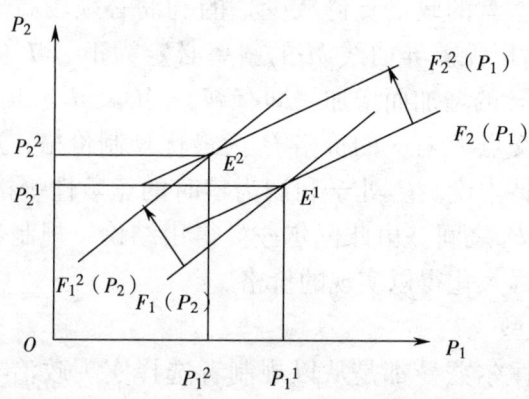

图 5-2 贝克尔模型

的最优压力水平为 $F_1(P_2^*)$。集团 2 施加的压力越大,会造成集团 1 的影响越小,则集团 1 会运用更多的压力以抵消集团 2 较大的压力以寻求最优。这意味着 $F_1(P_2)$ 随 P_2 上升而上升(见图 5-2)。

贝克尔模型表明,受市场失灵影响的产业更有可能被规制,获益集团有更大的获益潜力以致它们会动用更多的压力,规制的受害集团则因较低的净损失而不会蒙受更大的损失,一般说来,它们将动用较少的压力来反对规制。与斯蒂格勒和佩尔兹曼的规制模型相比,贝克尔模型对公共利益论提供了一些解释,即容易产生市场失灵的产业会有相对较大的压力被实施规制,然而与公共利益论不同的是,贝克尔模型并没有表明规制仅产生于市场失灵之时,他认为决定规制及其程度的是利益集团间的相对影响,这种影响不仅由规制的福利效应所决定,而且由利益集团向规制者动用压力的相对效率所决定。

(三)寻租论

在对公共利益论质疑的阵营中,公共选择学派用寻租论从另外一个视角解释了为何现实中政府决策并不总是符合公众愿望、为什么会出现腐败或以权谋私、为什么出于公共利益考虑的政府规制有时却出现了不利于公众利益的结果。

公共选择学派对作为规制者的政府的行为模式进行了研究,重新审视了政府的性质与作用,将"经济人"的概念进一步延伸到那些以国家代理人身份参与政治或公共选择的人们的行为中,认为政府并不是抽象的存在,而是由某些特殊的党派、政客和官僚集团构成的实体,每个部门、机构、个人都有其独立的利益,都会利用手中的规制权力从被规制者那里取得一定形式的回报。在对规制的政治决策过程的分析中,公共选择学派把它看成是一个寻租过程,认为被规制企业会通过各种合法或非法的努力,如游说与行贿等,促使政府帮助建立或维持自己的垄断地位,以便获得高额的垄断利润(经济租)。经济租在一个达到一般均衡的经济状态中是不存在的,因为在这种状态中,各种生产要素在不同产业间的使用和配置都达到了使其机会成本与要素收益相等的程度。如果某个产业存在高于其他产业的要素收益,这个产业中就存在某种要素租,在自由竞争的条件下,租的存在必然会吸引该要素从其他的产业转移到存在租的产业,从而增加该产业的供给,降低价格,最终会使不同产业的要素收益趋于均等,使这种租消失。但如果人们利用行政法律手段来维护既得利益或对既得利益进行再分配,其活动的性质就变成了寻租。

总之,公共选择学派认为,规制机构利用规制手段保持受规制企业垄断地位的目的在于设立一个租,以便让企业来争夺这个租,通过这种方式,规制机构则可以从企业那里得到不同形式的回报(实质上即参与租的瓜分)。寻租现象的存在,必然伴随着出现腐败、低效率和损害公众利益的结果。

二、监管成本说

实际上,金融监管制度的实施也是需要耗费资源的,金融监管的成本不仅体现在金融监管当局实施监管的人力和物力投入上,而且还体现在金融监管的效果和影响上。鉴于此,在追求理想监管目标时必须考虑监管成本的因素,对监管的成本和收益进行比较分析,在一定的成本约束条件下追求最优的效果。

金融监管的成本可以分为直接成本和间接成本两种。所谓直接成本,指监管当局实施监管过程中支出的成本,如经常性的工资开支及各种检查费用(行政成本),再加上金融机构为配合监管而提供报表、提供检查场地和办公器材、配备人员以协助检查而支出的成本(合规成本)[1];在有存款保险制度的条件下,金融监管的直接成本还包括存款保险机构对

---

[1] 合规成本(Compliance Costs)是被监管金融机构为遵守或符合有关监管规定而额外承担的成本。让被监管者承担一定数 t 的成本正是金融监管借以实现其监管目标的手段之一,可以使得被监管者从事活动的成本上升,促使他们自发地将其行为所带来的负外部性内部化,达到约束被监管者行为的目的。

遭受损失的存款人所支付的赔偿。所谓间接成本，是指因管制还会产生改变当事人行为方式而导致的效率损失，它不反映在政府预算支出的增加上，也不表现为个人直接负担的成本的加大，但是整个社会的福利水平却因之降低了。[①]

金融监管将产生三种效率损失：第一种效率损失来自于道德风险。监管会促使私人部门改变行为，有意去冒更大的风险以谋取厚利，或减少正常的谨慎标准，对风险疏于防范，使损失发生的可能性更大。第二种效率损失来自于监管有可能削弱竞争，导致静态低效率。第三种效率损失是有可能妨碍金融机构的创新，导致动态低效率。这几种效率损失都会使得在存在监管的情况下，各经济主体的产量可能会低于不存在监管时的产量，带来社会经济福利的损失，如图5-3所示（刘宇飞，1999）。

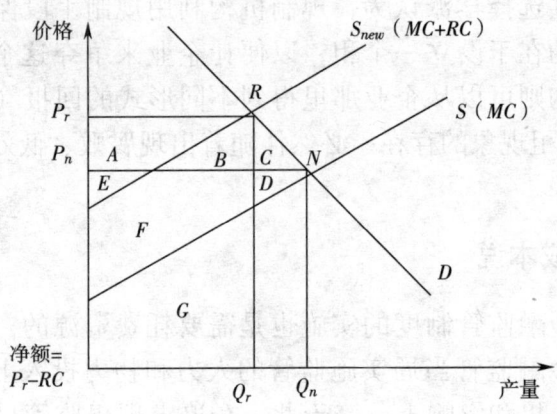

图5-3 金融监管效率损失

假定某一竞争性行业在接受监管之前的均衡点位于需求曲线 D 和供给曲线 S（也是该行业的边际成本曲线 MC）的交点 N（P_n，Q_n），引入监管后，有效供给曲线 S_{new} 等于原边际成本曲线加上监管的合规成本 RC（假定监管的合规成本与产出呈反比例变化），与需求曲线 D 形成新的均衡点 R（P_r，Q_r）。由此可得：（1）监管对生产者的影响为（Q_n-Q_r）；

[①] 在税收经济学中经常用英国历史上曾一度课征的窗户税来解释这类效率损失。这种税课征以后，人们纷纷将窗户封死以回避税收，结果政府没有收到税，而个人的福利水平却下降了。这类因政府的某些行动而造成的公私双方的经济福利水平之和比采取行动前的减少，可看做是因政府的行动而导致的效率损失。

(2) 监管对消费者的影响为 ($P_r - P_n$); (3) 消费者剩余的损失为 ($A + B + C$); (4) 监管前的利润为 ($D + E + F$); (5) 监管后的利润为 ($A + E$); (6) 生产者剩余的损失为 ($D + F - A$); (7) 总监管成本（消费者剩余 + 生产者剩余）为 ($B + C + D + F$)。其中，合规成本为 ($B + F$)，效率损失（经济福利损失）为 ($C + D$)。

金融监管的收益是指监管当局实施监管所获得的利益，是金融体系稳定性增强所带来的利益。金融监管的直接受益者为金融机构和存款者（投资者），间接受益者则为全社会。设 x 为监管水平，金融监管的总成本记为 $c(x)$。监管成本的大小决定了监管的效率，金融监管当局在监管的成本和由监管降低金融风险所获得的收益之间进行衡量。当监管的边际收益等于边际成本，即 $MR = MC$ 时，监管的净收益 $n(x) = r(x) - c(x)$ 达到最大。此时监管水平为理想的均衡监管水平 x^*，达到理想的监管均衡状态，如图 5-4 所示。

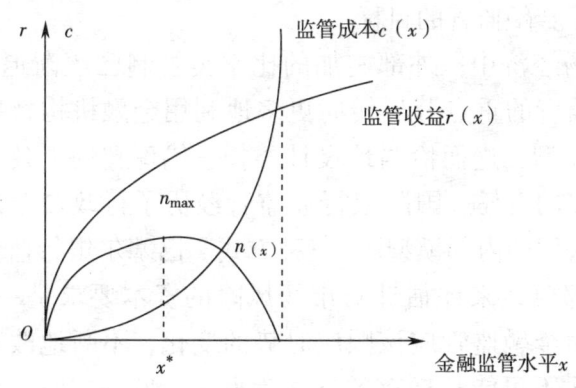

图 5-4 金融监管的成本收益函数

随着经济环境的变化和金融创新的发展，金融监管当局不断调整其监管水平，现实均衡监管水平具有动态性。要给予监管当局适当的激励，以防止监管不力的情况出现，同时也要防止监管过度的现象，促使金融监管制度的净收益最大化，即追求理想均衡监管水平。

三、监管激励说

理论研究表明，一个有效率的监管制度需要具有激励功能。事实上，金融监管当局和金融机构之间存在一种委托—代理关系，由于委托人和代理人的目标不一致，代理人的某些私人信息不为委托人所知，或委托人不能完全了解代理人的行为动机，即有可能产生不利选择和道德风险。此时，委托人需要设计一套信息激励机制，采取奖励或惩罚性措施，使代理人在决策时不仅要参考原有已获知的信息，而且要参考信息激励机制所发出的新信息，使得代理人不会因隐瞒私人信息或提供虚假信息而获利，从而确保代理人的行为目标与委托人自己的目标最大程度的一致，这就是激励相容的制度安排。事实上，只有在参与者自觉认同、信守规则的情况下，制度的激励功能才能发挥作用。

随着经济全球化和金融国际化的进一步发展，金融体系风险加大，金融监管当局在信息不对称的现实中处于信息更为不利的地位。因此，有效的金融监管在更大程度上应取决于金融机构自律和市场机制约束的作用，将外部施加的监管同金融机构内部自发的响应有机地结合统一起来，建立激励相容的制度安排，诱导金融机构在实现其自身利益的同时，也有效地实现了金融监管的目标。

在发达市场经济中，外部施加的比率类管制已逐渐退变为"传统"的工具，金融监管的重点开始转向更多地利用金融机构特别是银行的风险管理的内部模型，进而恰当地设计委托—代理契约，激励金融机构在监管中承担更多的责任。国际银行业监管经历了行政命令法、标准化方法和现在普遍采用的内部模型法[①]三种方式。巴塞尔银行监管委员会允许采用银行的内部模型来评估针对市场风险的资本要求是一个好的标志：一方面，它表明金融监管应该顺应时势的变化，不断地改革和完善，其监管方法和模式不可能长期有效，一劳永逸；另一方面，金融监管应该更多地吸收和借鉴金融机构新开发的有效管理方法和技术，从而更好地与金融机构自身的业务发展相一致，使监管的效率损失降至最低。

"事先承诺"方案（Pre – commitment Approach）就是一种新的激励相容的监管制度安排，是指监管当局同银行达成激励性契约，银行事先向监管当局承诺一个在未来一定时间内的最大损失额，在整个期间内只

---

① 1996年，巴塞尔银行监管委员会公布了《巴塞尔资本协议市场风险修正案》，允许各银行采用内部模型方法，作为以前公布的标准方法的替代。内部模型法允许银行采用自己设计的风险评价模型，以确定金融资产组合的风险。但各银行必须以99%的置信度确定未来10日潜在的最大损失，即在险价值（Value – at – Risk, VaR）。随后监管者以该计算结果为基础，附加一个乘数（最小为3），确定资本要求数量。

要累计损失超过承诺水平,监管当局便对其实施惩罚。严厉的惩罚措施迫使银行不得不审慎确定其预先承诺的资本量水平和实际的风险头寸规模,因为过多或过少的承诺对银行都是不利的:承诺的最大损失量过少,则更容易遭到惩罚,而承诺得过多又需要满足更高的资本要求。这激励了银行经营的改善和风险管理技术的创新。监管当局的任务只是制定恰当的惩罚方案,而不必去评价银行的 VaR 模型是否精确、其资本准备水平是否充分等。因此,这种方案是一种脱手管理的监管制度安排,同现行的内部模型法相比,提供了更有效的激励机制。[①]

在新的金融形势下,监管当局的基本思想和视野已经发生了改变:不再一味强调外部施加的管制,而是转向内外监管的结合,利用市场力量强化监管目标,把监管目标同金融机构的内在激励约束机制有机地结合在一起,更加注重银行自身积极作用的调动和发挥。因此,虽然一方面"有效的银行监管作为公共品不能完全由市场提供",监管当局对矫正市场失灵有义不容辞的职责;但另一方面"监管本身不能也不应绝对保证不出现银行倒闭"[②],监管当局不可能洞察和包揽一切。合适的监管制度应该能够激励被监管者主动承担更多的责任,更加重视监管的成本与效率,强调监管的灵活性。巴塞尔银行监管委员会同意银行可以使用其内部风险管理模型这一做法本身就说明了监管哲学的改变。"事先承诺"方案则进一步明确地通过设计激励相容的制度安排,实现新制度经济学所强调的制度的有效实施,既实现金融监管的目标,又保证了金融体系安全与效率的统一。

四、金融创新与金融监管

金融创新与金融监管制度之间是一个相互博弈的作用过程。广义的金融创新(Financial Innovation),也称做金融革命(Financial Revolution),是指金融业各种要素的重新组合,即金融机构和金融监管当局出

---

① "事先承诺"的监管安排由美联储经济学家 Kupiec 和 O'Brien 于 1995 年提出,可用来防止监管者滥用宽容性监管(Regulatory Forbearance)政策,即对被监管对象出现的问题采取姑息迁就的态度,掩盖拖延下来,导致问题的扩大化,甚至危害银行体系的稳定。但与许多其他监管安排一样,这一契约也不能阻止银行"孤注一掷"(Gambling for Resurrection),特别是谎报实际发生的损失,因此,需辅以某种最低的资本充足性比率作为资格标准。

② 巴塞尔银行监管委员会:《有效银行监管的核心原则》(1997 年 9 月)第 1 节。

于微观利益或宏观效益的考虑,而对机构设置、业务品种、金融工具及制度安排所进行的金融业变革。通常意义上的金融创新,指金融机构为了追求盈利或逃避管制而进行的创造性开发和变革活动(王爱俭,1996)。金融监管制度创新始于20世纪80年代初,这种宏观层次的金融创新相当程度上应归因于微观层次金融机构业务和工具的创新,而金融监管制度的创新又反过来促进了金融创新的进一步发展。

根据美国学者 W. L. Sillber(2002)的分析,金融创新是微观金融组织为追求最大利润而寻求解脱或减轻其约束的行为。这种约束来源于政府外部监管和企业内部约束两个方面,金融创新更多的是对外部约束(政府监管)的一种反应,是金融企业为追求利润最大化的"逆境求解"。E. J. Kane(2005)则指出,金融创新是规避金融监管的行为。由于金融监管必然会牺牲某些金融机构的获利机会或增加其成本,金融机构在获利动机驱使下创造新的金融工具以回避金融监管,但如果金融创新导致宏观负效应、危及金融稳定和货币政策时,监管当局就会调整监管政策和规则以求监管目标的实现。因此,金融创新活动反映了金融监管是金融监管当局与金融机构之间的一场永恒的博弈。创新不断动态地逃避和突破监管,给相对静态、稳定的监管带来新的挑战,迫使金融监管当局及时作出应对。否则就会要么以延迟金融机构和金融体系的发展为代价,换取严格管制下的表面上的金融稳定;要么以牺牲暂时的金融稳定为代价,来敦促金融监管作出符合经济金融发展需求的调整。金融创新与金融监管互为因果,存在着一种能动的继起关系,以黑格尔方式不断重复和演变。与此相对应,存在着监管的辩证法,它包含一种游戏策略,相关各方根据对方现在或预期的行为来改变自己的决策行为。

有效的金融监管制度是金融安全的重要保证。在当代金融创新的冲击下,金融管制向金融监管转型,监管者与被监管者不断进行新一轮的博弈。在博弈过程中,由于监管制度的时滞,监管方几乎总是处于被动反应的地位。金融机构的业务创新行为简单地看是盈利动机驱使,从深层次看却是金融监管制度创新的相对滞后,阻碍了金融机构和金融体系向更高级阶段发展。没有永远成功的、有效的或永恒不变的监管制度。当监管所限定的生存空间变得狭小,不再能维持机构和行业的盈利水平时,市场的巨大力量便以创新的形式变革现有的市场环境,突破监管的硬外壳,结果是监管政策不仅失去了初始功效,而且徒增市场壁垒和成本。

不仅创新与监管之间的博弈导致监管弱化，而且由于当代国际金融创新的新特点，在金融自由化和国际化趋势下，加强和完善金融监管制度建设困难重重，面临着新的挑战。例如，传统的金融监管都是按照金融机构类别或资产类别的划分来进行的，然而，金融创新的发展使得同一种经济功能可以通过不同的金融机构或金融工具来实现；再如，金融创新使得期权交易所有可能提供同保险公司一样的保险金融服务，但是保险监管部门却无法监管期权交易所，按照机构类别进行金融监管的弊端就暴露出来了；传统的监管机构基本是国家化的，各国政府一般都是从本国的利益出发制定和实施金融监管制度，由于制度之间缺乏有效协调，大规模投机资本为寻求套利、套汇机会不断冲击各国金融市场，引发金融动荡。与此同时，面对近10年来频繁爆发的金融危机，IMF等国际金融组织所开出的药方屡屡难以奏效。所有这些都要求对传统金融监管方法进行变革，对金融监管制度进行创新，并加强金融监管在国内各监管机构之间以及国际监管组织之间的合作。

五、主流金融监管理论对PE监管的启示

（一）PE监管应着力避免金融监管失灵

金融监管失灵论认为，监管者和被监管者很容易形成利益合谋和利益共同体，由此导致金融监管失灵。俘获论强调，最初被管制者可能反对管制，但当变得对立法和行政的程序极其熟悉时，他们就试图影响管制者通过法规或利用行政机器给他们带来更高的收入。利益集团论的三个理论模型则进一步明确，不同的利益集团因管制而得到福利改善，在现实中则因为不同利益集团力量的改变而呈现加强规制与放松规制的交替现象。公共选择学派认为金融监管会导致寻租现象的出现，产生腐败、低效率和损害公众利益的结果。

由金融监管失灵论可知，PE作为一类新型的金融中介，一旦将其纳入正规金融监管体系，PE监管失灵问题必将成为设计PE监管制度的巨大挑战。为此，在设计PE监管架构的过程中，应当充分考虑可能出现的监管俘获、寻租等问题，结合PE组织形式的特征设计适当的监管制度安排，减少PE监管者与PE机构间共谋的概率。

(二) PE 监管应努力实现最佳的成本收益效果

金融监管成本说指出，金融监管制度的实施也是需要耗费资源的，金融监管的成本不仅体现在金融监管当局实施监管的人力和物力投入上，而且还体现在金融监管的效果和影响上，因此，在追求理想监管目标时必须考虑监管成本的因素，对监管的成本和收益进行比较分析，在一定的成本约束条件下追求最优的效果。随着经济环境的变化和金融创新的发展，金融监管当局不断调整其监管水平，现实均衡监管水平具有动态性。要给予监管当局适当的激励，以防止监管不力情况的出现，同时也要防止监管过度的现象，促使金融监管制度的净收益最大化，即追求理想均衡监管水平。

PE 是一类信息的金融中介，信息不对称风险和高杠杆下的系统性风险使得对 PE 的监管逐渐成为一种共识。金融监管成本学说意味着，在构建 PE 监管制度时，应该关注监管的成本和收益，着力降低监管成本，提高监管收益，因此，在全面分析监管的成本收益的基础上进一步完善 PE 监管制度的设计是十分必要的，例如，可以考虑建立功能监管模式。

(三) PE 监管制度设计应具有激励兼容特性

金融监管激励学说表明，由于金融监管当局和金融机构之间存在委托—代理关系，委托人和代理人的目标并不一致，委托人和代理人间的信息不对称有可能产生不利选择和道德风险。此时，需要设计一套信息激励机制确保代理人的行为目标与委托人自己的目标最大程度的一致，这意味着金融监管制度应该是一套激励相容的制度安排。"事先承诺"方案的成功表明，只有通过设计激励相容的制度安排，才能实现制度的有效实施，既实现了金融监管的目标，又保证了金融体系安全与效率的统一。

由于 PE 经营过程中存在多重委托—代理问题[①]，信息不对称风险较高，因此，对 PE 的监管安排更加需要满足激励兼容的特性。结合 PE 运行的特征来看，可以考虑将"预先承诺"方案的监管安排适当引入到 PE

---

① 郑辉 (2007) 认为，风险投资由融资、投资和退出三个过程组成，涉及投资者、风险投资家与创业家三个主体。在投资者和风险投资家之间形成了第一重委托—代理关系，在风险投资家和创业家之间形成了第二重委托—代理关系，在双重委托—代理机制下，风险投资的高风险性、技术的专业性等原因导致了委托人与代理人之间严重的信息不对称，使得代理问题十分突出。朱奇峰 (2009) 也有类似的表述。

监管模式之中。

（四）PE 监管应对 PE 创新作出积极反应

金融创新与金融监管关系的分析表明，二者始终处于一个相互博弈的作用过程。在当代金融创新的冲击下，金融管制向金融监管转型，监管者与被监管者不断进行新一轮的博弈。金融创新活动反映了金融监管是金融监管当局与金融机构之间的一场永恒的博弈。不仅创新与监管之间的博弈导致监管弱化，而且由于当代国际金融创新的新特点，在金融自由化和国际化趋势下，加强和完善金融监管制度建设困难重重，面临着新的挑战。所有这些都要求对传统金融监管方法进行变革，对金融监管制度进行创新，并加强金融监管在国内各监管机构之间以及国际监管组织之间的合作。

PE 是一类新型的金融中介，PE 的出现本身就是一种金融创新，在 PE 的发展过程中也在不断地实现融资、投资、管理、筛选等方面的金融创新，因此，对 PE 的监管需要不断适应金融创新的变化，通过加强相关部门的合作和适当的制度设计，实行对 PE 创新实行适当监管。

第二节　私募股权投资基金的监管对象和模式

金融监管理论表明，金融监管也不是万能的，金融市场的局限性既要靠金融监管来完善，也要通过市场本身的发展来完善，金融监管要权衡多个方面，确定在一个恰当的水平上。监管的程度取决于信息不对称的程度和杠杆化率，信息严重不对称的机构要严格监管，信息不对称程度较弱的要弱化监管，最好让第三方市场力量去监督；杠杆化率高的机构要严格监管，杠杆化率低的机构要弱化监管，最好让市场力量自行识别即可。

由于标准的 PE 不接纳小投资者，信息不对称程度弱，投资者可以自行监督管理人，或者可以委托审计机构等第三方市场力量监督管理人，无须政府监管。对于近年来出现的公募 PE，由于有小投资者参与其中，因此这类 PE 需要被监管，但也只需要监管有小投资者参与的基金即可，不必监管同一管理人旗下的其他基金，这样可以尽量缩小监管范围，降低监管带来的负面影响。

标准的 PE 一般要通过银行贷款，或者发行债券融资，进行杠杆化经营。杠杆化率过高时容易引发风险，需要有个限制，类似于《巴塞尔资本协议》对银行资本充足率的要求。此外，对于PE的负债要分析其结构，不能一概而论，通过银行贷款和向机构投资者发行债券形成的负债不必过于监管，因为投资者有能力识别风险；对于向小投资者发行债券形成的负债要监管严格一点，因为小投资难以识别杠杆率带来的潜在风险，一旦有意外发生，容易引发挤兑，形成系统性风险。

对于PE，政府只需要监管公募发行基金的行为，并规定一个杠杆化率的上限即可，其他方面尽量少干预，这是最有效的监管。

一、PE的监管对象

PE在运营中往往采用双层架构模式，把管理机构和投资机构分开，管理机构往往是实体机构，投资机构往往只是个投资工具，只在法律上存在。管理机构一般采用公司制，也称为管理公司；投资机构的组织形式多样，公司制、合伙制、信托制都有，每种组织形式各有优劣，其中以有限合伙制最为常见。值得注意的是，PE的组织形式决定了其风险特性，从而对监管提出了不同的要求。

（一）公司制

公司制的PE是指按照各国的公司法设立的基金。1958年，美国国会颁布了《中小企业投资法》[①]，从法律上确立了中小企业投资公司制度，即中小企业投资基金。依照《中小企业投资法》设立的PE，就是公司模式。公司制的PE体现了一种委托—代理关系，以公司名义对外投资、承担风险和责任。投资者购买一定的基金份额后即成为公司股东，有权通过出席股东大会、选举董事等方式参与公司重大决策。基金管理人作为公司经营者以公司名义管理和运用基金财产。但该形式的缺陷在于，在PE这个信息高度不对称的行业里，代理问题不可避免。出资人和投资管理人之间的利益冲突如不能得到有效控制，容易形成内部人控制和道德风险，导致出资人既要承担高风险，又要面对代理成本问题。而且，公司制还意味着双重征税，公司获利后需要缴纳企业所得税，而将税后净利润分配给投资者时还需缴纳个人所得税。由于存在上述问题，公司制在世界范围内已不再是主流形式。

---

① 张增刚. 中国私募股权基金的设立及组织形式探讨 [N]. 科技创新导报, 2007 (31): 236.

中国大部分 PE 都是公司制，早期的如深圳创新投、中科招商等。以东方摩尔投资管理有限公司为例，该公司是由国内 50 多家民营企业投资设立的一家私募投资机构，目前首轮募集资金达 30 亿元，计划总规模为 100 亿元。目前股东背景来自房地产、汽车销售、矿产、旅游、连锁经营等行业的几十家企业，这些企业的资产大多在 10 亿元左右。本期基金最低的出资额为 2 000 万元。

（二）有限合伙制

有限合伙制的 PE 是依照合伙企业法设立的。在这种组织形式中，具有良好投资意识的专业管理机构或人士担任普通合伙人，承担无限连带责任，负责合伙企业的经营管理；出资人担任有限合伙人，依据合伙协议享受合伙收益，对企业债务只承担有限责任，不直接参与企业经营管理。不同合伙人之间的权利义务清晰，激励约束明确，从而实现了资金与专业管理能力的有效结合。美国的有限合伙制融入了不少公司制的元素，例如有限合伙人与普通合伙人之间权责明确，而且作为具有信息优势一方的普通合伙人承担了无限连带责任，有效地弱化了信息不对称带来的不利影响。在美国，多数风险投资基金、收购基金、共同基金和对冲基金都是采用此种模式。在有限合伙制企业中，有限合伙人与普通合伙人之间权责明确，但是当有限合伙企业中存在两个或两个以上的普通合伙人时，普通合伙人之间如何划分权利和责任成为了一个问题。北京大学创业投资研究中心刘健钧（2008）指出，各个普通合伙人之间仍然存在着普通合伙企业所固有的权利、义务与责任的相对性和模糊性。

（三）契约制

契约制的 PE，也称信托模式，是按照各国有关信托关系的法规设立的，是一种集合信托计划，属于集合资产管理。信托型 PE 依据《信托法》、《信托公司集合资金信托管理办法》等相关法规设立，通过信托契约明确委托人（投资者）、受托人（投资管理机构）和受益人三者的权利义务关系，实现资金与专业管理能力的协作。信托型蕴涵的是一种"信托受托关系"，由投资管理人以自身名义对基金资产进行经营，投资者作为受益人分享利益，不参与基金资产的具体运作。信托模式在不少国家受法律限制，并不多见。

（四）PE 的最优组织形式

以上三种组织形式各有优劣，互相借鉴融合后可以形成更加有效的组织形式，而且组织形式的形成又受税收等外在因素的影响很大，如果能够设计出一种非常优秀的模式，通过税收等措施引导实践的可能性很大。本书研究认为，有限合伙制 PE 中如果能够解决多个普通合伙人之间权利义务的模糊性，就会找到一种具备多项优点的 PE 组织形式。

在有限合伙制企业中，法律设定普通合伙人以个人财产承担无限连带责任很大程度上是为了保护债权人的利益，这就涉及普通合伙人的偿债能力。为了逃避债务，普通合伙人存在将个人财产转移的可能。为了限制这种道德风险，法律应该对普通合伙人的进入门槛作一个严格限制，尤其是对于杠杆经营的 PE 机构，其普通合伙人必须具备足够的偿债能力。笔者经过理论和实践两个层面的研究，设计出了"N+1"的有限合伙模式，即一个 PE 投资机构由 N 个有限合伙人和 1 个普通合伙人组成。如果管理团队需要多名自然人担任普通合伙人的，这些自然人组建一家公司担任普通合伙人。由于普通合伙人只有一人，消除了普通合伙人之间权利义务模糊性的问题。多名自然人、普通合伙人的权利义务可以在担任普通合伙人的公司层面予以约定。"N+1"模式融合了公司制和有限合伙制两类组织的优点，并消除了各自的不足，应该是 PE 机构的最优组织形式。

在 PE 选择"N+1"的有限合作模式的情况下，N 个有限合伙人自然成为 PE 机构风险行为的内部监管者，但唯一的普通合伙人对风险行为将更加敏感，在 N 的数量很大的时候，有限合伙人容易产生"搭便车"的道德风险，普通合伙人将承担主要的风险监督责任。因此，在"N+1"的有限合作模式下，一方面，要以对普通合伙人的监管为主；另一方面，对其他的有限合伙人也应当通过适当的制度建设（如信息披露）来强化其风险敏感度，形成监管合力。

（五）PE 的监管对象

PE 在运营中往往采用双层架构模式，把管理机构和投资机构分开，虽然 PE 的运营由管理机构负责，但运营的结果由投资机构承担，无论是公募发行，还是杠杆融资，都由投资机构承担结果。

另外，一个管理机构往往管理多个投资机构，不同投资机构的运营方式有所不同。例如，一个管理机构管理了两只基金，一只私募发行，另一只公募发行，公募发行的需要监管，私募发行的则不需要监管。还比如，一个管理机构管理了两只基金，一只高杠杆运营，另一只没有杠杆，对于杠杆的基金应要求其降低杠杆到安全水平，不能把两只基金的杠杆率合并计算。

因此，PE的监管对象应该是投资机构，监管者在监管投资机构时，可以要求管理机构披露相应的信息，遵守相关监管规则。虽然在"N+1"模式中，居于核心地位的是一名普通合伙人，它是PE投资机构的发起人和管理人，PE投资机构经常处于不断的设立和清算当中，而该普通合伙人则保持了较高的稳定性，对PE的监管就似乎可以转变为对该普通合伙人行为的监管。但是，PE监管的核心是监管公募行为和高杠杆融资行为，其他行为监管的必要性不大，因此监管对象应该确定在承担公募行为和高杠杆融资行为的投资机构。

二、PE的监管模式

金融监管模式有广义和狭义之说。广义的金融监管模式是指一国金融监管的制度安排，包括金融监管法规体系、金融监管主体的组织结构、金融监管主体的行为方式等。狭义的金融监管模式则指金融监管主体的组织结构，即有关金融监管机构的设立、法律地位以及组织体系的法律制度安排，包括金融监管机构之间如何分工及合作等问题。实质上，这就是由什么机构来监管以及按照什么样的组织结构来进行监管，相应地就有由谁来对监管效果负责和如何负责等问题。金融监管模式主要有以下几种分类：

（一）统一监管与分头监管

统一监管模式是指对不同的金融行业、金融机构和金融业务均由一个统一的监管主体负责监管。这个监管主体可以是中央银行，也可以是其他机构。但统一监管模式并不是由一个监管机构包揽所有金融监管的职责，而是将原来外部各监管机构之间配置的权利和义务内化，变为系统内权责利的分配和协调，再通过岗位责任制、财务责任制、内部授权经营管理责任制等统一协调监管。因此，它的最大特点在于没有外部的分工合作问题，因而在处理跨越资本市场、货币市场的综合性问题上，统筹协调能力较强、效率较高，其权威性一般也得到专门法律的确认。分业监管模式是指在银行、证券和保险三个业务领域内分别设立一个专职的监管机构，负责各行业的审慎监管和业务监管。

(二) 自律式、法制式和干预式监管模式

这是根据金融监管机构监管金融机构的行为方式及其与金融机构的相互关系为标准分类的。英国是自律式监管模式的典型代表。与大多数西方国家不同的是，英国金融监管多采用"自我管理"的方式，通过"道义劝说"对金融业的业务活动和经营行为进行监督管理。法制式模式是指由多个机构各自依据一定的法律法规履行金融监管职责，其职责在法律法规中有明确规定。美国可以被看做是这一模式的代表。它采取"纵向个别立法"的形式，在每个金融监管领域立法，《国民银行法》、《联邦储备条例》、《1933 年银行法》、《1934 年证券交易法》等法律法规成为监管机构履行职责的严格标准。其优点是这种多头监管在金融监管机构之间形成了一种相互制约和相互竞争的微妙关系，有利于提高监管质量，其缺点在于容易出现职责重复、推诿扯皮、降低效率等情况。干预式这种模式较为特殊，一般是一国政府为了达到特殊的经济目的而对金融进行全面干预。日本是这一模式的典范。

(三) 机构监管和功能监管

这是按照金融业务来划分监管权限的。机构监管是按照金融机构的类型设立监管机构，按不同金融机构划分监管对象，不同监管机构分别管理各自的监管对象，但某一金融机构类别的监管主体无权干预其他类别金融机构的业务活动。如银行、证券机构、保险公司各自归属不同监管机构，但银行的监管机构却无权干预保险公司、证券机构的银行业务活动。机构监管适合金融市场相对封闭的分业经营条件，由于此时的金融业内部各行业的部门分工比较明确，监管机构只需关注各自监管对象的状况。功能监管是由金融监管法确立并规范其运行的一种按功能划分监管权限的新型金融监管模式，主要是指金融监管从通常针对特定类型的金融机构（如针对银行、证券公司、保险公司等不同金融机构实施监管），转变为针对特定类型的金融业务（针对银行业务、证券业务、保险业务分别加以监管），而对"边界性"金融业务也要明确监管主体，同时加强不同监管主体间合作的监管法律体系。

(四) PE 监管模式的选择

美国前财长罗伯特·鲁宾（Robert Rubin）认为，功能监管"是指这样的监管流程，一个给定的金融活动由同一个监管者进行监管，而无论这个活动由谁从事。其目的是提高监管流程的秩序和效率"。功能监管的

出现克服了传统机构监管面对金融创新的"束手无策",实现了全方位的监管,避免了监管职能的冲突、多重监管,消除了"监管真空"等现象。

基于PE所具有的信息不对称风险和高杠杆率下的潜在系统性风险,我们认为,PE更适合功能监管模式。

第六章　全球私募股权投资基金的发展及其监管变迁

前面章节从理论层面对 PE 的监管问题进行了初步研究，论述了 PE 的风险特征及监管的必要性、监管对象、监管模式等内容。本章在分析发达国家（地区）PE 的发展历程和特点的基础上，分析了全球 PE 行业监管政策在 2008 年金融危机前后"由宽松向严紧"的变迁过程，重点阐述了 2008 年金融危机以来美国等发达国家 PE 监管改革的最新发展趋势和影响，并揭示其对我国 PE 监管的借鉴意义。

第一节　发达国家（地区）PE 的发展

一、美国 PE 的发展历程

（一）美国 PE 的发展阶段

美国是 PE 的发源地，也是全球最主要的 PE 市场[①]。美国的 PE 兴起于 19 世纪末 20 世纪初，起初主要是以富有的个人或非专业性投资机构分散进行的直接投资。而有组织的、专业化管理的 PE 时代的开启则是在第二次世界大战以后，以 1946 年美国研究与发展公司（ARD）的成立为标志[②]。1946 年，世界上第一家 PE 研究与发展公司成立，专门为新兴的企业提供权益性启动资本。1957 年 ARD 对数据设备公司（DEC）投资 7 万美元的种子资金，14 年后出售其所持 DEC 股份，获利高达近 3.55

[①] 统计数据显示，仅 2005 年全年，全球私募 PE 筹资额约 1 600 亿美元，其中美国高达 1 240 亿美元，占全球总筹资额的 77.5%。数据来源于 Thomson Venture Economics，NVCA，Private Equity Analyst。

[②] ARD 是由波士顿联邦储备银行主席 Ralph Flanders、麻省理工学院院长 Karl Compton、哈佛商学院教授 Georges F. Doriot 以及一些商业领袖共同创建，主要向那些利用第二次世界大战期间军事技术的新兴公司进行具有较高风险的投资，其成立的主要目的是吸引机构投资者为缺乏资金的新兴小企业融资，为企业提供资金的同时为其提供管理专家，从其雇员中培养一批专业投资人才。

亿美元，增长 5 000 多倍。ARD 对 DEC 的成功投资促进了创业投资在美国及世界各地的蓬勃兴起，随后迅速扩展到欧洲大陆、英国以及亚洲地区。

20 世纪 60 年代是美国股权投资基金产业稳定增长的时期，该时期股权投资基金的投资惯例逐渐形成。1971 年，美国推出了 NASDAQ 电子报价系统，提供了场外交易市场。由于 NASDAQ 的上市要求低于 NYSE，更适应小企业的需求。1973 年成立美国风险投资协会，1974 年提出谨慎人规则，1978 年允许养老金年金甚至公共养老金年金可以作为有限合伙人投资于股权投资。在这一阶段，美国股权投资基金产业整体上经历了先增长后下降的趋势，到 70 年代后期逐步进入巩固阶段。

20 世纪 80 年代，美国股权投资基金产业进入巩固阶段。有限合伙制是股权投资基金组织的主流模式，养老金年金和机构成为有限合伙制的主要投资者。股权投资通过 NASDAQ 上市的退出机制更加标准化。NASDAQ、股权投资基金和高科技企业之间的相互联系越来越多，形成了一种自我加强机制，从而进入增长的良性循环。迄今为止，美国股权投资基金产业无论是声誉，还是在投资规模和投资回报率上，在国际上都处于领先地位。

（二）美国 PE 组织形式的演变

美国 PE 组织主导模式的演变大致可以分为三个阶段，即公司制、子公司制和今天流行的有限合伙制。

1. 第一阶段：20 世纪 40 年代到 60 年代

第一家真正意义上的风险投资公司是成立于 1946 年的美国研究与发展公司（ARD），该公司是一个公开交易的封闭式基金组织，专门投资于流动性差的新企业股权的公开募股公司。基金份额可以像股票一样在交易市场上自由买卖，因此美国证券交易委员会对基金持有人的资格并没有进行限制。尽管在此后的二十多年里，ARD 的组织形式一直是主流，但这种结构的缺陷也逐渐暴露出来。例如，风险资本提供者（股东）只承担有限责任，当第三方由于合同违约等原因遭到损失时，股东不负赔偿责任。

2. 第二阶段：20 世纪 60 年代中期到 80 年代

在这个阶段，子公司形式的风险投资基金开始出现。这类基金组织通常是大的金融机构或实体公司的分支机构或部门，主要目的在于为其母公司提供多元化发展或创新提供帮助。不过,这种模式的弊端也很快为人们所认识,由于这类基金组织的经营目的是为了母公司的利益,而不是投资公司的利益,因此会导致基金管理者和企业家、基金公司和其他创业资本之间的利益冲突。此外,子公司制基金组织很难制定基金管理者的薪酬。

3. 第三阶段:20世纪80年代后期至今

有限合伙制成为主导模式的出现。1958年,Draper、Gaither和Anderson成立了第一个有限合伙形式(Limited Partnership)的风险投资机构。

美国的合伙制度来自于英国的普通法原则,但对合伙制有深刻影响的成文法的出现则是近100年的事。美国曾先后4次修订了《统一有限合伙企业法》(见表6-1)。作为联邦制国家,美国关于企业主体(包括但不限于合伙)的立法权限属于各州的立法机关,这意味着由美国统一州法全国委员会制定的适用于普通合伙和有限责任合伙的《统一合伙法(1914年)》与《修订统一合伙法(1994年)》、适用于有限合伙和责任有限合伙的《统一有限合伙法(1916年)》与《修订统一有限合伙法(1985年)》等有关合伙性质企业的"统一法"本身并不具有法律效力,而是作为示范法的意义存在的。但可以肯定的是,这几部示范法对美国各州的合伙制企业立法产生了巨大的推动作用。

表6-1　　　　　美国《统一有限合伙企业法》的修订过程

修订时间	修订内容	缺陷
1916年	①如果一个人向一个企业提供资金,取得对其利润的份额,掌握一定程度的控制权,只要债权人没有理由相信该人对合伙债务承担责任,那么公共政策就不要求该资金提供者(有限合伙人)承担合伙的债务;②对企业债务负有责任的人(普通合伙人)应当被允许向其他对企业拥有某种所有权的人(有限合伙人)获得资本金,只要这些出资者对企业资产不构成与债权人的竞争;③允许有限合伙人既可用现金出资,也可用实物出资;④把有限合伙人称为有限合伙的成员,而不称其为合伙人;⑤允许对有限合伙进行结构的变更,只要对证书作出相应的修改即可	保留了有限合伙人参与合伙事务即丧失有限责任的概念,总体上仍然主要倾向于保护债权人,没有明确有限合伙企业的法律地位,导致避税行为泛滥

第六章　全球私募股权投资基金的发展及其监管变迁

续表

修订时间	修订内容	缺陷
1976年	①保留了有限合伙人参与合伙事务即应对企业债务承担责任的概念，但大大减少了此种责任的范围：只有当有限合伙人参与合伙事务达到控制有限合伙程度时才会丧失有限责任的保护；②明确列举了有限合伙人可以合法参与有限合伙事务的事件；③把有限合伙人归为合伙人而不仅仅是成员	合伙仅是合伙成员的集合，并没有形成区别于合伙成员的新的法律实体
1985年	①主张有限合伙人应对合伙债务负责，债权人应证明，他有合理的理由相信该有限合伙人是普通合伙人；②进一步扩大了有限合伙可以参与合伙事务的范围；③有限合伙人不再是有限合伙证书中必须申报的事项，有限合伙证书的基本文件是合伙协议	没有明确规定有限合伙企业的属性
1998年	①明确承认了有限合伙是一个与其合伙人相区别的实体；②承认了有限合伙有权如普通合伙一样申报为"有限责任有限合伙"（LLLP），从而使有限公司中的普通合伙人也享受有限责任的保护；③增加了有限合伙的合并与转换的规定；④借鉴其他几个法律，把原来没有明确规定的问题作出了具体的规定，例如通知、年度报告和合伙人的信托义务等	

在有限合伙制模式中，至少有一个对合伙企业享有全面的管理权并对企业合伙债权承担无限责任的普通合伙人，与至少有一个不享有管理权但以其出资额为限承担有限责任的有限合伙人共同组成。从法律关系上看，有限合伙企业不具备独立的法人资格，不需要承担公司法规定的公司税的一级税负。就PE而言，有限合伙人是主要的出资人，占出资比例的99%，主要包括养老基金、人寿基金、储备基金、银行和保险公司、高资本净值的个人或家族公司；普通合伙人也称无限合伙人，一般由投资银行方面的专家担任，出资只占1%，主要是智力投入。有限合伙人和普通合伙人组成基金时要签署完备的合伙协议，合伙协议是一个法律框架，主要包括合作目的、合作期限、合伙人的资本分配、利润及损失的分配与分摊、有限合伙人的优先权、合伙制事务的管理、持股授权、合伙人的权利义务及限制、合伙制的解除、投资机会、其他事项等若干条款。

上述协议中的核心是有限合伙人和普通合伙人的责任义务、普通合伙人的管理费提取标准、收益的分配和损失的赔偿以及限制性条款。中等大小的基金一期约集资1亿美元到5亿美元，一个PE公司可能同时有二到五期的基金同时在运作（通常募完一期基金，就开始下一期募资的准备工作）。协议规定，普通合伙人可以提取基金规模的 1.5% ~ 2.5% 作为基金运作的管理费用，实现的净收益在普通合伙人和有限合伙人之间按 2∶8 比例分配，普通合伙人得到的部分被称为附带收益。但是，普通合伙人要得到这部分收益的前提是投资者的资本全部收回和契约中约定的最低资本收益率的实现。如果经营失败，普通合伙人的 1% 将损失殆尽。因此，该种机制对普通合伙人来说既有极强的诱惑力又有巨大的压力，追求最优管理和利润最大化是他们的唯一目标，在基金存续期他们就是寻找具有高成长性的投资项目。如果基金经理未能及时把所集的资本投资出去，经理人需退回 50% 的管理费，或有限合伙人可提前解约。另外，协议还规定，一个基金经理人在管理的这只基金投资结束前不允许同时管理另外一只基金，也不准许中途退出。

现在流行的有限合伙制其实是一种古老的组织结构，其起源可以追溯到 10 世纪左右意大利航海贸易当中广泛采用的 Commenda 契约①，有学者认为其最早的前身可能是穆斯林的一种商业惯例。

原本意义上的有限合伙制企业具有以下典型特征：

一是人合性。合伙企业的成立是基于合伙人之间的信任而产生，具有简易性以及运作机制上的灵活性等特点，但是另一方面，合伙企业的成立和解散都可以依据合伙人的协商而确定，因此稳定性较差。美国经济学家萨缪尔森对此这样评述"合伙协议不能解决投资者份额的买卖交易问题，只要有一个合伙人不满意现有的协议或是想要退出，合伙企业都可以解散"②。

二是权责混合性。合伙企业不是独立的法人，在实际的经营活动中，只能以合伙人的名义执行事务，共同承担责任。这种共同分担模式通常

---

① 在 "Commenda" 这种有限合伙企业中，仅仅提供资本的人只需以其出资额对 "Commenda" 的债务承担有限责任；连带责任则由直接参与远洋贸易的船舶所有者和商人承担。它相对一般合伙企业而言的制度创新在于：它将合伙人分成了两类，一类由于不参与合伙企业的日常管理，故只需对合伙企业承担有限责任；另一类由于参与了合伙企业的日常管理，故仍需对合伙企业的债务承担无限责任。由于不参与合伙企业日常管理的合伙人对合伙企业的债务责任不同于一般合伙企业中的合伙人，故被称为 "有限合伙人"；由于参与合伙企业日常管理的合伙人与一般合伙企业中的合伙人在合伙企业债务责任承担上并没有区别，故被称为 "一般合伙人"。可见，有限合伙企业相对于一般合伙企业的最大优点，是排除了那些并不参与合伙企业日常管理的合伙人可能需要为合伙企业债务承担连带责任的风险，因此，有利于吸引投资者以 "有限合伙人" 的身份对其进行投资。

② 萨缪尔森和威廉·D. 诺德豪斯. 经济学 [M]. 北京：中国发展出版社，1992：719.

会导致合伙人之间的权利、义务和责任混合在一起，很难形成有效的经营决策机制，在承担责任方面，也会产生合伙人相互推诿的现象。

三是管理机制人治性。原始形态上的合伙企业通常是两个以上的人为了共同的商业活动而形成的原始合作关系，缺乏制度的约束，因此仅仅以信任为治理机制不足以防范合伙人的道德风险。

从美国有限合伙制的发展过程来看，美国有限合伙制的兴起主要得益于以下几点：

首先，有限合伙制具有税负优势。从每一次的修订内容中可以看出，法律对合伙人的税负倾向于减轻趋势。与公司制的双重税负不同，有限合伙制中合伙企业具有免税的优势，合伙人只需要缴纳个人所得税即可。《1974年法案》限制企业年金进入风险投资，1975年PE仅募集了1 000万美元，而到了1978年，美国劳工部放松了管制，允许企业年金投资到PE，养老基金、大学和慈善机构等投资者为免税实体（作为有限合伙人，它们不需要缴纳资本所得税，从而避免了双重征税），募集的基金从1977年的3 900万美元到1978年的5.7亿美元。按照美国现行税法《1986年国内税收法案》的规定，合伙制的私人股权公司在税收方面享有优惠，其股东仅须按股份缴纳15%的资本利得税（Capital Gain）。该法案规定，对于在证券市场交易的合伙制企业，如果其包括分红收入、利息收入、版税收入、资本性收入在内的"被动收入"（Passive Income）占公司总收入的90%以上，可以免缴公司所得税（Income Tax）。

其次，给普通合伙人提供了较好的激励机制。美国的有限合伙制PE组织中，基金管理者作为普通合伙人，其出资一般只占基金总额的1%左右，每年收取一定的管理费。管理费由两部分组成，一部分是按照一定的比例从基金资产中提取，这一比例通常为基金资本或者净资产值的1.5%~3%，常见的是2.5%；另一部分是一定比例的利润分成，通常在20%~21%。这是激励机制的核心，把普通合伙人和有限合伙人的利益捆绑在一起，减少风险投资家的机会主义行为，并提高工作的努力程度，因为投资成功可以得到更多的收入。与此同时，有限合伙制下的基金管理者具有相对独立的决策权，这是因为假如有限合伙人干预投资决策的话，他们就有丧失有限合伙人地位的风险。

最后，有效的约束机制。有限合伙制的约束机制主要包括存续期、承诺资金制。PE的存续期一般在10年以内，期满后可以根据股东要求增加 2 年到 4 年。有限存续期有两个好处：一是避免普通合伙人对资金无期限的控制；二是作为一种"择优淘劣"机制，检验基金管理者的投资能力。对于基金管理者而言，声誉相当重要，不但意味着能否在后续投资中募集资金，而且直接关系到他的职业生涯。在基金存续期间，管理者的能力会暴露出来，有利于投资者的选择。承诺资金制是指投资者在基金发售前先承诺认购一定份额的基金，但实际上仅支付认购份额的一定比例，后续投资则要看普通合伙人的业绩表现。在美国，创业投资基金的存续期（包括展期在内）一般可以为 10 年到 14 年。通常，普通合伙人的利润分成要等到有限合伙人收回其全部投资后才可以提取，处于分红链的末端，这也可以看做是一种兼具激励和约束作用的措施。

二、欧洲 PE 的发展历程

继 19 世纪信托基金风行之后，欧洲风险投资企业也开始出现，比较典型的事件是 1945 年英国清算银行和英格兰银行共同投资设立的 3i 集团。3i 集团的设立是为了解决英国中小企业发展的长期资本短缺问题，原名为工商业投资公司。但直至 20 世纪 70 年代，整个欧洲的风险投资都处于起步阶段。进入 80 年代，受资本收益税增加、经济衰退等多种因素的影响，欧洲的风险投资业在前期也并不乐观。20 世纪 90 年代之后，欧洲各国政府开始提高对风险投资的重视程度，欧洲整体的风险投资业才开始迅速地发展。值得一提的是，欧洲各国的私募股权投资市场的发展存在很大差异。私募股权投资总额所占 GDP 百分比可以作为衡量一国私募股权投资市场成熟度的重要指标。在欧洲，瑞典、英国、法国的私募股权投资市场最为活跃，其百分比高出欧洲平均水平，而西班牙、意大利和德国的市场相对来说还不够成熟。

除了法国和瑞典之外，欧洲大陆其他国家私人股权投资市场直到 1996 年才开始慢慢成熟起来。近几年，随着美国市场不断饱和，私募股权投资基金纷纷到欧洲寻求投资目标。欧洲大陆尤其是西欧各国，有着相当数量的家族企业，也有众多需要剥离非核心业务、改善资产结构的大型企业，这些都是私募股权投资基金投资的对象，这也是为什么欧洲大陆的私募股权投资市场在近几年间一直持续火暴的原因。

20 世纪 80 年代，由于英国政府的重视和政策扶持，英国股权投资获得了迅速发展。到1989年，英国股权投资的发展达到了最高峰，成为除美国、日本以外的第三大股权投资中心。其在英国投资了14.2亿英镑，在全球投资了16.47亿英镑，占欧洲股权投资总额的40%~50%。由于英国投资者缺乏经验，投资回报率较低以及管理层收购（MBO）事件等，1991年英国股权投资基金投资了1 196个公司，投资额为8.89亿英镑，与1989年相比投资额下降超过30%，1992年英国股权投资募集的资金仅为3.47亿英镑。1994年之后，英国风险投资业再次进入快速发展阶段。1997年，英国股权投资发展到一个高潮，在英国投资了30.66亿英镑，比1996年增长了9%，约占GDP的28%，投资额约占欧洲投资总额的50%，接受风险资本投资的企业共有1 272个，其中在英国本土的受资公司有1 116个。1997年与1990年相比，股权资本在英国的投资总额增加了3倍。英国股权资本在海外投资的比例也增加到历史最高水平，为总投资额的27%，海外投资额比上一年增加了158%，共11.18亿英镑（1996年为4.33亿英镑）[①]。

三、日本PE的发展历程

日本是亚洲最早发展风险投资的国家，迄今已经历了40多年的发展历程。日本的风险投资是在模仿美国的基础上发展起来的。1963年，日本在东京、大阪和名古屋成立了三家官办中小企业风险投资公司，同时效仿美国的《小企业投资法》制定了《日本小型企业投资法》，作为最早的风险投资的扶持政策。从20世纪60年代末至今，日本的风险投资经历了三次投资浪潮。

（一）第一次风险投资浪潮（1970—1973年）

经过20世纪60年代末的经济快速增长后，日本金融机构积累了大量的资金储备，通货膨胀率下降，金融紧缩政策放宽，投资环境比较宽松。在此背景下，日本出现了风险投资的第一个小高潮，但是风险投资的初次发展并不成功，这一次风险热潮的持续时间很短，许多风险企业没有什么进展。归纳其原因主要是这期间还没有面向新兴企业的资本市场存在，不利于风险资本的退出，另外，这些风险企业都属于大银行、证券机构，缺乏决策自主权。

---

① 陈德棉，卓悦. 英国风险投资业发展的历史现状分析[J]. 国际技术经济研究，2000（3）.

(二) 第二次风险投资浪潮（1982—1986 年）

1980 年，日本金融自由化改革展开，银行、证券公司之间的竞争越来越激烈，争夺业务渠道，寻找资金出口。而此时各大企业正面临由资本集约型向知识集约型转变的压力，吸引了银行和证券公司的参与。20 世纪 70 年代末到 80 年代初，美国硅谷的出现和纳斯达克市场的成功，拉动了日本风险投资的热潮。然而，这一次风险投资浪潮依然没有持续很久。在"广场协议"后，日元大幅升值，1986 年 3 家被誉为新星的风险投资企业相继破产，第二次风险投资浪潮宣告结束。但在此次浪潮中，风险资本有力地支持了日本的电子、计算机产业，尤其是半导体、集成电路技术产业的发展，并在世界产业结构中形成了自己的优势。

(三) 第三次风险投资浪潮（1993 年至今）

与前两次风险投资浪潮出现不同的是，这一次投资浪潮的出现是由于日本经济在泡沫经济破灭及日元升值的双重打击下持续经济衰退，日本政府试图通过发展风险投资实现经济转型，解决就业、提高生产效率、提高国际竞争力。随着日本经济的复苏以及日本政府的支持，风险投资迎来了新的机遇。在第三次风险投资热潮中，日本政府的扶持功不可没，主要贡献包括：1997 年颁布《天使投资人税制》，从税收上促进了风险投资业的发展；1998 年实施《投资事业有限责任组合法》，从根本上确定了日本风险投资公司的组织形式；1998 年《大学等技术转让促进法》、《新事业创出促进法》出台，刺激了大学风险投资基金发展，并从技术转让方面促进了风险投资的发展；2000 年在大阪创建了 NASDAQ 日本市场，同时改革完善 OTC 市场，为风险资本的顺利退出奠定了基础。

四、中国台湾 PE 的发展历程

1973 年到 1983 年，台湾地区采取了一系列的政策和措施，为台湾地区股权投资的产生创造条件：成立工研院，实施"科技立岛"的发展战略，设置新竹科学园区，颁布"改善投资环境及促进投资方案"，筹组民营工业公司。在这些政策措施的推动下，台湾地区股权投资开始起步。到 1984 年，成立了第一家创投公司。1986 年，台湾地区开始实施"科技发展十年规划"，提出了"十大新兴产业"、"八大关键技术"等产业调整方向。

到 1990 年，台湾地区股权投资公司已增加到 17 家，台湾地区的投资基金达到 62.25 亿美元，约为 1986 年 16 亿美元的 4 倍。1984—1994 年，台湾地区的创业投资公司累计成立 28 家，累积资本额由 1984 年的 2 亿新台币增加到 1994 年的 146.98 亿新台币。1994 年，证券柜台买卖中心（OTC）成立，极大地刺激了台湾地区股权投资的发展。1995—1997 年，台湾地区新设的投资公司数目大幅增加，1995 年为 6 家，1996 年为 14 家，1997 年为 28 家。公司总数也由 1995 年年底的 34 家，增加到 1997 年年底的 76 家，1998 年年底为 114 家，到 2001 年年底为 199 家，累计资本额由 1995 年年底的 187 亿新台币迅速增加到 1997 年年底的 426 亿新台币，1999 年年底首次突破 1 000 亿新台币，达到了 1 034.25 亿新台币，2001 年为 1 341.07 亿新台币。

由于全球经济衰退与全球股权投资低迷，2000 年台湾地区新设立的创业投资机构为 32 家，2001 年仅有 7 家。2002 年，台湾地区"行政院"开发基金推行"1 000 亿新台币创投计划"，试图带动新一波股权投资募集风潮，却于 2003 年遇上 SARS 疫情重创台湾经济。2004 年，由于台湾地区股市低迷，股权投资额从 2003 年的 165.40 亿新台币下降到 2004 年的 152.70 亿新台币，2005 年仅为 108.57 亿新台币。

五、全球 PE 的发展现状与趋势

（一）全球 PE 发展现状

1997 年东南亚金融危机爆发至 2000 年美国网络科技股泡沫破裂的一段时期内，以对冲基金为代表的部分私募基金出现营运危机，如美国长期资本管理公司（LTCM）、老虎基金等先后宣布破产，私募基金开始陷入低谷。

在 1994—2000 年的 7 年中，全球 PE 筹资年增长率超过 19%，主要资金来源于机构投资者。在欧洲，以往 6 年中主要投资者为养老基金（23%）、银行（20%）、组合基金（17%）、保险公司（10%）、政府机构（8%），个人投资者仅占 6%，其他为大学基金等机构投资者。美国约有 1 800 余家 PE，管理资产规模 6 700 亿美元；欧洲有 1 100 家 PE，规模约 2 000 亿欧元；亚洲 PE 管理资产规模 1 600 亿美元。2006 年全球 PE 筹集资金总额达 4 320 亿美元，加上财务杠杆，已形成了一个投资规模近万亿美元的庞大产业。2000 年之前，美英市场占据 PE 业的绝大部分份额。今天虽然两国市场仍居世界前茅，但所占市场份额已跌至 60%。亚洲市场日渐兴

起，占全球市场份额的10%。中国市场在亚太地区排第三，仅次于澳大利亚和日本，但2006年出现3%的负成长，而同期印度的增长率为262%。

2001年以后，私募基金（特别是私募股权投资基金）的发展重新加速。近5年来，美国私募股权投资基金总额增长了近100%。2006年，全球由私募基金主导的并购额达到7 374亿美元，超过了2005年的两倍，占所有并购总额的18%。2006年，美国三大证交所（纽约证交所、纳斯达克和美国证交所）公开发行股票的筹资总额为1 540亿美元，而通过所谓144A条款①私募发行股票的筹资总额高达1 620亿美元。2007年上半年，全球私募股权投资基金共筹集2 400亿美元资金。而1991年，整个行业的筹资总额仅为100亿美元。据清科集团统计，2007年全球共募集了1 352只私募股权投资基金，募集金额约6 619亿美元。2008年全球私募股权投资基金募集的数量和金额分别为1 268只和6 765亿美元，此后虽然受金融危机的影响使基金募集的数量大幅缩减，但2009年仍然有743只基金募集成立，金额达2 971亿美元，2010年有634只基金募集成立，金额达2 600亿美元。

（二）全球PE发展趋势

按照樊志刚等（2007）的分析，全球PE的发展呈现如下五个趋势：

1. 从事私募基金业务的机构逐步多样化

除了传统意义上的私募基金公司，如凯雷、华平、黑石等公司以外，很多商业银行、投资银行甚至保险公司都已通过设立直接投资部或者设立单独的资产管理公司等形式开展私募基金业务，如高盛、麦格理、汇丰银行、JP摩根等。除此之外，为服务于本公司的战略布局和投资组合，大型跨国公司也设立私募投资基金，资金来自于跨国公司内部，如GE资本等。

2. 私募基金投资领域和投资策略逐步综合化

不同类型私募基金之间的界限逐步模糊。首先，私募基金不仅投资于非上市公司股权，同时也参与股票、债券及衍生工具交易等证券投资。其次，传统的高科技行业已经不再是私募基金投资的主要领域，私募基金更加关注能带来稳定利润的传统行业。据统计，70%的私募基金已经将传统行业纳入投资范畴。最后，私募基金投资策略从传统的非上市企

---

① 美国证监会1990年发布的144A条款允许私募基金将某些符合条件的证券出售给合格机构投资者，而不需履行证券法的披露义务。但与144A条款关联的交易必须符合一些基本条件，如该证券必须只能出售给合格机构投资者等。

业风险投资扩展到上市企业并购和重组，投资策略趋向多元化。

3. 私募基金投资视角逐步国际化

1998年，美国Ripplewood基金出资10亿美元收购了日本长期信用银行，将其改名为新生银行（Shinsei Bank）。随后，该基金通过改变放贷模式、引进信息系统等手段将新生银行培育成为一个全新的营利性机构，并于2004年在东京证券交易所成功上市，Ripplewood基金当初投入的资金获得了10倍的回报（丁伟，2006）。另外一个典型案例是美国私募基金——新桥资本成功重组韩国银行的事件。诸如此类的案例说明，私募基金的投资视野更为宽广，已经善于在国际化的视角下寻找商机。

4. 私募基金的主要投资者从个人转向养老基金、大学捐赠基金以及家族基金等机构投资者

早期的私募基金大多针对个人客户中的富裕阶层募集，但近些年来私募基金的资金来源出现较为明显的变化，个人和家庭作为私募基金来源的重要性降低，机构客户的比重在逐步增加。随着美国和欧洲等地区的养老基金等机构投资者逐渐放宽对私募基金的投资比例，这类机构投资者已经成为私募基金的主要资金来源。

5. 私募基金出现向公募基金演变的迹象

美国东部时间2007年6月23日，美国私募基金——黑石集团（Black Stone Group）在纽约证券交易所挂牌上市，成为全球首家公开上市的私人股本公司，并成为美国5年来规模最大的IPO。与此同时，美国另外两家著名私募基金——凯雷投资集团和KKR公司也宣布正在考虑上市事宜。私募基金寻求公开上市的动力来自于自身扩张的需求，在竞争日趋激烈的背景下，唯有扩充资本、增强竞争力方能生存。

第二节　2008年金融危机前发达国家（地区）的PE监管政策及其变迁

一、2008年金融危机前主要发达国家PE监管政策概况

PE机构产生在管制与放松管制不断权衡的时代，PE机构本身就是一种规避政府管制的金融组织形式，因此，在2008年金融危机爆发前，各国对PE的监管都比较宽松。国际上普遍认为，PE是老练的投资者和基

金管理人通过反复协商建立的,并依据管理人和被投资企业之间的合同(契约)进行投资,没有适用法定注册的实际必要性,或者与公共利益无甚关联,因此,为了提高效率、促进竞争以及资本形成,没有专门针对PE进行特别立法,也没有设立专门针对此行业的监管机构(见表6-2)。

表6-2 主要发达国家PE监管政策概况

国别	监管机构	监管内容	资格认证	税收规定
美国	证券交易委员会(SEC);商品期货交易委员会(CFTC)	对有限合伙企业监管较为灵活;企业发展公司至少有70%应投资于美国的私人公司;公司必须将所有收益或利润进行分配以维持其纳税身份	有限合伙管理机构须注册登记,特定情况除外;企业发展公司、管理公司必须在SEC注册登记为投资顾问	有限合伙企业税收透明;企业发展公司根据IRS相关规定实行有限税收透明
英国	金融服务管理局(FSA)	PE信托(PEITs)和离岸信托在伦敦证券交易所(LSE)或AIM上市,招股说明书需报FSA审批	基金管理人须接受FSA监管	合伙企业税收透明;PEITs资本收益免税;离岸信托免税
德国	联邦金融监管局(BaFin)	灵活监管,对投资无明确限制	投资管理人、投资顾问需获得资格认证(MiFID)	有限合伙企业税收透明;有限公司95%股息免税
法国	金融市场管理局(AMF)	至少50%的资金要投到欧盟的非上市公司		有限合伙企业税收透明
意大利	银行证券市场监管局	灵活监管,但基金须按照监管机构规定的组织结构设立	资产管理公司也在监管范围	12.5%增值税
卢森堡	金融监管委员会(CSSF)	单笔投资额度不超过基金总额的20%		投资基金税收透明;创业投资企业全额缴税,投资收益可以抵扣,投资者收益免除代扣所得税
瑞士	联邦银行监督委员会(FBC);联邦私营保险局(FSIO)	对有限合伙企业的风险资本投资进行监管;有限合伙和投资基金须按照监管机构规定的组织机构设立;投资公司必须为上市公司或向合格投资者募集资金	有限合伙企业、基金管理人需要资格认证	有限合伙企业和投资基金税收透明

资料来源:孔杰. 国际PE基金监管的实践与中国的选择 [J]. 国际经济评论,2008.

从全球 PE 监管情况来看，2008 年金融危机爆发前，各国明确指向 PE 的监管措施通常仅涉及两个方面：一是国家对其有一定政策扶持的 PE；二是对受托管理公募基金等涉及公众权益的专业性管理机构，为确保其将主要精力用于管好公募基金，制定一些规章，对其受托管理私募基金的行为进行必要的限制和规范。此外，各国都比较鼓励发挥行业协会的自律作用，积极发挥行业自律式软监管的作用[1]。

从表 6-2 也可以看出，美国股权投资基金主要实行行业自律为主的监管模式。美国证券法对股权投资基金的监管只作如下规定：如果股权投资基金以私募形式募集资金，则可以豁免按 SEC 要求的内容和格式办理注册，但其他内容不能豁免。美国主要成立国家创业风险投资协会（NVCA）进行行业自律，其成员目前约有 300 多个股权资本管理公司，该协会向从业者提供专业的市场数据并定期进行市场调查，对促进美国股权资本市场发展起到了十分重要的作用。

下文以美国和英国为例，阐述 2008 年金融危机爆发前 PE 监管政策的主要内容[2]。

（一）美国 PE 基金的监管重点

在 PE 基金最为发达的美国，1933 年《证券法》、《1940 年投资公司法》和后续作出进一步解释的《D 条例》（1982 年颁布）、《144A 规则》（1990 年颁布），以及《1934 年证券交易法》、《1940 年投资顾问法》、《1996 年全国证券市场促进法》等法律法规构成了 PE 的监管框架。其重点包括证券私募发行的注册豁免条件，基金管理人资格和注册豁免条件，以及记录保存和信息披露、防止滥用非公开信息、反欺诈等。

1. 证券私募发行的注册豁免条件

基于对"披露监管"理念的信奉，美国 1933 年《证券法》、《1940 年投资公司法》规定，证券发行和投资公司实行注册制，通过强制信息

---

[1] 值得注意的是，由于 PE 在投资过程中大规模使用杠杆融资，存在交易失败导致巨额坏账并带来连锁反应的风险，其对国际金融安全的影响力越来越大。最近几年，特别是美国次贷危机爆发以后，对 PE 进行重新评估和加强监管的呼声越来越强烈，有些国家（如英国）已经开始着手这方面的政策制定工作，其目标是在市场化引导的基础上，陆续引入以促进 PE 行业健康发展和控制相关潜在风险为目的的监管措施。

[2] 孔杰. 国际 PE 基金监管的实践与中国的选择 [J]. 国际经济评论，2008.

披露保护投资者利益。但与此同时，采取特定方式、针对特定对象的证券发行可以豁免注册。

情形之一，1933年《证券法》第4（2）条规定，"发行人进行的与公开发行无关的交易"可以免予向证券交易委员会登记。1982年颁布的《D条例》进一步明确，非公开发行意味着不得使用以下且不限于以下形式的广告：（1）在任何报纸、杂志及类似媒体上，和通过电视、广播等媒体形式进行的一般性广告宣传；（2）通过一般性召集或广告而召集的研讨会或其他会议。

情形之二，《D条例》第506规则规定，可以向不限数量的"特许投资者"（Accredited Investor）和不超过35名"非特许投资者"发行和出售某一证券，无须向SEC登记。"特许投资者"包括绝大多数金融机构、单独或与其配偶一起在购买证券时拥有超过100万美元净资产的任何自然人，以及在过去两年里个人年收入达到20万美元或与其配偶共同年收入达到30万美元（且在当前年份合理预计可以达到同样标准）的任何自然人。对于"非特许投资者"，要求必须具备相当的财务知识，或由具备相当财务知识的人士提供投资建议，或发行人合理相信其满足以上任一条件。

情形之三，《1940年投资公司法》第3（c）（1）条款规定，投资者人数少于100人并且不计划进行公开募集的发行人不构成《1940年投资公司法》下的"投资公司"。对于该100人的计算，如果某投资者本身是一个投资公司或私募基金并且该投资者拥有该发行人的全部发行在外的有投票权的证券的10%，则该投资公司或私募基金本身的投资者人数将全部计入，而不是仅计入该投资公司或私募基金本身。另外，其第3（c）（7）条款进一步规定，无论某一发行人投资者人数的多少，如果所有投资者在其投资于该发行人时都是"合格买家"（Qualified Purchasers），则该发行人不构成《1940年投资公司法》下的"投资公司"。"合格买家"包括：（1）拥有不少于500万美元投资资产的任何自然人；（2）拥有不少于500万美元投资资产的任何公司，且该公司为具有特定家属关系的两个或两个以上自然人直接或间接所有，或为该等人士之财产，或为该等人士所设立的基金会、慈善机构或信托直接或间接所有；（3）并非专为认购该发行人所发行之证券的目的而特别成立的任何信托，而其受托人（或其他经其授权可做信托决策之人士）或委托人（或其他将资产委托给该信托之人士）构成此处第(1)项、第(2)项或第(4)项中所述人士；(4)为自己或为其他合格买家行事的任何人，并且其本身或其他买家总计拥有并可自行支配的投资资产不少于2 500万美元。

2. 基金管理人资格和注册豁免条件

美国《1940年投资顾问法》第203（a）规定，除某些特例外，任何以向他人有偿提供证券投资咨询建议为业的公司或个人必须进行注册。但是，第203（b）（3）条规定，在过去12个月内客户总数不足15名，未公开以投资顾问身份营业，同时未为任何根据《1940年投资公司法》而登记的"投资公司"或"企业发展公司"担任过顾问的任何投资顾问均可以免予注册。同时，美国《1940年投资顾问法》第208（a）条规定，按照该法规注册的任何人，无论以什么方式陈述或暗示其为合众国及其机关或官员发起、推荐或许可，或其能力或资格在任何方面为合众国及其机关或官员授权，均属违法。也就是说，《1940年投资顾问法》对投资顾问提出了注册和备案，而不是准入的规定。

3. 记录保存和信息披露

美国《1940年投资顾问法》第204条规定，任何投资顾问，除非符合第203(b)条款豁免条件，在投资顾问业务中使用邮件或州际商业手段或工具，应制作并在规定的期限内保存必要或适当的记录，并在SEC的要求下随时提供。由于PE的绝大多数管理者都符合第203（b）条款的豁免条件，所以实际上他们并不受到这一规定的约束。同时，PE的投资者都为合格投资者，在大多数情况下，这些投资者会通过投资协议对基金管理者提出详细和严格的信息披露和记录保存要求。

4. 防止滥用非公开信息

美国《1940年投资顾问法》第204A条规定，任何投资顾问，除非符合第203(b)条款的豁免条件，应考虑其作为投资顾问的业务性质，制定、维持并执行各种合理设计的书面政策和程序，防止该投资顾问或与其关联的人滥用重大非公开信息。

5. 反欺诈

美国《1940年投资顾问法》第206条规定，任何投资顾问通过使用邮递或州际手段或工具直接或间接从事以下行为，均属违法：使用任何计谋、计划或手段欺诈客户或潜在客户；参与对客户或潜在客户构成欺诈或欺骗的任何交易、做法或业务过程；为其自身账户作为经纪人知情地与客户进行证券买卖，或作为该等客户之外其他人的经纪人，为该等客户的账户知情地实施证券买卖，但在完成这种交易之前，并不以书面形式向客户披露其交易身份，也未获得客户同意。若经纪商或交易商在该等交易方面不充当投资顾问，则本项禁止性规定不适用于与该经纪商或交易商客户之间进行的任何交易；参与任何欺诈性、欺骗性或操纵性行为、做法或业务过程。

（二）英国 PE 的监管重点

与美国类似，英国也没有专门针对 PE 的监管机构或部门。依据《2000 年金融服务和市场法案》，英国在统一监管各金融市场及机构的金融服务局（FSA）下设立了"另类投资管理部"（Alternative Investment Department），对受托管理对冲基金、PE 在内的各类投资咨询业务进行监管。

英国《2000 年金融服务和市场法案》中并没有定义 PE 或 PE 管理者，但在第 8 章第 40 条和第 10 章第 51 条中，对集合投资计划和相关豁免条件作了定义，豁免条件主要体现在对投资者的类别定义和对"传播、广告"方式的限制上。以自有资金而非第三方资金进行投资的基金管理机构不必向 FSA 备案。

在具体监管过程中，FSA 采取了"抓大放小"的策略：虽然在理论上，对各类 PE 都要按"创业投资联系制度"（Venture Capital Contact）进行事后备案检查（主要采取备案信息管理模式，由联络中心负责对其监控与抽查），但在实施过程中，重点对管理资金超过 15 亿英镑的 18 家大型基金管理公司进行监控，派专人进行日常沟通、现场检查和风险评估。FSA 要求基金管理公司至少每年向其申报一次所管基金的信息，并建立了相应的监管数据库。

此外，在 FSA 监管手册的"商务准则"部分，规定了反洗钱制度、培训和资格制度、商业道德规范等，对基金管理人的记录保存和信息披露、反欺诈、防止滥用内部信息进行交易等提出了要求。

2007 年年底，FSA 监管手册中的投资服务条例（ISD）和资本充足条例（CAD）被金融工具市场条例（MiFID）和资本要求条例（CRD）分别替代，英国对 PE 管理人的监管有所加强。MiFID 的监管范围由直接管理基金的基金管理人扩大到仅提供投资顾问服务，或二者都做的企业，也建立了更为详尽的管理控制体系和商业道德规范的要求。内容主要包括两方面：一是防止市场权力的滥用，即防止大型基金利用其资金优势对市场进行操控或者相关人员进行内幕交易；二是防止投资者与管理人的利益冲突，指基金管理人侵害投资者利益。FSA对违规金融机构的制裁方式主要有以下几项：取消资格、罚款、警告、提高信息报备频率等。

二、2008年金融危机前发达国家（地区）PE监管政策的变迁

总的来看，2008年金融危机爆发前，美国、英国等PE发达国家（地区）对PE并没有建立专门的监管架构，但在传统的投资基金监管体系下，各国对PE的监管大致来自三个方面：一是政府集中监管模式下的监管法规；二是由行业协会形成的自律监管架构；三是来自公信机构监督、PE公司治理等方面的市场化监管。换言之，全球PE监管政策是由这三种监管模式下的相关规则共同构成的。

下文以主要发达国家（地区）为例，针对不同PE监管模式分别阐述各国监管立法的变迁过程，以揭示PE监管政策的国别差异和特征。

（一）政府集中监管模式下的PE监管立法变迁

政府集中监管是指国家权力机关通过强制性手段对行业的参与各方进行约束和监督管理，以期实现国家总体利益的最大化。在政府集中监管模式下，政府往往会出台相关的监管法规对PE的运营过程进行监管。事实上，在2008年金融危机爆发前，发达国家对PE监管较少，也没有专门的PE法律，对PE的立法监管散见于对整个投资基金业（包括共同基金、对冲基金、PE等）的立法条文中，因此下文对主要发达国家PE监管立法情况进行分析。

1. 美国PE监管立法的变迁

美国并没有专门的法律对私募基金进行规范，私募基金的立法主要散见于与投资基金相关的法律法规中。最早的法律是1933年《证券法》，随后又颁布了《1934年证券交易法》、《1940年投资公司法》、1982年的《D条例》以及1990年的《144A规则》。据此，可以将金融危机前美国基金法律监管体系分为三个阶段：

第一阶段：1924年到1940年。

1924年第一只投资基金在美国出现直到《1940年投资公司法》的颁布，是美国投资基金立法的第一个阶段。在这一时期，美国和全球主要资本主义国家一样，都经历了有史以来最严重的一次经济危机。由于没有切实的法律来保护基金投资者的利益，使投机和诈骗事件不断发生。据美国证券交易委员会1939年的一份调查报告估计，在20世纪二三十年代，投资基金的经理人将投资者的约11亿美元的财产据为己有。在"大萧条"后，美国一改过去对经济进行国家干预的措施，在金融等诸多领域迅速制定了一系列法律法规，逐步恢复了人们对市场经济的信心。

第二阶段：1940年到1970年。

《1940年投资公司法》等其他有关投资基金的法律通过，恢复了广大投资者对投资公司的信心。这些法律成功地保护了基金持有人免受欺诈和因渎职和违背公众利益等事件的发生而造成的利益损害。

第三阶段：1970年至2008年。

美国国会在1970年通过了一项较全面的和较显著的对投资公司法的修正案。该修正案是在两项关于投资公司经营研究的基础上进行的。这两项研究的成果是沃顿商学院的《共同基金研究》（*A Study of Mutual Funds*，1962）和美国证券与交易委员会的《投资公司增长的公共政策含义的报告》（*Report on the Public Policy Implications of Investment Company Growth*，1966）。该修正案扩大了对投资顾问信托责任的管理范围，制定了建立投资基金董事会的准则，强化了董事会的有效性和独立性，增加了董事会检查基金管理层的地位，并确定了管理费、手续费的收取标准，从而对投资顾问的行为进行了更为严格的监管，增强了对投资者的保护措施和力度。1970年《投资公司法修正案》的出台，标志着美国PE市场的法律保障体系趋于完善和成熟。这种完善的法律保障体系的形成是美国PE市场在20世纪70年代以后能够不断迅速发展的一个重要原因。随着经济全球化的发展和美国经济自身的变迁，为了适应不断变化的新形势，实现监管的现代化，美国PE行业的法制建设也处在不断修订和完善之中。

美国政府对PE的监管职能由证券交易委员会（Securities and Exchange Commission，SEC）来承担。SEC对私募股权投资基金的监管具体体现在上述多部法律中。对私募基金的监管主要体现在私募基金的募

集①、投资者人数②、资格③、豁免注册登记④以及反欺诈和内部交易⑤等

---

① 《1940年投资公司法》规定面向投资大众募集的、主要从事有关"证券"的投资、再投资或交易的"公司",即所谓注册投资公司在其股票首次出售之时以及之后每次出售股票时必须向其投资者披露其财务状况和投资政策方面的信息。同时,第3(c)(1)条款规定投资人数少于100人并且不计划进行公开募集的发行人不构成《1940年投资公司法》下的"投资公司"。对于该100人的计算,其规定如果某投资者本身是一个投资公司或私募基金并且该投资者拥有该发行人的全部发行在外的有投票权的股份的10%,则该投资公司或私募基金本身的投资者人数将全部计入,而不只是计入该投资公司或私募基金本身。

② 美国的私募基金主要是指《1940年投资公司法》豁免注册登记条款下成立的基金。私募基金的存在形式包括对冲基金、风险投资基金、投资者俱乐部、私募股权投资以及一些机构性投资工具。该法第3(c)(7)条款主要对私募基金投资者的资格作出了限制,规定投资者必须是"有资格买家"的条件。第3(c)(7)条款规定:根据第3(c)(7)条款是指通过私募发行的,并且现有证券完全由在购买证券时满足"有资格买家"条件的"有资格买家"拥有的基金。《1940年投资公司法》规定合格投资者拥有不少于2 500万美元,对"有资格买家"做了界定:(1)任何拥有不少于500万美元投资的自然人或家族企业;(2)任何信托机构,该信托机构不是为了获得该私募基金证券而专门成立的,该机构的受托人或托管人、发起人或其他参与者均是"有资格买家";(3)其他比如机构投的具有自由支配权投资的组织。1990年的《144A规则》同样对私募发行进行了界定。《144A规则》规定,私募发行证券仅发行给"合格的机构投资者",在其再转让给其他的"合格的机构投资者"时,不受再转让的限制。

③ 1933年《证券法》明确将基金纳入证券范围,该法第4(2)节规定"不涉及公开发行的发行人的交易"可免于登记。这意味着私募基金可以豁免不用登记基金单位的市场发行,也不需要像注册基金那样在详细的招股书中披露基金的资料并作出承诺。《1940年投资公司法》要求每一个投资基金都在证券交易委员会注册,但是对于私募投资公司(Private Investment Companies)作出了豁免规定。该法第3(c)(1)、3(c)(7)条规定:如果(1)投资公司不公开募集股份;(2)而且股东不超过100个,或者全是符合资格的购买者,则该公司属于私募投资公司。这类公司只需要遵守《1940年投资公司法》中的有关反欺诈的规定外,不需要在SEC注册,也不受该法中关于基金组织形式、基金投资、信息披露等方面的各种限制。私募基金管理人可以以"投资顾问"的身份进行注册登记,如果符合《1940年投资顾问法》的第203节(b)(1)或第203节(b)(3)的规定,即可以豁免登记。《1940年投资顾问法》的第203节(b)(1)指"投资顾问的全部客户均在该投资顾问的主要营业场所所在州的范围之内,且该投资顾问就任何全国性证券交易所上市或特许未上市证券提出建议、分析和报告"。第203节(b)(3)指投资顾问前12个月内客户总数少于15个,而且既不公开以投资顾问的身份营业,又不作为《1940年投资公司法》规定的投资公司或者《1940年投资公司法》第54节规定的商务开发公司的投资顾问。同时,美国《1940年投资顾问法》第208(a)条规定,任何按照该法规注册的投资顾问均不得以任何方法明示或暗示该投资顾问得到了美国政府或相关机构的保证、推荐或批准,或该投资顾问的资格或能力得到了美国政府或相关机构的认可,这意味着该法对投资顾问的监管采取的是注册和备案制,而非准入制。另外,那些从事商品期货交易并且数额巨大的私募基金的管理人往往要以商品综合商和商品交易顾问的身份向商品期货交易委员会进行登记注册。

④ 美国《1940年投资顾问法》第204条规定,任何投资顾问,除非符合203(b)条款的豁免条件,在通过邮件或其他方式方法进行投资顾问业务中,必须在一定期限内保存相关记录,并在美国SEC的要求下随时提供。

⑤ 《1940年投资顾问法》第206条规定,任何投资顾问公司不得以邮件或其他任何方式联系客户,直接或间接地进行任何以下活动:欺诈现有或潜在客户、将自己所持有的证券卖给客户、为自己购买客户所持有的证券、为除该客户之外的人做中介业务等。《1940年投资顾问法》第204(a)条规定,任何投资顾问公司都必须建立和执行书面的制度,防止基于内部信息的非法证券交易,必要时,美国SEC可以要求投资顾问公司执行相关制度。

方面。

2. 英国 PE 监管立法的变迁

英国虽然是投资基金的发源地，但第二次世界大战以后，英国投资基金的发展速度和规模却远远落后于美国。这一方面是由于战争使英国元气大伤，殖民地各国纷纷独立，日不落帝国经济地位日渐衰落；另一方面，也与英国对投资基金业的管理传统有很大关系。从英格兰银行开始，英国传统上对金融业的管理以自律管理为主，行业协会、公会的规则章程起到了主要作用，专门性的法律较少。

与英国投资基金业发展有关的法律主要有：1939 年《防止诈骗（投资）法》、1944 年《投资业务管理法》、1958 年《防止诈骗（投资）法》、1973 年《公平交易法》、1976 年《限制交易实践法》、1985 年修订的《公司法》、1986 年《金融服务法》、1991 年《金融服务（受管计划）规定》、1997 年《开放式投资公司条例》、《2000 年金融服务和市场法案》等。与美国类似，英国对私募股权投资基金的监管也主要集中在资金募集①、管理人资格②、记录保持和信息披露、反欺诈以及内部交易等方面。

3. 日本 PE 监管立法的变迁

日本的投资基金起源于第二次世界大战后。1941 年 10 月，野村证券公司正式开办投资信托业务，但一直没有相关法律规范。战后，日本政府在美国占领当局的监督指导下于 1951 年颁布实施了《证券投资信托法》，这是日本 PE 行业监管的法律基础，它与后来 1986 年颁布的《证券投资顾问业管理法》一起成为日本监管 PE 行业的主要法律。构成日本投资基金监管法律体系的其他相关法律还有：1948 年颁布的《证券交易法》、1922 年颁布的《信托法》和《信托业法》等。

---

① 《2000 年金融服务和市场法案》将统一监管各金融市场职责赋予金融服务局（FSA），并由其成立了另类资产投资部（Alternative Investment Department）。该法对私募形式的非证券类投资基金并没有提出登记要求，只有当私募股权投资信托（PEITs）或者离岸信托需要上市公开发售时，才需要向 FSA 报批。

② 《2000 年金融服务和市场法案》第 8 章第 40 条和第 10 章第 51 条，对被管制的资产管理和集体投资商业行为和相关豁免作了定义，豁免条件主要体现在对投资者的类别定义和对"传播、广告"方式的限制上。以自由资金而非第三方资金进行投资的基金管理机构不必向 FSA 备案。金融服务局的监管手册对集体投资体系的批准和运作制定了一些规定，主要分为三个方面：总体准则、细节准则和商务准则。总体准则主要规定了企业的义务，对企业总体的管理控制体系作了规定和指引，比如高官的职责分工等。细节准则规定了企业资本规模等。以产业投资基金为例，大多产业投资基金因为采用了集体投资的形式，而被豁免资本规模的要求。商务准则规定了反洗钱制度、培训和资格制度、商业道德规范等。

《证券投资信托法》颁布后，分别于 1952 年、1953 年、1962 年、1965 年、1967 年、1981 年、1985 年和 1989 年进行了多次修订，其主要内容有：委托人与受托人的定义与职能，委托公司设立的程序，委托公司的章程与业务范围，信托契约的内容，证券投资信托协会的组织和职能，证券投资信托受益者保护以及大藏省的管理职能等。

《证券投资顾问业管理法》颁布后，曾于 1988 年修订，其主要内容有：投资顾问的定义，投资顾问公司登记，投资顾问契约，投资顾问业务范围与禁止事项，国外投资顾问经营者，衍生金融工具交易，证券投资顾问业协会，各项罚则以及大藏省的监管职责等。

1991 年，日本成立 OTC 的最高形式系统 JASDAQ，成为中小企业以及创新型企业 IPO 的另外一个重要市场。1994 年解除阻碍风险投资公司参与风险企业经营管理的《禁止垄断法》，以及 2000 年在大阪建立 NASDAQ 日本市场等。这些政策对投资体系的市场环境进行了改善，直接促进了产业投资行业的快速发展。

《证券交易法》颁布后，也曾进行过多达 40 余次的修订，其内容主要有：证券募集与销售，证券购买与交易，证券公司业务范围，上市公司及其信息披露，违规罚则，证券业协会与证券协会联合会，证券交易所的组织与职能等。《信托法》颁布后，曾于 1979 年修订，其主要内容有：信托的定义，受益人与受托人的权利和义务，各种信托财产的管理与处分，公益信托等。

《信托业法》颁布后，曾于 1985 年进行修订，其主要内容是：信托公司组织结构与业务范围，营业许可，资金运用，财务报告，业务报告书，违规罚则等。

4. 中国台湾地区 PE 监管立法的变迁

台湾地区的基金业出现于 20 世纪 80 年代初期。1983 年台湾地区颁布了"奖励投资条例"和"创业投资事业管理规则"，对创业投资实行 20% 的投资抵扣优惠政策，吸引民间资金从事创业投资。台湾当局于 1984 年颁布了"证券投资信托基金管理办法"和"证券投资信托事业管理规则"，分别对契约型基金和基金管理公司进行了规范，它们构成了台湾地区当局监管基金业的基本法规。相关的法规还有："证券交易法"、"证券投资信托事业发行受益凭证编制公开说明书应行记载事项"、"有关证券投资分析人员暨证券商业务人员测验之规定"、"共同信托基金管理办法草案"等。

"证券投资信托基金管理办法"的主要内容是：基金保管机构，信托契约，基金管理公司募集基金程序，受益凭证发行计划，公开说明书，受益凭证应记载的内容，投资限制，关联人，基金计价，收益分配，证券管理委员会对基金的监管职责等。"证券投资信托事业管理规则"的主要条款内容是：基金管理公司申请核准，登记注册，基金管理公司的业务范围，董事，监察人，经理人，持有人，关联人，信托契约，公开说明书等。

"证券交易法"1968年颁布后，曾于1988年修订，主要条款有：有价证券的募集、发行及买卖，证券承销商，证券自营商，证券经纪商，证券商同业公会，证券交易所，仲裁，罚则，"财政部"的监管职责等。

1988年颁布的"共同信托基金管理办法草案"主要内容是：规定投资信托公司、银行信托部均可发行共同基金，并且投资目标不限于股市，投资地区也不限于岛内。

1994年台湾地区批准设立证券柜台买卖中心（OTC），成为中小科技企业在资本市场融资的主要平台和创业资本的主要退出渠道。

5. 发达国家（地区）PE监管立法的共同点

综观各国基金立法，虽然由于各国基金发展的时期和阶段不同，有关法规的完备性、权威性不同，但由于其目的都是为了保护投资者和市场参与各方的正当利益，为了管理和规范基金行业，促进基金行业的健康发展，因此有关基金监管的法律法规的主要内容有一些共同点，主要包括：

（1）明确规定了对基金实施监督和管理的政府部门

例如，美国基金的政府主管部门是美国证券交易委员会。按照《1934年证券交易法》规定，美国证券交易委员会不受美国总统的干涉，独立行使职权，对投资基金和全国及各州的证券发行、证券交易所、证券商等市场主体根据法律行使全面管理和监督的权力。中国香港特别行政区政府主管基金业的部门金融管理局（隶属特别行政区财政司）则根据有关条例把监管基金的责任和权力全部交给中国香港证券及期货事务监察委员会。

（2）规定必要的投资限制

将单个投资者较小的资本集合成一个庞大的资本，利用大资本的分散投资来化解单个投资者可能遇到的投资风险，是 PE 应该有的一个重要功能。但由于道德风险的存在，基金管理人可能严重地破坏这一功能。为了能有效地保障投资者的利益，维护基金资产的安全性、流动性，实现基金的投资目标，在各国（或地区）的基金立法中都对投资基金投资的对象、数量、比例及其运用方法作了各种限制，以规范基金管理人的投资行为，促进 PE 行业的健康发展。

（3）明确了对投资基金托管人、管理人的监管规定

投资基金是一种建立在信托基础上的集合投资制度，其委托—代理的关系较为复杂。数目庞大但十分分散的投资者通过购买投资基金发起人发行的基金证券，将资金聚集成一笔巨大的资本委托给基金管理人来管理运营，同时按照信托原理，这笔资金由托管人来保管。因此从这种结构中可以看出，基金管理人和托管人居于投资基金制度中实际控制地位，对投资基金的监管，主要的就是对投资基金管理人和托管人进行监管，以防投资基金的管理人和托管人运用这些基金为自己谋取不正当的私利，从而损害投资者的应有利益。

英美两国对非证券类投资基金的监管都是以行业自律为主，但进一步比较会发现，美国对非证券类投资基金的监管是一种高度法治下的行业自律，而英国的行业自律则没有立法作后盾，监管力度相对较弱。值得注意的是，两国非证券类投资基金的法律框架虽然存在很多差异，但是在监管中都强调了对投资者的利益保护，要求信息披露，并针对欺诈和内部交易制定了防范和惩罚措施。

（4）明确了证券的定义，并将私募基金份额归类于证券

例如，美国 1933 年《证券法》对证券作了相当宽泛的定义[①]，根据这一定义，私募基金份额是证券的一种，从而确定了相应的监管部门。

（5）明确对投资者利益的保护

既然私募基金份额是证券的一种，那么基金份额持有人就得到了《证券法》的双重保护。美国《证券法》对私募基金投资者的保护体现在

---

① 证券指任何票据、股票、库存股票、债券、公司信用债券、债务凭证、盈利分享协议下的权益证书或参与证书、以证券作抵押的信用证书，组建前证书或认购书、可转让股票、投资契约、股权信托证、证券存款单、石油、煤气或其他矿产小额利息滚存权，或一般来说，被普遍认为是"证券"的任何权益和票据，或上述任一种证券的权益或参与证书、暂时或临时证书、收据、担保证书，或认股证书，或订购权或购买权。

两个方面：一是如果采用私募方式募集资金，可以豁免按 SEC 要求的内容与格式办理注册，但并不豁免联邦证券法其他内容，尤其是反欺诈条款的规定。二是如果采用公募方式募集资金，就需要接受与上市公司相同的监管。例如，KKR 2006 年 4 月在阿姆斯特丹交易所 IPO 募集的 50 亿美元资金。美国的《证券法》将私募股权投资基金份额纳入证券范畴，从而使得投资者受到了《合同法》和《证券法》的双重保护。由于《合同法》强调契约双方是平等主体，而《证券法》的立法点即默认投资者的信息不对称的弱势地位，因此格外偏向投资者。在欺诈的认定、举证责任以及处罚上，前法比后法更能保护投资者的利益。

（6）着重以基金管理人为监管对象

美国对基金管理人的监管主要体现在管理人资格注册、记录保存和信息披露、反欺诈以及内部交易等方面：①管理者资格和注册[①]。《1940 年投资顾问法》规定，除某些特例外，任何以向他人有偿提供证券投资咨询建议为业的公司或个人必须向美国证交会进行登记注册。②记录保存和信息披露[②]。1996《促进法》要求 SEC 建立免费电话，方便投资者了解投资顾问的不良记录。此外，1996 年《促进法》还扩大《1940 年投资顾问法》中 SEC 的索取权，以使基金保存档案，以备"证交会"调查所需，并要求基金增加《股东报告》所包含的信息。③防止欺诈和内部交易。为了避免投资公司欺诈客户和内部交易，《1940 年投资顾问法》作出了明确规定[③]。1996 年的《促进法》还规定不管投资顾问在哪里注册，无论是 SEC 还是州监管机构都有权对其提起反欺诈诉讼。

---

① 《1940 年投资顾问法》第 203（b）（3）条规定，在过去 12 个月内客户数目少于 15 名，未以投资顾问身份出现在公众面前，同时均未为任何根据《1940 年投资公司法》而登记的投资公司或企业发展公司担任过顾问的任何投资顾问均可以免予注册；第 208（a）条规定，任何按照该法注册的投资顾问均不得以任何方法明示或暗示该投资顾问得到了美国政府或相关机构的保证、推荐或批准，或该投资顾问的资格或能力得到了美国政府或相关机构的认可。

② 《1940 年投资顾问法》第 204 条规定，任何投资顾问，除非符合第 203（b）条款的豁免条件，在通过邮件或其他方法从事投资顾问业务中，必须在一定期限内保存相关记录，并且在 SEC 的要求下随时提供。因此，该条对于那些符合条件的私募股权基金管理公司而言，实际上并没有实质性的信息披露要求。

③ 《1940 年投资顾问法》第 206 条规定，任何投资顾问公司不得以邮件或其他任何方式联系客户，直接或间接地进行任何以下活动：欺诈现有或潜在客户、将自己所持有证券卖给客户、为自己购买客户所持有的证券、为除该客户之外的人做中介业务等（除非在此之前以书面形式向客户披露自己的中介角色，并得到该客户的许可）。此外，《1940 年投资顾问法》第 204（a）条款规定，任何投资顾问公司都必须建立和执行书面的制度，防止基于内部信息的非法证券交易。

第六章 全球私募股权投资基金的发展及其监管变迁

英美等国政府集中监管模式的形成是在具体条件下长期实践的产物，因此，我国对非证券类投资基金的监管模式的选择和确立，必须结合非证券类投资基金产业的发展水平，并与政治制度和法律背景相适应[①]。

（二）行业自律模式下的 PE 监管架构

行业自律是指通过成立行业协会，以自律监督为主的自觉性监管措施。事实上，除了政府层面的立法规范、执法监督和司法保障外，各国和地区的基金业同其他行业一样，都成立了自己的行业自律组织，以致力于本行业的发展和完善，行业自律监管是对政府集中监管的有效补充。

由于 PE 行业的专业性比较强，再加上金融技术创新、工具创新和产品创新的不断涌现，使得这种行业自律组织的作用也愈加突出。总的来讲，PE 行业的组织的主要功能为"实施行业自律，促进行业健康发展"。PE 行业的组织根据自己的行业守则和规则对进入 PE 行业的企业和从业人员的经营、行为操守等进行监督规范，以便更好地为投资者服务，促进 PE 行业的良性发展，在本行业和本行业的政府主管部门间起沟通作用。从各国监管实践的发展历程来看，虽然都是 PE 行业的自律组织，但由于历史传统的不同和规模大小的不同，各地自律组织的名称、结构等也各不相同。

1. 美国 PE 行业的自律监管

美国《1940 年投资公司法》颁布之后，1940 年 10 月，参与起草投资公司法的代表们在纽约成立了一个名为国家投资公司委员会（National Committee of Investment Companies，NCIC）的行业自律组织，并在 SEC 的协助下制定了基金业的行业规划和共同守则，同时来协助 SEC 执行新颁布的基金法规。成立之初，机构会员不多，管理基金资产约 21 亿美元。随着委员会活动的增加，1941 年 10 月 NCIC 被更名为国家投资公司协会（National Association of Investment Companies，NAIC）。NAIC 在 1943 年开始实施第一个公共信息项目，并于次年开始收集统计行业数据。

[①] 根据 Hart（1986）的不完全契约理论，由于个人的有限理性、外部环境的不确定性以及信息不对称，存在各种交易成本，契约必定是不完全的。事实上，在 PE 的运作过程中，投资者与基金管理人、基金管理人与企业之间的契约也正是具有如此特性。由于基金管理人在整个资金流通过程中起着承上启下的作用，而监管也是有成本的，因此，对私募股权投资基金的监管集中到对"主角"的监管是在监管成本一定的条件下最能有效监控风险源头的策略。

为了区别于全国证券商交易协会（NASD），1961 年 NAIC 再一次更名为投资公司协会（The Investment Company Institute，ICI），并在这一年首次发表年度白皮书和欢迎共同基金的承销商以及投资顾问成为 ICI 会员。1970 年 ICI 迁往华盛顿特区，1985 年单位投资信托被接纳为 ICI 会员。截至 2000 年，ICI 的机构会员管理着大约 6 万亿美元的基金资产。它所起的主要作用是：负责与 SEC 联络，反映 PE 行业的意见和建议；监督基金法规的实施。通过实施行业自律规则，提高从业人员的职业操守水平，督促会员严格执行有关法规，以维护和促进 PE 行业的健康发展；整理行业数据，规划行业发展。

1973 年，美国成立了全美创业投资协会（National Venture Capital Association，NVCA）。1996 年 NVCA 发布了《美国风险投资协会交易标准》，用于规范从业人员的职业标准，该标准借鉴了《联邦证券交易法》、《投资顾问法》和《全美证券交易商协会规则》等法规所包含的原则。这些职业标准包括：会员应对经济发展抱有长远眼光并对创投行业进行长期投资，不应参与短期的投资活动；会员应向其投资者充分披露运营及财务报告；普通合伙人和有限合伙人之间应进行公平交易；普通合伙人不得利用其他地位获得不恰当的利益；对于合伙人及其雇员在交易商有具体限制措施；建立内部监控委员会任命内部合规负责人，对职业准则和道德规范的实施情况进行监控，避免利益冲突的发生。

2. 中国香港 PE 行业的自律监管

香港 PE 行业的行业自律组织是香港 PE 公会。香港于 1986 年 5 月成立了投资基金的行业协会——香港单位信托基金公会后，于 1993 年改称为香港投资基金公会。公会的大部分正式会员是基金管理公司，同时还设置联席会员（或称附属机构），吸收与 PE 行业有密切关系的专业机构，如会计师事务所、律师事务所等。投资基金公会的领导机构为委员会，委员会由 12 名委员组成，其中 8 名由管理基金规模在前 8 名的基金管理公司自动担任，其余 4 名由会员选举产生。委员会设主席 1 名，定期开会研究公会行动计划，评选表现较好的基金。香港投资基金公会现有 46 家基金公司会员，另有约 50 家包括信托人、会计师及律师等专业机构为附属机构。

为了充分发挥业内自律的作用，促进基金业为投资者提供优质服务和维护投资者的权益，树立基金业的良好声誉，香港投资基金公会制定了基金行业《执业守则》。作为基金行业职业道德和业内自律的准则。该守则虽无法律效力，但如果违反该守则，将会受到公会纪律处分，难以在该行业立足。

3. 加拿大 PE 行业的自律监管

加拿大不存在一个全国性的基金监管法规和政府监管机构，只有一个行业自律组织——加拿大投资基金协会在起主要的管理作用。加拿大投资基金协会原称加拿大共同基金协会，成立于 1962 年，是一个代表加拿大境内共同基金经理、承销商和相关的专业机构（如律师事务所、会计师事务所等）的行业组织。

加拿大投资基金协会从成立开始，作为一个行业性协会对于扩大基金业在加拿大整个金融业中的作用和影响起到了十分重要的推动作用。它通过对加拿大政府有关法规和政策的咨询，客观上起到了协调全加拿大基金业发展政策的作用；通过对本行业业务规范的研究和监督，促进了基金行业的自律性管理，保证了加拿大基金业整体运作的稳健性和行业声誉，促进了对基金投资者利益的维护。在其成立的 30 年后，随着加拿大基金业的迅速发展，协会所代表的行业的规模和责任也相继扩大，共同基金协会在 1992 年改组并更名为"加拿大投资基金协会"（Investment Funds Institute of Canada，IFIC）。在这次改组中，首先将零售商作为享有投票权的会员，这也是世界上唯一采取这种政策的协会组织。因此，该协会已代表加拿大涉及基金业的所有机构，包括独立和综合性的基金管理公司，经营基金的银行、信托公司、保险公司，基金证券的承销商、零售商等。

4. 发达国家（地区）PE 自律监管的作用

总体来看，在长期的实践中，这些发达国家和地区 PE 自律协会在规范和引导 PE 产业上发挥了三个主要的作用：

（1）建立了针对各国产业背景所需的职业标准和道德准则

美国的全美创业投资协会于 1996 年发布了《美国风险投资协会交易标准》，用于规范从业人员的职业标准，这些职业标准包括：会员应对经济发展抱有长远眼光并对创投行业进行长期投资，不应参与短期的投资活动；会员应向其投资者充分披露运营及财务报告；普通合伙人和有限合伙人之间应进行公平交易；普通合伙人不得利用其他地位获得不恰当的利益；对于合伙人及其雇员在交易上有具体限制措施；建立内部监控委员会或任命内部合规负责人,对职业准则和道德规范的实施情况进行监控,避免利益冲突的发生。该标准借鉴了《联邦证券交易法》、《投资顾问法》和《全美证券交易商协会规则》等法规所包含的原则。

加拿大创业投资协会（Canada Venture Capital Association，CVCA）将规范行业操作作为重要工具之一,于2004年通过了《职业准则实践指导》,旨在规范协会会员与其他会员、投资者、资产管理公司、政府及公众之间的行为。具体包括在商业交易中保持职业、公正、诚信的行为准则,保持高标准的道德规范；会员不得参与有损于整个创业投资和PE投资行业信誉的活动；会员应熟悉并遵守相关的行业法规,包括保密协议和反洗钱规定；会员应为投资者提供定期的财务报告等。

(2) 代表行业参与者与监管部门沟通

国外PE协会还代表行业的利益积极与政策制定者进行沟通,为行业的发展创造更为有利的政策法规环境。以美国为例,全美创业投资协会一直代表行业与美国政府进行沟通,主要是呼吁政府建立有利于高风险企业的管理条例、改革税制和法律构架、推行有利的外贸政策。例如,2003年该协会联合其他机构,针对FASB会计准则中对当年的股票期权费用化的做法提出建议,最终促成中小企业延期1年实施该准则。又如,针对SOX法案404条款,该协会也力促美国中医院小企业委员会宣布中小型上市公司延期1年执行该条款,有助于减轻中小型上市公司的监管负担。

在加拿大,推动有利于行业的税收制度也是PE协会的主要工作之一。2007年3月,加拿大创业投资协会说服加拿大财政部通过两项法案:一是将"美加两国收入税协定"的适用范围从原先的"居民"扩大到"居民和有限责任公司",使在加拿大从事创业投资的美国公司能够享受收入税的优惠,从而能更好地吸引美国创投企业到加拿大投资；另一法案是政府放宽对中小企业到伦敦交易所另类投资市场上市融资的限制,拓宽成长型中小企业融资的渠道。

(3) 给行业参与者提供内部交流平台

每个行业都有自己的组织,该组织的内部成员都可以在这个平台上实现资源共享,PE行业协会也不例外。欧美PE协会一般都下设各类委员会,如全美创业投资协会下设7个专业团体、英国私人股权和创业投资协会下设8个专业委员会、欧洲私人股权和创业投资协会下设7个委员会、加拿大创业投资协会下设14个委员会。这些委员会分门别类，如按行业划分（如生物医药、清洁能源等），也按专业领域划分（法律、财务、税收、人力资源等），还有按不同职能划分的（如政府关系、投资者关系、企业家联盟等）。会员可以根据自己的需要参与专业委员会，或借助专业委员会与业内其他会员沟通。此外，协会还提供会员所需的统计数据和分析报告，以备会员对所在市场进行研究。对于新入会的会员，协会还提供行业内可标准化的文件与技术，如合伙协议、估值方法、专业术语等。

（4）维护PE行业的利益

行业协会是整个行业的代表，因此协会应该把行业利益最大化作为协会的立足点。单个的会员力量较小，但是通过行业协会向监管机构申诉时其影响则会扩大很多。以美国私人股权和创业投资协会为例，协会专门成立的税收、法律和技术、法规委员会与英国和欧洲其他国家PE的相关监管机构进行及时有效的沟通，并将沟通的结果和对行业影响较大的相关政策与会员及时交流。协会所提供的专业服务，促进了英国整个PE行业的快速发展。

从上述这些国家的实践经验来看，PE协会的发展对推动PE行业的发展起到了不可替代的作用。这些经验对于我国PE行业协会的定位以及行业自律监管模式的最终形成，都具有极强的借鉴性和可行性。

（三）市场化监督模式的PE监管

市场化监督模式是指以公信机构监督、基金治理结构优化等为主要内容的一系列市场化监督措施的总称。在美国、英国等发达国家，PE的监管除了来自政府的相关法规和来自行业协会的自律规则外，来自公信机构的监督以及PE自身的治理机构优化等市场化力量也是PE监管的重要组成部分。

1. 公信机构的监督

所谓公信机构，是指由政府主管或监管部门，或者是公认的权威组织认可的独立机构。这些机构为信用社会提供可供信赖的结论，是市场经济的重要支撑力量。例如，会计师事务所、律师事务所等就是这样的机构。习惯上称它们为中介机构，这其实是一种不恰当的称呼。因为所谓中介机构是指为产品或服务交易的双方牵线搭桥、便利成交的服务者，它对双方的责任是等同的。如证券交易的经纪人、房产经纪人等都是这类机构。但会计师、律师是一种特殊的职业,他们的工作不仅仅是简单的服务,而更具有维护社会诚信的使命,是社会公信力的代表,他们对使用其出具结论的一方负有更大的责任。

公信机构在美国基金业的发展中起到了重要作用。美国基金业诚信传统的维护,得益于美国会计师事务所和律师事务所等这些专业公信机构的紧密合作。因为可信赖、准确、及时的信息是基金市场的基础,投资者需要以那些高质量的信息为基础来作出自己的投资决策。如果信息不能被准确、及时的披露,或者是披露了错误导向的信息,市场将会逐渐消亡。美国安然、世通、施乐等公司的财务作假事件从反面说明了像会计师事务所这样的公信机构在公开资本市场中的重要性。当然,经济全球化、金融国际化以及信息技术的发展使得会计专业的独立性受到越来越大的挑战。如何解决像安达信这样的世界一号会计师事务所都丧失了独立性的问题,重新树立人们对公信机构的信心,已成为包括美国在内的许多国家面临的一大课题。

对于美国基金业而言,还有一类特殊的公信机构在其发展中起到了重要的社会监督作用,那就是共同基金评估评级机构。之所以也称它们为公信机构,主要是因为它们赢得了美国基金投资者、基金管理人和 SEC 投资公司部的信任和重视。据了解,美国共同基金 80% 以上的投资会受到晨星公司基金评级结果的影响,没有一家基金管理公司现在敢于忽视基金评级公司的评级。美国基金评级机构虽然在设立上并不需要有关部门的特别许可,只要不违法,原则上任何个人、任何机构都可以从事基金评级业务。但由于严酷的市场竞争和有限的市场容量,美国基金市场上目前只有 3~5 家进行基金公开评级的大公司。此外,还有少数专为养老基金等机构投资者提供特殊服务的非公开的基金评级公司。

美国基金评级机构在推动美国基金业健康、快速发展的过程中发挥了重要作用,这些作用集中表现在普及基金知识、帮助投资者理性投资、促进基金信息的有效传播与利用、发挥对基金管理公司的监督、提高投资者对基金投资的信心等方面。目前,基金评级公司对共同基金业发展的影响越来越大。基金评级公司已一改过去从属、被动的市场地位而日益强大起来。过去基金评级机构在收集基金数据时往往"有求于"基金公司,而如今,基金评级公司已能够利用自己的市场地位,以自己的格式和标准要求基金提供数据。基金公司已开始广泛引用基金评级公司的评级结果作广告宣传。

2. 基金治理结构的优化

现在,治理(Governance)一词常被引入对现代企业制度即公司制度的研究中,也就是所谓"公司治理结构"(Corporate Governance)。公司治理结构是一个非常宽泛的概念,通常意义上讲,公司治理结构的核心问题是通过选择恰当的契约安排来实现剩余索取权和控制权的对应,它往往被描述为协调股东和其他利益相关者相互关系的一种制度安排,涉及决策、控制、激励等方面的活动内容,并用以支配若干在企业中有重大利益关系的群体(如投资者、经理层、雇员)之间的关系。

这里所说的"基金治理结构的优化"与公司治理稍有区别。由于基金的组织构成有公司型和契约型两种:对于公司型基金来说,基金本身就是公司,基金治理就是基金本身的公司治理;而对契约型基金来说,基金本身不是公司,它是一种用信托契约来实现的委托投资形式,其主动权和控制权主要在基金管理人。因此,契约型基金的治理包括两层含义:一层是指对契约三方(投资者、托管人和管理人)之间的治理;另一层是指管理人本身的公司治理。

(1) 美国共同基金治理结构的优化

美国绝大多数投资基金都是共同基金,即开放式公司型基金,它的治理主要就是指它本身的公司治理,而不是指它的管理人(投资顾问)和保管人的公司治理。美国共同基金治理结构优化的突出特点和成功经验是在投资公司中引入了独立董事制度,以独立董事制度为轴心的基金治理结构被认为是保证美国基金业成功的基础。ICI 主席 Matthew P. Fink 曾明确表示:"自 1940 年以来,这一行业(共同基金业)的规模从当初的 4 亿美元发展到今天的 5.5 万亿美元,但还没有发现一例大的自我交易的丑闻。我想这正是独立董事阻止了这种事件的发生。他们是投资者的保护神。他们关注利益冲突,许多的利益冲突之所以没有发生,是因为基金经理不敢在大多数成员是独立董事的董事会的眼皮底下进行。"实践表明,美国共同基金治理结构设计中的独立董事制度对美国投资者利益的有效保护起到了十分重要的作用。独立董事的"看家犬"功能,使其以最小的代价有效地服务了投资者,也成功地保证了这个行业 60 多年来没有出现重大的丑闻事件。

美国共同基金独立董事制度尽管已经有几十年的发展历史，但一直到今天，这项制度仍然在不断完善当中。1999年2月，美国SEC举行理论界及业界人士参加的圆桌会议，专题讨论独立董事的合适作用和具体职责。与此同时，ICI成立了一个专门小组，对投资公司独立董事、基金管理人代表、前SEC官员、财务和法律界代表、著名经济学家等各方面广泛征求有关独立董事作用的意见。美国国会在2001年2月颁布实施了《关于〈1940年投资公司法〉共同基金独立董事有关条款的修正案》突出了独立董事的作用，以进一步优化投资公司的治理结构。

（2）澳大利亚的契约型基金治理结构优化

与美国公司型的共同基金不同，契约型基金本身并不是一个独立的实体，没有相应的组织体系，因此并不存在基金的董事会。目前某些契约型基金所设立的独立董事制度并不是其治理结构的必要结构，而只是在它发展到一定阶段以后，为了改善其治理安排而在基金管理人的内部所增设的附属性架构。从目前各国的实践来看，主要是那些实施以管理人为核心的基金的治理中增设了独立董事。由于在这一类的基金治理架构中，基金持有人缺乏实际的利益代表，而管理人身兼多职，易于导致管理人侵害持有人的利益。针对这些问题，独立董事制度便在这类契约型基金中应运而生，并在实践中取得了一定的成效，从而在一定程度上弥补了原有架构设置的不足。

最为典型和极端的是澳大利亚的信托型基金。其契约型投资基金近年来为了降低基金的运营成本，竟然将受托人和基金管理人进行了合并，这种安排在降低治理成本的同时，却牺牲了治理效率，使管理人处于一权独揽、无人监管的境地。正因为如此，澳大利亚监管当局采取了权宜措施，要求基金管理公司董事会中必须设独立董事，以加强对基金管理人的监督。当独立董事不足50%时，还要设立一个专门的监察委员会，委员会成员必须半数以上为独立委员。

3. 投资者资产损失补偿和保险机制

基金监管的首要目标是保护基金投资者的正当权益，维护投资者的投资信心。但市场是无情的，偶然或个别的失败总是难免的，并不能保证基金管理人不会因某种原因而破产，从而使基金投资者遭受不可预料的损失。如何解决这一问题，在美国有比较成功的经验，那就是通过建立投资者资产损失补偿和保险机制来保护投资者。在美国除了有依据

1970年《证券投资者保护法》而建立的证券投资者保护公司（Securities Investors Protection Corporation，SIPC）和其他类似的商业保险外，对基金投资者来说，还有共同基金行业的独特的保险提供者即投资公司协会共同集团（ICI Mutual Group）来提供资产损失补偿和保险。美国《1940年投资公司法》、《1940年投资顾问法》和 SEC 的规则都要求，共同基金及其投资顾问必须为所有有机会接触基金证券和现金的经理以及雇员购买诚实保险（Fidelity Bond），目的是用于补偿因雇员损失、不诚实、欺诈或偷盗而给投资者造成的资产损失。即使这种损失直到雇员解除雇佣关系后还未被发现，保险仍然有效。

1987年，由美国投资公司协会（ICI）发起，各投资公司参股组建了专门为共同基金行业提供保险的保险公司——投资公司协会共同集团（ICI Mutual Group）来满足共同基金和投资顾问的需要。共同集团的成立和运作为美国共同基金市场带来了稳定性。共同集团为基金、投资顾问、登记公司、董事、经理和一般雇员提供保险。保险价格取决于被保险者的风险水平。对类似的风险给予类似的保险费率。如果风险过高，保险申请将被拒绝，所以保险费率在一定程度上反映了被保险基金的风险管理水平。为了促使参加保险的基金加强风险控制，共同集团利用自己丰富的信息资源（如拥有有关欺诈行为的数据库），经常向被保险的基金发放"风险警示"信息、召开风险管理年会等。在某种程度上，共同集团为美国基金业提供了一些规范行业的标准。

近年来，美国其他类型的保险公司也已较多地涉足类似共同集团为证券和基金提供的这种保险业务。因此，这已不仅是监管上的要求，而且也已成为市场的必需。例如，基金董事会通常要求获得董事和经理保险以及错误和遗漏保险。为独立董事与基金管理人发生诉讼时提供保障，从而保证独立董事的独立性和有效性。由于这种诉讼在美国极端昂贵，有时甚至会使个人破产，所以，如果缺少足额的保险，就会降低独立董事大力维护基金股东利益的积极性。

（四）发达国家（地区）PE 监管政策的基本特点

1. 三种 PE 监管模式各有优缺点

总体上看，发达国家（地区）针对 PE 的三种监管模式各有优缺点。

以自律为主的传统金融监管模式的优点是具有较好的可伸缩性和可

理解性，并且政府监管成本低。其缺点有三：一是自律组织缺乏权威性、独立性、统一性；二是由于法律完备性较差，使得监管乏力；三是最好历史上就有自律的传统才能较好地发挥这种模式的作用。

从整体上看，以强化立法为主的集中监管模式要好于以自律为主的监管模式。其优点是法律健全、可执法性和权威性强，缺点是法律刚性大、容易滞后，对具体监管工作中的新情况新问题的处理须依赖执法者的判断和裁决。

正是由于存在以上的优缺点，近年来以上两种传统模式都正在或已经相互靠拢。英国在继续发挥自律传统的同时，加强了有关立法和国家层面的管理，从而逐步形成了在立法框架下的集中统一的自律管理新体系。而美国在不断完善立法和执法机构的功能的同时，为应对基金市场不断增加和日益复杂的创新形势，更加重视自律组织美国投资公司协会（ICI）的作用以及优化基金治理结构的基础性作用，逐步形成了以立法、政府监管和自律管理并重的综合监管新体系。

2. 奉行保护投资者的监管理念

从监管理念上看，不论是美国体制，还是英国体制，其监管的出发点和首要目标都是为了保护投资者利益，尤其是中小投资者的利益。因为投资者是市场存在的基础，没有了投资者，也就没有了市场。

3. 强化信息披露是主要的监管内容

从监管内容上看，基金信息披露是美国体制中监管工作的核心内容。这种强化对基金真实信息的披露措施，既维护了市场效率，又有效地保护了投资者利益。美国1933年《证券法》明确规定了基金募集方式的管理办法：如果基金以私募方式募集资金，可以豁免按 SEC 要求的内容和格式办理注册，但其他内容并不豁免；如果采用公募方式募集资金，就需要接受与上市公司相同的监管。例如，英国金融服务局（FSA）成立了另类资产投资部，监管范围就包括 PE。根据《2000 年金融服务和市场法案》，对私募形式的 PE 并没有提出登记要求，只有当 PE 信托（PEITs）或者离岸信托需要上市公开发售时，才需要向 FSA 报批。

总体来看，2008 年金融危机前美国 PE 业监管模式是法律约束下的自律模式，主要特征是注册豁免；英国 PE 的监管模式以行业自律为主、法律监管为辅；日本 PE 的监管模式以政府监管为主，政府设立证券局集中行使监管权，仅允许构建信托方式的组织形式、对投资资金的投资范围有严格规范。这种转变与各国金融工具的不断创新紧密相关。

第三节 2008年金融危机后的PE监管改革趋势及其启示

一、2008年金融危机后国际金融监管改革新动向[①]

2008年金融危机以来,美国和欧盟分别就金融监管改革提出了方案,革新了传统上对于金融监管的认识,也将引领各国金融监管改革的新范式。新的金融监管改革方案也改变了各国对私募股权投资基金监管的态度,美国和欧盟均表现出加强监管的趋势。但从目前的情况来看,这些改革趋势还存在较大争议:一方面,不同国家对私募股权投资监管从功能监管为主转向机构监管为主存在异议;另一方面,私募股权基金与其他以对冲基金为代表的另类投资在性质上的差异,也使得一些监管当局对于加强对此类投资的监管持迟疑态度。

(一)欧盟金融监管改革方案

2009年5月27日,欧盟公布其对金融监管改革的方案——《欧洲金融监管》,并于2009年6月19日在欧盟领导人峰会上获得通过。该方案旨在通过分别建立"宏观审慎监管机构——欧洲系统性风险管理委员会"和"微观审慎监管机构——欧洲金融监管机构体系"来加强在欧盟统一框架下的监管。其中,欧洲系统性风险管理委员会负责监测整个欧盟金融市场上可能出现的系统性风险,欧洲金融监管机构体系则主要负责协调、加强成员国在银行业、保险业和证券业方面的监管。欧盟的金融监管改革方案更多地是提供了一种监管框架上的修改,重在重新分配监管权力和范围,目的在于提高监管体系的效率。该方案对于监管内容没有特别涉及,但对于不同监管机构的监管内容提出了设想。其主张由欧洲金融监管体系和各国的监管机构负责对具体机构或行业执行双层监管。对于具体行业监管的标准,该方案并没有给出说明。因此,该方案对私募股权投资等另类投资的影响,还需要依赖欧盟对该类投资的态度。

(二)欧盟领导人峰会公报

2009年6月18~19日,欧盟领导人在布鲁塞尔召开峰会讨论相关议

---

① 颜慧. 私募基金监管:国际调整与我国的制度选择 [J]. 中国金融,2009 (23).

题，会议最后发表公报，提出了本次峰会所形成的系列共识。在"构建金融市场新秩序"一项中，公报提到欧盟提倡加强对私募股权投资等另类投资的监管。目前，对于如何进一步监管另类投资以及如何调整当前的监管法律法规，在欧盟范围之内仍然没有形成一致意见。但欧盟的这一理念可能会率先影响各成员国对另类投资监管政策的调整。

（三）美国的金融监管改革方案

2009年6月20日，奥巴马政府公布了其金融监管改革方案——《金融监管改革方案》。该方案旨在通过加强美联储的监管职能，实现对市场系统性风险的监控。该方案调整了美国对私募股权投资基金的监管政策，相关内容如下：

第一，新方案主张重新界定美联储的监管范围，赋予美联储对所有的一级金融控股公司的监管权力。关于一级金融控股公司的界定，新方案给出了几个主要的参考因素：企业倒闭对金融系统和整个经济体系的影响；企业规模、杠杆程度、对短期融资的依赖程度等因素；企业的风险程度对客户、其他企业以及政府的影响。根据上述标准，私募股权投资基金可能以第二类、第三类因素被纳入一级金融控股公司范畴，并接受美联储新的监管框架的监管。

第二，该方案第一部分F条款中提出，私募股权基金以及其他另类投资咨询公司，需要在美国证券交易委员会进行注册，并公布其管理资产的相关信息，以评价其是否对金融稳定构成威胁。新方案规定由美国证券交易委员会对该类基金进行常规的定期合规性检查。美国证券交易委员会与美联储共享投资基金的报告，但由美联储来评估决定投资基金是否构成一级金融控股公司。一旦美联储评估的基金满足一级金融控股公司条件，则美联储对该类基金就存在监管职责。美联储的监管权涵盖五个方面：资本需求、规范企业行为、企业流动性标准、系统性风险管理以及市场约束和信息披露。美联储有进一步增加监管内容的权力，但需要与美国证券交易委员会等微观审慎监管机构协商。美联储的监管与美国证券交易委员会不同，其重点在于通过监管降低这些基金对整个金融体系稳定性的威胁程度。当一家私募股权投资基金不符合一级金融控股公司条件时，则继续由美国证券交易委员会负责监管，美联储没有监管权。

（四）其他代表性观点

现任奥巴马政府"经济复苏顾问委员会"主席的戴维·沃尔克认为，对冲基金和私募股权基金有一整套的行为规则，其投资必须依赖银行提供信贷和服务，而通过对银行实施监管和风险管理，已经基本可以实现对大多数此类基金的间接监管，因此此类投资不需要接受和存款性机构一样严格的监督和管理。沃尔克主张，当对冲基金或私募股权基金超过一定规模时，需要按照要求进行登记，并履行有限的信息披露要求；当这些基金的规模大到一定程度时，政府才可以考虑对其实施资本金和杠杆比例的监管。

戴维·沃尔克在2007年为英国政府起草了《私募股权投资信息披露和透明度指引》。该草案虽不具备强制性，但代表了英国监管当局对未来私募股权投资监管的态度。按照该指引，大型私募股权基金公司及其风险投资成员公司需要进一步披露信息，私募股权基金公司应确保对有限合伙人的报告符合统一的格式规范，便于其监测、报告和估值现有投资。此外，私募股权基金公司还需要在保密基础上向英国创业投资协会提交上一年度的相关数据，包括基金募集数额、按交易价值计算的兼并和处置额、专业顾问费和其他与设立、管理基金有关的服务费等。

综上可见，国际上对私募股权投资基金的监管虽然并没有形成完全统一的观点，但"加强监管"显然已经成为各国PE监管的基本趋势。

二、金融危机下美国PE监管改革及其影响

在2008年金融危机后，美国政府在重新审视自由主义金融模式的同时，已经开始着手改革并完善整个金融监管体系，私募基金作为金融体系的一部分，也被纳入监管范围。2010年7月21日，美国总统奥巴马正式签署了自经济大萧条以来规模最大的金融改革法案《华尔街改革和个人消费者保护法案》》（又名《多德—弗兰克法案》，Dodd – Frank Act），标志着美国政府对华尔街大型金融机构的监管进入实施阶段。

该法案中的"沃尔克法则"（Volcker Rule）限制美国商业银行参与私募股权投资基金和对冲基金行业，并由此建立消费者金融保护局（Consumer Financial Protection Agency，CFPA），把目前分散于美联储、证券交易委员会、联邦贸易委员会等机构手中的涉及消费者权益保护的职权，统一集中到新成立的CFPA。CFPA主要有三大宗旨：一是帮助消费

者获取简洁清晰的信息，免受不公平及欺诈行为的侵害；二是帮助建立面向消费者的公平、有效及富有创新性的金融服务市场；三是提升消费者获取金融服务的能力。

(一) 美国私募基金监管改革的主要内容①

《多德—弗兰克法案》构成美国最大规模的金融监管改革，该法案将此前缺乏监管的场外衍生品市场、对冲基金、私募基金等均纳入了监管范畴。美国《金融监管改革法案》第四部分专门针对对冲基金和私募基金建立了若干监管规则，该部分又称《2010 年私募基金投资顾问注册法案》（*Private Fund Investment Advisers Registration Act of* 2010，下称《2010 年注册法案》）。

1. "沃尔克法则"下的量化约束

"沃尔克法则"的改革初衷并非直接针对美国私募股权投资行业，但其限制商业银行持有高风险资产、加强金融衍生品监管等举措对 PE 行业造成了间接打击，对大型并购基金的影响尤为深远。针对以私募股权投资为主的另类投资行业，"沃尔克法则"作出如下规定：

首先，限止商业银行拥有或投资私募股权投资基金和对冲基金，其投资到基金业务中的资金总额，不得超过银行一级核心资本的 3%。

其次，限制银行投资自有基金的法案在签署后 15 个月至 2 年内生效，银行需要在 2 年内执行，之后可申请 3 次为期 1 年的延期；对于私募股权投资基金、房地产基金等"低流动性"资产，还可再申请 5 年的延期。

再次，加强非银行金融机构的监管，大型私募股权投资基金、对冲基金及其他投资顾问机构，需在 SEC 登记、披露交易信息，并接受定期检查；如果此类机构具有特大规模或特别风险，将同时接受美联储的系统性风险监管。

最后，约束私募股权投资基金和对冲基金投资经理的收入，对其获得的附带权益（Carried Interest）征收更高的资本利得税，在现行 15% 的税率基础上，2011 年增加到 30%，2013 年将增加到 33%。

2. 对私募基金的定义

值得注意的是，在美国《金融监管改革法案》出台前，美国法律中没有对"私募基金"进行定义。而《2010 年注册法案》首次对"私募基

---

① 柏高原，李东光．私募基金监管立法：美国的经验和启示 [J]．法制与社会，2011 (3)．

金"进行了定义。根据《2010年注册法案》，私募基金是指通过发行基金成立的投资公司[①]。此处所指的投资公司就是《1940年投资公司法》所定义的投资公司。

3. 建立的私募基金管理人注册制度

新法案建立了私募基金管理人注册制度。按现行法律，如果（某个投资顾问）（1）在任何12个月的期间内，客户少于15名；（2）不担任"注册投资公司"或"企业发展公司"的投资顾问；（3）不以"投资顾问"的名义出现在公众面前，该投资顾问可被豁免按照《1940年投资顾问法》注册。而《2010年注册法案》通过取消投资顾问通常利用的豁免条款，从而使得大多数投资顾问（私募基金的管理人）必须进行注册[②]。

4. 私募基金管理人的信息报告义务

根据《1940年投资顾问法》第204条，任何投资顾问，除非符合该法规定的豁免条件，在通过邮件或其他方法从事投资顾问业务中，必须在一定期限内保存相关记录，并且在美国证券交易委员会（SEC）的要求下随时提供。因此，根据《1940年投资顾问法》，对于那些符合豁免注册条件的私募股权基金管理人而言，实际上并没有实质性的信息报告要求。然而，在《2010年注册法案》出台后，由于删除了《1940年投资顾问法》中有关私募基金管理人豁免注册的规定，从而私募基金管理人将必须依照《1940年投资顾问法》进行注册。因此，更多的基金管理人将不得不依据新法案进行注册，并遵循信息保存和报告的要求。

根据新法案，私募基金管理人有义务保存记录，并按照SEC的要求向其报告。其中，注册的私募基金管理人向私募基金提供的投资建议应被视为该私募基金管理人的记录和报告。法案规定了注册的私募基金管理人应记录并报告的信息内容包括：管理资产的规模、杠杆的使用以及表外杠杆的使用；交易对手的信用风险敞口；交易和投资持仓情况；估值政策和基金采取的实际做法；持有资产的类型；基金中部分投资者是否拥有较其他投资者更为优惠的权利或授权的单边安排或单边承诺；交易惯例；SEC和金融稳定监管理事会协商后，认为出于公共利益和投资者保护或基于系统性风险评估需要而要求私募基金管理人保存和报告的

[①] 2010年《华尔街改革和消费者保护法案》第402条对私募基金进行了定义。
[②] 2010年《华尔街改革和消费者保护法案》第403条规定删除此前的私募基金管理人豁免注册条款。

信息。法案还授权 SEC 和金融稳定监管理事会可针对不同类型的私募基金管理人，提出基于私募基金类别和规模的不同的信息报告要求。

此外，法案还对私募基金管理人信息保存和记录归档作出了专门规定。法案还要求 SEC 对私募基金管理人保存的记录进行定期和不定期的检查，法案还授权 SEC 可出于公众利益、投资者保护或出于评估系统性风险的需要随时组织对记录的额外的或专项的检查。

5. 对风险投资基金管理人的豁免

《2010 年注册法案》豁免了风险投资基金管理人的报告义务。法案规定风险投资基金管理人不必遵循法案关于注册的要求。为了法案的实施，SEC 应在法案颁布 1 年之内出台规定以明确界定"风险投资基金"。法案还同时规定，如果出于公共利益或保护投资者的目的，SEC 可要求风险投资基金管理人保存记录，并且每年向 SEC 提交报告。

6. 关于客户账户托管

《2010 年注册法案》专门就客户账户托管进行了规定。法案要求注册的私募基金管理人应逐步采取托管方式保障客户资产的安全，并通过独立会计师的确认。法案授权 SEC 就托管作出进一步的规定[①]。

7. 法案的过渡期安排

法案对私募基金监管等领域进行了立法规制，考虑到需要一定的时间进行适应，法案规定了 1 年的过渡期。过渡期间，SEC 负责就信息披露、账户托管等出台有关细则[②]。

（二）美国 PE 监管改革的深远影响

2008 年金融危机以后，美国政府致力于推出新的金融监管改革法案，总体监管思路是去杠杆化，而在去杠杆化的推行中，对以私募股权投资基金为首的另类资产投资成为监管的主要对象。美国金融监管改革法案的出台引发了全球连锁反应，带动了全球范围内的 PE 监管改革以及 PE 行业的新发展。

其实早在 2007 年 11 月，戴维·沃尔克领导的团队便向英国创业投资协会提出了针对英国私募股权基金整个行业的监管指引：《英国私募股权投资信息披露和透明度的指导方针》（Guidelines for Disclosure and Trans-

---

① 2010 年《华尔街改革和消费者保护法案》第 411 条规定了应对私募基金进行托管。
② 2010 年《华尔街改革和消费者保护法案》第 419 条规定了 1 年的过渡期。

parency in Private Equity）。与美国有关私募基金监管的三个法案不同的是，英国的监管指引重点在于对私募股权基金信息披露方面的监管，明确规定了信息披露主体和披露内容。

在亚洲，对私募股权投资基金的监管同样也纳入政府监管的改革法案里。据报道，2011年1月20日，韩国正在考虑放松对私募股权投资基金的监管，此举或将为当地对冲基金提供机会。

从对国外私募股权投资基金产业发展监管路径的演变来看，欧美以及亚洲地区经济体对私募股权投资基金的监管经历了一个从宽松到趋紧、从以行业自律为主到以政府加强监管为主的转变。

美国对私募基金进行监管法案的出台，无疑是给整个金融业投下了"重磅炸弹"，它必将导致美国乃至全球私募基金行业的发展发生深刻的变化[①]。

1. 私募基金的募集地区产生国际性迁移

美国繁杂细致的注册、披露手续，将使得美国以外的私募基金管理人更少地向美国投资者募资，更多地考虑向全球其他地区募集资金，以规避监管所带来的种种限制。

2. 私募基金管理人可能采取更多的应对政策以规避监管

基金管理人可能会更多地选择在百慕大、英属维尔京群岛等美国之外的"自由"地区注册私募基金，或是有意识地减少基金所管理资金的规模。

3. 整个私募基金行业的平均利润有可能呈现降低趋势

因为需要披露账簿、受托管理资产、杠杆的使用、对交易对手的信用风险敞口、交易和持仓状况等信息，而一旦此类信息被公之于众或者落入竞争者手中，基金可能会丧失本身的竞争优势。同时，更多的竞争者对于同一交易的关注，有可能使得私募基金行业的平均利润出现下降。

三、发达国家PE监管改革对我国的启示

海外私募基金监管政策的出台，对我国私募基金行业的发展、现阶段监管方式、未来监管政策的制定均产生一定的启示作用（何小峰等，

---

① 何小锋，窦尔翔，龙淼．私募基金监管时代渐行渐近［J］．资本市场，2010（5）．

2010)。主要包括以下几个方面。

（一）监管政策与方式应该充分考虑国情，具有中国特色

相对于欧美较为发达的金融体系，我国的私募基金行业还处于起步发展阶段。私募证券基金以投资于国内的证券二级市场为主，而我国的证券市场尚不存在完善的做空机制，金融衍生品也比较稀缺，短期内不存在国内私募证券基金向美国对冲基金那样，从事高杠杆、高风险的卖空投机交易的可能性。私募股权基金整体规模也不大，其运营方式主要依托自有募集资金，财务杠杆使用十分有限，业务模式也是主要投资于未上市企业的股权，并购交易的数量、金额也在整个行业中占比较少，总体而言，还没有显现出负外部性。风险投资基金由于其投资特性，产生系统性风险的可能性也很小。如果现在就完全照搬美国的监管模式，对所有私募基金进行"一刀切"式的监管，必将对我国整个私募基金行业的发展带来极为不利的影响。

（二）健全私募基金行业的监管体制，实施功能监管

随着我国金融行业的不断开放与发展，我国私募基金行业又属于金融行业之中的一个新兴分支，加之我国金融市场立法遵循"法无允许则禁止"的准则，为了促进私募基金行业朝着有利于国民经济发展的正确方向发展，有必要实行具有较强识别性、多层次、多角度、多力度的监管。就私募股权基金而言，2009年6月底，国家发展改革委已向国务院报送《股权投资基金管理暂行办法》（以下简称《暂行办法》）。《暂行办法》不仅对私募股权基金在"市场准入"方面进行了严格界定，还明确限制了股权投资基金的投资行为，如不能进行二级市场的短期炒作、禁止使用融资杠杆做大规模等。但是《暂行办法》覆盖面有限，目前只管理融资规模5亿元以上的基金，也没有针对风险监管提出更为详细的规定，对于私募股权基金的监管制度有必要进一步完善。因此，我国可以借鉴欧美的监管机制与实践，针对不同的基金类型提前立法，并设定一定的法律启动机制，同时每隔数年参照行业发展趋势对法案进行"与时俱进"的修改，未雨绸缪，防止发生大规模系统性金融风险事件。

（三）设立对应的专业监管机构

可以参照目前我国针对金融行业的"一行三会"制度，专门针对私募基金的发行与交易活动进行遵循市场化原则的管理，以促进行业的长远健康发展。其中，监管的重点应放在高频卖空交易、大额股权资本流

动交易、信息披露制度的制定、治理结构的完善等方面。对私募证券基金的大规模频繁卖空交易进行一定的限制；对涉及国家安全和经济命脉的关键行业与核心领域的外资私募股权基金的并购行为，应通过专门的审查机构进行严格的专项审查，甚至在必要时，对于从事过恶意并购、大规模卖空交易的自然人实行行业禁入等措施。

（四）设立全国性的行业自律协会

就私募股权基金行业来说，北京股权投资基金协会已于2008年6月20日正式成立，上海则在更早的时间成立了上海创业投资协会、上海市国际股权投资基金协会，天津、深圳等地也成立了当地的股权投资基金协会等行业自律组织。作为自律管理的重要组成部分，行业协会可以通过自律管理，有组织地向主管部门申报会员，使得行业规范化发展。在地方性协会的基础上，可以建立全国性的私募基金行业自律组织，扩大监管范围，加强监管力度，在全国范围内对私募基金进行宏观性自我约束与自我管理。

（五）总体上坚持立法先行，设立启动条件的原则

随着金融全球化的加深，金融的传染性和全球系统性风险具有进一步增强的趋势。美国的金融监管标志着人类金融总体上进入了监管时代。从这一点上讲，我们也应当重视此次金融危机的教训，研究私募基金的监管问题；但由于我国的金融毕竟发展缓慢，现在属于模仿和创新阶段，因而不能过早实施法律监管。一个比较折中的方法就是：法律可以提前建立起来，但要根据中国的国情研究出私募基金监管法律启动的条件。这个条件可能表现为构建私募基金的总量和结构的预警标准。当对冲基金或并购基金达到一定的量，或引起一定程度效应的时候，监管法律随之启动。

对此，柏高原等（2011）认为，我国应借鉴美国私募基金监管立法模式，采取立法模式，具体分为两个层次：第一个层次，通过制定统一的《投资基金法》，将证券投资基金和私募基金同时纳入《投资基金法》的监管范畴，将投资基金管理人的注册、信息报告以及托管等内容在《投资基金法》中予以明确；第二个层次，投资基金采取不同的组织形式的，依据有关立法进行监管。如采用公司组织形式的，应同时遵守《投资基金法》和《公司法》的有关规定，采用有限合伙形式的，应同时遵守《投资基金法》和《合伙企业法》的有关规定。

(六）建立私募基金管理人准入制度

在我国当前立法体系中，尚没有关于私募基金管理人准入的立法。私募基金管理人是私募基金运作的核心，其在私募基金募集、设立、投资及退出等方面扮演重要的角色。同时，私募基金管理人和私募基金投资者之间通常存在着信息不对称，即私募基金投资者很难完全掌握私募基金管理人的全部信息，尤其是我国当前正处于私募基金产业发展的初期，建立私募基金管理人准入制度有助于私募基金产业的健康发展。

(七）建立私募基金托管制度

托管制度的建立有助于保障私募基金投资者的资金安全。我国当前尚没有建立强制的私募基金托管制度。托管制度只在证券投资基金中存在，证券投资基金托管人与证券基金管理人在基金投资运作中存在着互相监督的关系。托管人对基金的投资运作进行监督，可以及时发现、提示和报告基金管理人出现的违规情况，督促基金管理人勤勉尽责地履行运用和管理基金资产职责。在我国当前成立的私募基金中，只有部分基金采取了托管，如第一只大型的人民币产业投资基金——渤海产业投资基金，委托交通银行作为托管人；船舶产业投资基金委托上海浦东发展银行作为托管人。但是大多数私募基金并未采取托管制度。因此，我国应借鉴美国《金融监管改革法案》，在我国私募基金立法中引入托管制度。

第七章 我国私募股权投资基金监管框架的构建

第一节 我国私募股权投资基金的发展历程

在美国等发达国家中，PE 是从市场中产生的，而我国的金融业一直处于高度管制状态，各种新型的金融业态的出现也是政府逐步放松管制，并加以引导的结果，我国 PE 行业的发展与监管密不可分。我国本土 PE 以创业投资的发展为主线，与监管有关的理念和实践亦以创业投资为主要调整对象。"创业投资"、"风险投资"等概念也是政府首先引入的。

从我国 PE 的发展历程来看，大致可以分为四个阶段。

一、概念引入阶段（1985—1995 年）

1985 年 1 月，中共中央、国务院颁布《关于科学技术体制改革的决定》，第一次正式引入"风险投资"的提法。同年 9 月，原国家科委、财政部共同出资成立了"中国新技术创业投资公司[①]"，该公司是中国第一个股份制的、以从事创业投资为目的的企业。1989 年，经批准，由香港招商局集团、原国家科委和原国防科工委联合发起成立了我国第一家中外合资创业投资公司——中国科招高技术有限公司。1991 年，《国务院关于批准国家高新技术产业开发区和有关政策规定的通知》（国发〔1991〕

---

① 1985 年 9 月，国务院批准由原国家科委、财政部出资成立中国新技术创业投资公司（简称中创公司），这是我国境内第一家创业投资公司。成立的最初目的为配合"火炬计划"的实施，为科技成果产业化和创新型高新技术企业提供资金支持。作为一家专营风险投资的全国性金融机构，主要业务是投资、贷款、租赁、财务担保、咨询等方面的业务。后来，中创公司基本上放弃了创业投资，主要从事贷款、债券回购等银行业务，甚至步入信托投资公司行列。中创公司起先从事大量"创业投资"，但投入巨资生产的"高新技术产品"并没有销路，不得不转向股票买卖、房地产等其他领域，但却出现了十几亿元巨额亏损。1998 年 6 月 23 日，鉴于中创严重违规经营，不能支付到期债务，为保护债权人利益，人民银行将其关闭。

12号）允许条件成熟的高新技术开发区创办风险投资公司。随后，以各地科委和财政为主成立了山西科技基金发展总公司、广东科技创业投资公司、上海科技投资公司、浙江省科技创业投资公司等二十多家各类政府机构主导的创业投资机构，从而掀起了我国创业投资基金发展的第一轮高潮。

这个阶段的主要特点是：

1. 各级政府的科委和财政部门是创业投资的主要推动力量和出资者；

2. 主要是以服务于政府的高新科技创新和科研成果转化与产业化发展的产业发展战略作为创业投资公司设立和运作的目标；

3. 虽然都采取公司制的组织形态，但创业投资公司的设立和投资运作完全由政府主导，基本没有市场力量的参与和推动，这些创业投资公司只是政府机构的附属品，而非市场化的 PE 机构；

4. PE 市场尚未独立分化出来。

二、市场化探索阶段（1996—2004 年）

1996 年，《中华人民共和国促进科技成果转化法》首次将风险投资概念纳入法律条款；原国家科委开始牵头系统研究风险投资机制。1999 年，国务院办公厅转发原科技部等部门《关于建立风险投资机制若干意见的通知》（国办发［1999］105 号），明确指出，"风险投资（又称创业投资）是指向主要属于科技型的高成长性创业企业提供股权资本，并为其提供经营管理和咨询服务，以期在被投资企业发展成熟后，通过股权转让获取中长期资本增值收益的投资行为"，并从"培育风险投资主体"、"建立风险投资撤出机制"、"完善中介服务机构体系"、"建立健全鼓励和引导风险投资的政策和法规体系"等提出了较完善的创业投资体制框架，标志着中国对 PE 的认识步入了一个新的阶段。随着法规的出台，国内也成立了一批政府主导的创业投资机构，其中有代表性的是上海联创、中科招商、深圳创新投资集团公司等。在政府主导的创业投资机构成立的同时，市场化的机构组织形态也开始出现。2001 年 8 月，新疆天业股份公司、新疆石河子开发区经济建设发展总公司、北京新华信企业管理咨询有限公司分别出资 4 000 万元、950 万元和 50 万元，成立北京天绿创业投资中心。这是北京市政府颁布《中关村科技园区条例》和《有限合伙管理办法》后成立的全国首家有限合伙制创业投资机构。这些 2000 年前后成立的机构生不逢时，从2001年开始，随着全球创业投资进入低谷，加上我国创业投资在行业和法律制度环境、人才储备、运作机制等方面的问题，我国的创业投资行业无论机构数量和投资总额都出现了较大萎缩。

这个阶段的主要特点是：

1. 政府依然是创业投资的主要推动力量，但在具体运作方式上，政府不再是创业投资机构的唯一或主要出资人，开始出现了由政府牵头、社会各方参与的混合型的创业投资运作机制；

2. 政府开始认识到境内外资本市场的退出渠道对于发展我国创业投资市场和机制的重要性；

3. 从政府的动机上看，"促进高新技术产业发展、实施科教兴国战略"依然是政府所有行为的内在动力，因此这一阶段我国PE依然主要是以服务于科技型企业的创业投资为主，出台了不少相关法规，但由于操作性配套政策和法规迟迟未能出台，中国的创业投资及监管实践并未取得突破性发展；

4. 虽然绝大多数的创业投资企业采取的是公司制的组织形态，但局部地区有限合伙制创业投资企业的出现标志着创业投资机构开始走向组织形态的多样化，这标志着来自市场发展的内在力量开始作用于我国的PE市场。

三、多元化发展阶段（2005—2009年）

2005年11月15日，国家发展改革委等十部委联合颁布了《创业投资企业管理暂行办法》（以下简称《办法》），包含设立与备案、投资运作、政策扶持、监管等一系列条款。《办法》突破了"风险投资"范式下创业投资仅作为高技术发展工具的定位，把创业投资的对象定义为"处于创建或重建过程中的成长性企业"，虽然对大型企业的股本支持能力有限，尚不能对上市企业进行并购重组，但已经在实质上完成了与国际资本市场的接轨，成为中国PE监管实践的里程碑。

2006年以来，中国重新修订了《证券法》、《公司法》和《合伙企业法》等，为PE的私募和按公司形式、有限合伙形式设立提供了法律依据。与此同步，政府有关部门开始在各自主管的领域内推进金融创新：2006年3月，中国保监会颁布了《保险资金间接投资基础设施项目试点管理办法》，允许保险资金通过专业机构受托管理的"投资计划"间接投资基础设施；2007年3月，中国银监会批准实施《信托公司管理办法》和《信托公司集合资金信托计划管理办法》，正式引入合格投资者制度，鼓励信托公司发展信托型PE；2007年9月，中国证监会正式启动券商直接投资业务试点，中信证券和中金公司获得首批直投业务试点资格。

随着法律的完善，市场主导型的机构开始发展。首先是外资PE开始活跃，美国新桥投资集团入主深发展、凯雷收购徐工及太平洋保险、高盛收购双汇、华平投资控股哈药等。在外资机构的示范作用下，本土的PE也出现了重大变化，首先是民间成立了一批中外合资合作的产业投资基金，如中信证券联手澳大利亚的麦格里银行共同发起设立的产业投资基金。此外，2006年年底渤海产业投资基金经批准正式设立，这是我国第一家直接以"产业投资基金"命名的中资产业投资基金。随后，国家有关部委和部分省区市也提出了发展产业投资基金的设想。

这个阶段的主要特点是：

1. 政府在推动本土产业投资基金发展上依然是主要力量，但已不再将促进高新技术产业发展作为唯一目标，这使得我国PE市场开始摆脱创业投资这个相对狭小的范畴；

2. 虽然由于国内法律制度的原因，大部分PE机构依然主要采取公司制，但也出现了契约型组织形态（如渤海产业投资基金），或者在公司制中模拟有限合伙制的激励约束机制，或者直接在境外设立有限合伙制PE；

3. 一批专业化、市场化的PE机构的出现，标志着我国PE市场真正开始建立并从其他市场中分化独立出来了，市场化力量已经成为我国PE市场发展的重要力量，但这种市场化力量却主要来自于境外PE。

四、规范化发展阶段（2009年至今）

2009年3月31日，中国证监会正式发布《首次公开发行股票并在创业板上市管理暂行办法》，2009年5月1日正式实施；2009年7月26日，证监会开始受理创业板发行申请；2009年10月30日，首批28家创业板公司在深交所正式挂牌上市，我国酝酿十余年的创业板市场开始正式登上我国资本市场的历史舞台。创业板的推出为PE提供了良好的退出渠道，我国本土市场化的机构也由此得到迅猛发展，人民币基金无论是在数量上还是金额上均超越了外币基金。

进入2010年以来,中国PE市场快速回暖,已经摆脱金融危机的影响,表现出新一轮的高速增长,具体表现在基金的募集个数和金额、投资个数和金额、退出个数和回报均创下中国PE领域10年来的新高。

这个阶段的主要特点是:

1. 随着境内资本市场退出渠道完善,募集和退出的双重利好使得中国市场人民币投资面临爆炸式发展。

2. 投资多元化趋势日益明显,互联网、生物科技和医疗健康以及清洁科技最受青睐。总体而言,2010年行业投资已然体现出贴近国家产业结构调整脉络的态势。

3. 大量的PE越发重视投资策略、内部管理、风险控制,这也预示着中国PE内部治理迈上了新的台阶。

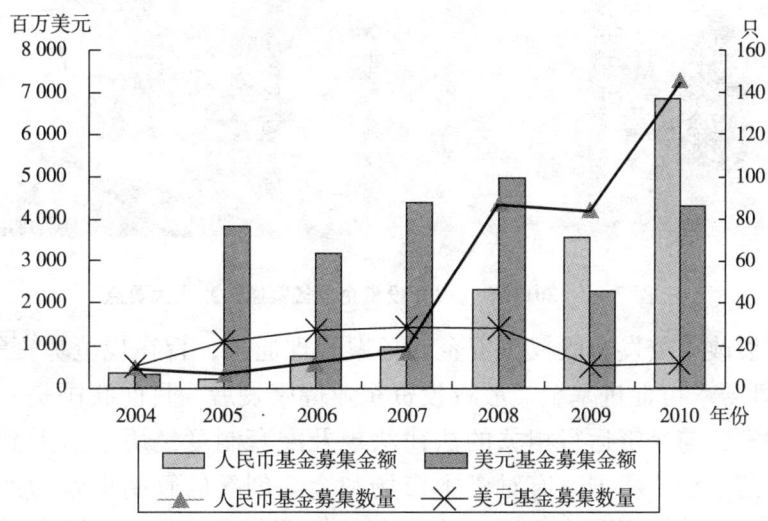

资料来源:清科集团。

图7-1 人民币/美元基金募集走势

第二节 我国私募股权投资基金监管的现状

我国私募股权投资基金发展历史不长,对私募股权投资基金的法律监管也一直处于"犹抱琵琶半遮面"的状态。直到创投市场2010年火热之后,中国式PE的生态环境才逐渐改变。2011年2月下旬,《国家发展改革委办公厅关于进一步规范试点地区股权投资企业发展和备案管理工作的通知》(下简称《通知》) 开始实施加上 2011 年 1 月下发的《证券投资基金法（修订草案）》征求意见稿明确将监管范围扩大至私募股权投资、风险创业投资（VC），讨论甚久的 PE 监管正式冲出乱局，PE 监管时代正悄然来临。

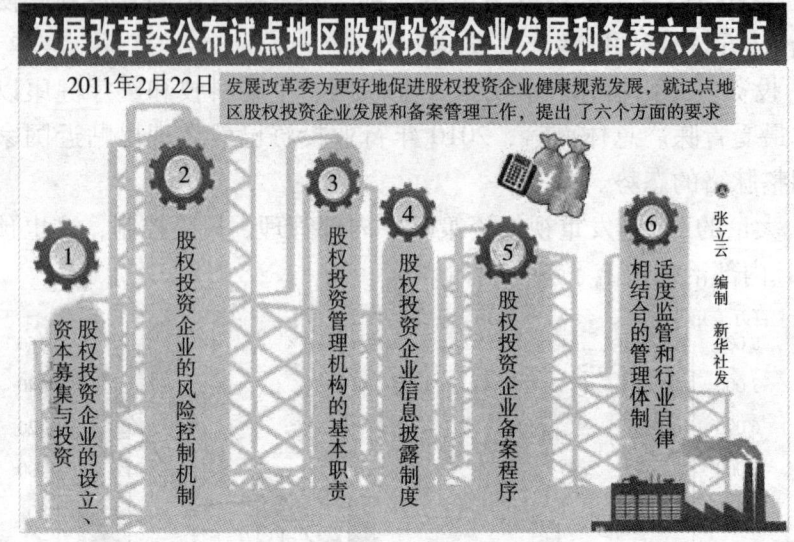

图 7－2　2011 年《股权投资企业备案通知》六大要点

发展改革委发布股权投资企业备案管理通知，旨在规范募资等行为："规范性要求可促进基金类股权投资企业健康发展。目前我国是一个转轨经济国家，与经济运行相关的法律法规及配套制度经历了从无到有、不断完善的过程。我国政府对资本市场和金融创新的管制也较为严格，资本市场发展的过程基本上是一个不断放松管制的过程，但这个过程往往是从某个局部开始尝试，然后开始推广，表现在政策层面，某项法规已经出台，但配套措施跟不上，在实践中出现了不少问题。有限合伙企业开立证券账户等问题已经解决，但还有六个主要问题亟待解决"。

一、税收政策不配套

根据前文论述，有限合伙制是 PE 投资机构的最优组织形式，目前国内的多数 PE 投资机构都是以有限合伙企业的形式存在的。《中华人民共和国合伙企业法》最早是 1997 年通过的，那时只有普通合伙企业，直到 2006 年修改、2007 年 6 月 1 日生效后，有限合伙企业才被允许设立，我国的 PE 行业也开始了快速发展。在有限合伙企业中，有限合伙人和普通合伙人的权利义务有很大的差别，但在征税时，却依据国家税务总局和财政部于 2000 年颁布的《关于个人独资企业和合伙企业投资者征收个人所得税的规定》执行，在该规定中，个人合伙人主要比照个人所得税法的"个体工商户的生产经营所得"应税项目，适用 5%~35% 的 5 级超额累进税率，计算征收个人所得税，收益超过 5 万元就适用 35% 的税率。虽然不少地方政府把自然人合伙人的所得视为个人"利息、股息、红利所得，财产租赁所得，财产转让所得，偶然所得和其他所得"，个人所得税缴纳适用 20% 的比例税率，但国家税务总局和财政部一直不予认可。

公司把税后利润分配给股东公司后，股东公司的这部分利润不必再缴纳所得税。如果公司把税后利润分配给作为股东的有限合伙企业，有限合伙企业在分配给作为有限合伙人的公司后，该公司的这部分利润却要缴纳所得税。

自然人在二级市场投资证券收益不用缴税，但以有限合伙人身份投资 PE 却要缴税。投资 PE 是长期投资、被动投资，但税收政策却不鼓励。当然，二级市场的证券投资收益确认起来很复杂，不好操作，投资 PE 的收益很好确认，但这不应该成为是否征税的依据。

投资有风险，所以"不能把鸡蛋全部放在一个篮子里"。因此，投资 PE 的投资者也往往出于分散风险的考虑而投资多只基金（多个有限合伙企业）。由于每个有限合伙企业都是独立的会计合算主体，投资者却不能合并纳税。

二、有限合伙企业变更登记复杂

有限合伙企业的新设注册手续相对简便，促进了行业的发展，但变更登记却很麻烦。PE 投资周期很长，投资者在中途可能要更换投资主体或者转让出资。对此，《合伙企业法》规定很宽松，第四十三条规定："新合伙人入伙，除合伙协议另有约定外，应当经全体合伙人一致同意，并依法订立书面入伙协议。"虽然有的合伙协议约定三分之二合伙人同意就可以入伙，但工商部门往往要求全体合伙人一致同意才能办理变更登记手续。

从立法精神上，合伙企业是人合企业，遇事要合伙人协商解决；股份有限公司是资合企业，股东只要出资即可，对于股份的转让，其他股东也没有优先受让权,转让手续简便。有限责任公司兼具人合和资合的性质,股权转让是其他股东有优先受让权。有限合伙企业其实很特殊:普通合伙人之间、普通合伙人和有限合伙人之间是人合性质,关系紧密,但有限合伙人之间其实是资合关系,很多有限合伙人之间都互相不认识,一名有限合伙人转让出资份额,让其他有限合伙人确认根本没有必要。

表7-1　公司制、信托制、有限合伙制私募股权投资基金的比较

	公司制	信托制	有限合伙制
适用法律	《公司法》	《信托法》	《有限合伙法》
法律地位	具有法人资格	不具有法人资格	不具有法人资格
经营依据	公司章程	基金企业	有限合伙企业章程
最高决策机构	董事会	基金持有人大会	合伙人大会
对基金管理人的监督能力	委托关系,能直接对基金管理人加以干预	委托关系,对管理人的监督管理能力较弱	普通合伙人为基金管理人,投资者对管理人的监督更弱
主要优势	治理结构严密,更有利于保护投资者利益	管理成本低	决策效率较高,运作形式灵活
主要劣势	管理成本高,当公司整体亏损时不能对单个盈利项目进行分配	组织结构松散,治理结构不清晰,对管理人约束力弱	对管理人的约束力弱;法律基础不完善;组织不稳定,容易解散
适用范围	基金规模大、具有政府背景、投资领域广、产业基金	基金规模大、投资领域固定且较少	基金规模小、创投基金

三、主流机构投资者参与度不够

从国外的情况来看,养老基金和金融机构是 PE 的重要投资者。美国养老基金是美国 PE 最大的投资者,其投资总额占 PE 募集资金总数的 50% 以上。与美国相比,我国法律投资者资格的约束较大,《商业银行法》、《保险法》、《信托法》等对金融机构的投资方向、投资品种和投资比例等都作了比较严格的限制,也制约了金融创新的空间。例如,证监会主管的证券公司"直投"业务范围限定为 Pre – IPO,即对拟上市公司

的投资,并设定了"投资期限不超过3年"等相关规则;保监会主管的投资计划的主要投资目标限定在基础设施类资产;银监会主管的信托型PE则受《信托法》等的约束,在税收政策、筹资的灵活性和退出方式等方面有一定的局限性。这些条款限制了主流金融机构在PE发展过程中的作用,严重影响了在人才、资金、资源等方面的投入,从而制约了机构投资者的成长,制约了中国PE的发展空间。

四、限制杠杆融资

PE高杠杆率的经营活动具有高风险高收益的特征,金融市场的小幅波动通过杠杆率放大后将体现为收益的大幅波动。如果对收益变动方向把握准确,PE进行杠杆收购的收益率较高,因此受到国外成熟市场上PE机构的青睐。例如,1981年美国前财政部部长William E. Simon组建的Wesray只用了100万美元的自有资金,就完成了对Gibson公司交易总金额8 100万美元的收购,一年之后,Gibson公司IPO后公司价值达到3.3亿美元,Wesary的投资回报高达330倍[①]。

由于不熟悉杠杆,我国目前对收购融资业务还处于限制的阶段。我国现行的《贷款通则》以及《商业银行法》都禁止贷款用于股权性投资。因此,2008年12月4日国务院推出的"国九条"中明确鼓励"创新融资方式,通过并购贷款、房地产信托投资基金、PE和规范发展民间融资等多种形式,拓宽企业融资渠道"。同年12月9日,银监会发布了《商业银行并购贷款风险管理指引》(以下简称《指引》),标志着国内银行并购贷款业务的放行。尽管《指引》没有禁止并购贷款用于二级市场并购,但是由于缺乏具体的操作细则使得并购贷款在实际操作中还面临着不少困扰。

除了限制银行贷款用于股权投资以外,我国债券市场也制约了国内并购市场的纵深发展(史晨昱,2009),具体表现在以下几个方面:

(一) 发行主体

从债券市场来看,我国现阶段债券市场上的融资工具主要有企业债、公司债、可转换债、专项资产管理计划、金融债、短期融资券。除金融债以外,我国债券发行主体限于生产经营性企业,PE机构作为投资载

[①] 王巍,施迈克等. 杠杆收购与垃圾债券:中国机会 [M]. 北京:人民邮电出版社,2007:65.

体在目前法律框架下无法发债融资。

（二）融资规模

从我国目前对企业发行债券规定来看，企业债由发展改革委确定发行总规模，公司债、可转换公司债和短期融资券都有净资产40%的比例限制。因此，即使允许PE发行债券，但是由于发债规模受限，也很难募集大额资本，难以满足企业资本需求。

（三）担保问题

国外可以发行无担保的债券进行融资，如高收益债券。但我国企业发行债券，除了公司债和短期融资券没有强制性担保要求以外，大多数企业债和可转公司债都需要一定的担保。此外，债券市场的一些机构投资者也被要求只能投资于有担保的债券。以保险机构为例，2005年颁布的《保险机构投资者债券投资管理暂行办法》第四章规定，除了满足一般条件外，还需要满足其他特定条件，如：企业上年年末净资产不得低于20亿元人民币；最近三个会计年度连续盈利、须是有担保的债券；具有国内信用评级机构评定的AA级或者相当于AA级以上的长期信用级别。由于我国PE历史较短，这些严格的限制条件降低了PE从大型机构融资的可能性，而在我国，大规模的资本恰恰掌握在银行、保险公司、社保机构等这些大型机构的手中。

从美国的经验来看，在PE杠杆收购的交易中，收购方通常会设立一个或一系列壳公司作为特殊目的公司（Special Purpose Vehicle，SPV）来实施收购，并且利用这些SPV发债融资。在传统的债务融资中，债券产品主要是高级债、夹层债和高收益债券，但是随着市场的发展，债券市场的品种越来越复杂，逐渐形成了今天比较成熟的倒金字塔形。位于最上方的是高级债（Denior Debt），即通过信用或资产抵押从银行、保险公司等机构获得贷款。债权人可以从现金及资产出售的价款中优先受偿，因此这样的债权人一般是不愿承担财务风险的商业银行，其他金融机构如储蓄机构、财务公司、保险公司等也时有参与；其次是次级债务（Subordinated Debt），是杠杆融资体系中内容形式最为丰富的一种。由于所购债券期限长、流动性差，通过私募购买垃圾债券的投资机构通常要求获得部分股权作为报偿；最底层的是股权资本，通常占20%~30%，股权资本证券包括优先股和普通股，普通股是整个体系中风险最高、潜在收益最大的一种证券。股权资本通常来源于杠杆收购产权基金、经理人员、一级贷款和次级债券的贷款者。

融资的基本形式有债权融资和股权融资,金融创新的本质是各种形式的债权和股权的组合,杠杆化经营是金融创新必不可少的组成部分。目前,我国对 PE 机构的杠杆融资还处于限制状态,如果一味限制杠杆融资,只会导致金融创新的不足,外资 PE 占本土 PE 市场份额的继续扩大。而且,对杠杆收购的限制只是起到了将风险延后的作用,并未消除风险。将来随着国内产业对资本的需求以及外资的抢占,国内放开杠杆并购只是时间上的问题,与其无准备地"被动"开放,还不如有准备地"主动"开放。

五、监管立法不到位[①]

总体上,我国对 PE 的有效监管是十分滞后的。尽管涉及 PE 的相关监管立法自 2006 年以来开始加速,但我国关于 PE 的法律规定还不健全,迄今《证券法》、《信托法》和《证券投资基金法》等法律条文均没有对 PE 的定义、主体资格、资金来源、组织方式和运行模式等作出明确规定[②]。此外,《破产法》也未能建立自然人的破产制度,这使得合伙人的诚信问题无法得以保障,因此所谓的承担无限责任在实践中很难落实。只有《证券法》第十条有一个原则性规定:"非公开发行证券,不得采用广告、公开劝诱和变相公开方式",以及《证券投资基金法》规定基金管理公司可接收特定对象资产委托从事证券投资活动。监管滞后也造成私募证券投资基金运作不规范的现象较为普遍,譬如"坐庄"等事件屡有发生,投资者在与基金管理人发生纠纷时双方的权益难以保证,这也是引发我国证券市场诸多问题的一个重要根源。

我国对 PE 监管的缺位主要表现为:

(一) 对 PE 组织形式界定不一

在我国,PE 根据不同组织形式适用不同的法律。公司型基金即属于采取公司组织形式的私募基金,具体可以分为有限责任公司型和股份公司型。我国 2006 年修改了《合伙企业法》,将有限合伙企业制度引入了《合伙企业法》,这为采取有限合伙形式的私募基金奠定了法律基础。信

[①] 柏高原,李东光. 私募基金监管立法:美国的经验和启示 [J]. 法制与社会,2011 (3).
[②] 朱晔. 私募基金法律调控探析 [J]. 财贸研究,2005 (5).

托型基金在我国也有存在，如渤海产业投资基金即采取了信托制。此外，信托公司通常采取发行集合信托计划方式募集资金，也属于信托型基金的一种。

（二）对外资 PE 的双重监管

对外资 PE 的监管主要体现在两个方面：一方面，2006 年，商务部、国资委等六部委颁布了《关于外国投资者并购境内企业的规定》(2006 年 10 号令)。2006 年 10 号令对外国投资者并购境内企业（包括股权并购方式和资产并购方式）进行了全面的规定。另一方面，在我国境内进行投资的外资 PE，还应遵守有关外商投资产业政策。

（三）未确定 PE 的主管部门

目前，我国对于 PE 尚没有确定主管部门。实践中，对于 PE 采取了功能监管的方式，即工商部门负责 PE 的成立注册，涉及外资的 PE 由商务部门负责监管，保险公司、银行或证券公司等金融机构投资 PE 的由相应的金融监管部门负责审批，PE 投资企业上市的由证监会负责审批。20 世纪 90 年代，国家发展改革委负责起草了《产业投资基金管理暂行办法》，但该办法一直未能出台。此后国家发展改革委转而起草了《股权投资管理暂行办法》，该办法中的股权投资基金即 PE。但是该办法也一直未能出台。因此，我国当前尚未能确定 PE 的主管部门。

六、缺乏行业自律

目前，在我国，各地已经建立了各自的风险投资或股权投资协会。其中，北京、上海、天津、广东、浙江、山西、海南等地区设立的近 20 家协会，覆盖了经济发达的东部地区和经济正在崛起的中西部地区。这些协会大多数是由地方 PE 机构自发成立的民间组织。同时，这些地方协会也受到相关监管部门的指导。这其中包括成立于 2002 年，目前已经有超过 100 家会员及联席会员的中华创业投资协会（CVCA）和 2007 年成立的国内首家股权投资基金协会——天津股权投资基金协会。这些协会有效地组织了当地的 PE 机构进行沟通和交流，同时也推动了各省市及地区之间 PE 协会的交流，很大程度上促进了当地 PE 行业的发展。

然而，这些协会一般只覆盖本地区、限于地区内的交流与沟通。一些会员的投资区域也主要集中在协会所在地，投资带来的影响力和对经济的促进作用也很难覆盖到全国。各地协会受地域所限，只能起到促进本地监管部门与会员间沟通的平台作用,对行业政策法规的影响也仅停留在地方层面。过多的行业协会可能会降低沟通效率。

正如美国美迈斯律师事务所北京代表处主管合伙人司马瑞指出的那样[①],当前中国 PE 行业主要存在两大问题:一方面,缺乏公认的市场规范,PE 机构缺乏对投资者进行风险告知和信息披露的统一标准。某些未告知风险,极有可能给投资者造成巨大利益损失;另一方面,缺乏统一的法律结构和审核标准,尤其是对违规募资行为的监督和惩罚手段,PE 机构无法明确自身权力和职责。如果非法募资或者募资失败的案例过多,很容易造成市场秩序紊乱,甚至导致投资者对 PE 机构的公信力和信誉度丧失信心。

第三节 我国私募股权投资基金监管框架的构建

近年来,随着 PE 在西方国家的快速发展,各国普遍对其加强了监管和规范。各国对 PE 的监管一般是基于三个理由,即保护投资者(To Protect Investments)、确保市场的完备性(To Ensure the Integrity of the Market)和提高市场的稳定性(To Protect Dtability)。大致来看,关于 PE 的监管,主要有两种观点:

一是自律为主。欧美等国家或地区对 PE 的监管是行业自律,因此国内有观点主张可以效仿这种模式,放松对 PE 的监管。例如,国务院发展研究中心市场研究所副所长张文魁(2007)指出,PE 最大的特点是它的灵活性,不能管得太多,应该放开,当然这需要法律进行引导、规范,但一定要放松管制才有发展[②]。

二是环节监管。该模式由北京股权投资基金协会副会长何小锋(2008)提出,即对 PE 的监管要分不同的业务环节进行,如:工商局监管注册;证监会监管上市;商务部监管外资;出资人是商业银行时,银监会监管;出资人是保险公司时,保监会监管;出资人是券商,证监会监管。

我们认为,尽管欧美 PE 监管模式的发展和演变给我国 PE 的监管提

---

① 陈莹莹. 私募股权基金监管重点应为防范公众性风险 [N]. 中国证券报,2010 - 11 - 18.
② 李慧莲,张文魁. PE 放松管制才有发展 [N]. 中国经济时报,2007 - 07 - 09.

供了很多有益的参考，但是从现阶段来看，我国并不适宜照搬照抄美国模式，主要原因是中美 PE 发展环境方面还存在较大的差异，这种差异直接决定了我国 PE 监管应当更多更具中国本土特色。

一、中美 PE 发展环境的差异分析

虽然美国等发达国家的发展经验值得我们借鉴，但 PE 发展环境的差异不得不认真研究，如果不顾环境的差异生搬硬套，将适得其反。研究发现，中美 PE 发展环境的差异主要有两个方面：

（一）利率市场化和跨区域经营

美国早期也实行利率管制政策。20 世纪 30 年代的经济大萧条之后，为了保护存款者和加强监管，美国成立了联邦存款保险公司，并颁布《格拉斯—斯蒂格尔法》。联邦存款保险公司的设立对小额存款提供担保，解决了银行挤兑和恐慌问题，而美联储的第 Q 项条款（俗称"Q 条例"）规定，禁止联邦储备委员会的会员银行对它所吸收的活期存款（30 天以下）支付利息，并对上述银行所吸收的储蓄存款和定期存款规定了利率上限。美联储的"Q 条例"利率上限确保了小额存款成为银行主要的资金来源并抑制了银行之间的利率竞争。20 世纪 50 年代后期，利率管制的弊端逐渐暴露出来。当时美国通货膨胀率曾一度高达 20%，而银行存款利率上限的管制使银行的吸存能力受到很大影响，以致银行的生存岌岌可危。于是商业银行不得不开始进行金融创新，货币市场基金应运而生，规避掉了银行存款的许多限制，但同时又保留了银行存款的许多特性。进入 20 世纪 80 年代以后，"Q 条例"已经形同虚设，包括货币市场基金在内的多种金融工具并没有影响经济秩序。1980 年，美国国会通过了《取消存款机构管制与货币管理法案》，揭开了利率市场化的序幕。此后的 6 年中，美国分阶段废除了"Q 条例"，于 1986 年 3 月实现了利率市场化。

《格拉斯—斯蒂格尔法》限制银行分支机构的设立和跨州经营，把银行的发展集中在比较小的区域范围内。虽然这一规定隔离了部分风险，但银行也无法发挥规模效应。20 世纪 70 年代，商业银行开拓新市场、提高盈利水平、实现风险多元化的呼声加大，法律框架在跨州扩张方面的政策日益宽松。尤其是 1994 年美国颁布《跨州银行法》，允许商业银行收购设立其他州的商业银行，并且通过跨州设立分支机构来巩固和扩大业务经营。

目前,中国还没有明确全面实现利率市场化的时间表。利率市场的起步较晚,从1996年开放同业拆借利率开始,之后又开放了银行间债券利率。2000年开放了外币利率(小额外币存款除外),2004年形成"存款利率管上限、贷款利率管下限"的格局。

长期以来,我国的中小商业银行(城市商业银行)不允许跨区域经营。例如,《城市商业银行暂行管理办法》第六条规定,"城市商业银行在地级以城市设定,一个城市只能设立一家城市商业银行";第二条规定,"城市商业银行主要为本市中小企业和居民提供金融服务"。这种状态一直持续到2009年4月,银监会调整了中小商业银行的准入政策,规定"中小商业银行的机构发展不再受数量指标控制,不再对股份制商业银行、城市商业银行设立分行和支行设定统一的营运资金要求",从而实现了基本上统一监管标准,实施同质同类监管。

我国的利率有管制,商业银行的高准入门槛,银行跨区经营难,导致银行竞争不激烈,可以轻松获得高的息差收益,缺乏开展新业务的动力。保险公司等机构也受益于利率管制、准入门槛、跨区经营难的保护,也缺乏开展新业务的动力。由此资金大量沉淀在银行、保险等传统金融机构,PE等新型机构缺乏稳定的资金来源。

(二)混业经营

所谓金融业混业经营,是指银行、证券公司、保险公司、信托公司等金融机构在业务上相互融合、渗透与交叉,突破了分业经营业务模式的局限,借助金融创新手段不断丰富金融产品内涵,极大地提高了金融市场资金运用效率,为有价值的客户提供一站式金融服务奠定架构基础。随着金融监管制度不断完善,风险管理技术日益成熟,金融混业经营逐渐成为现代国际金融业发展的主导趋向。《格拉斯—斯蒂格尔法》奠定了美国分业经营的基本格局。1956年的《银行控股公司法》以及1970年的《银行控股公司法修正案》,增加了有关银行与保险业务分离的条款,进一步巩固了美国的分业经营格局。然而,此后出台的许多行政办法不断对上述法案进行修正。例如,1999年颁布的《金融服务现代化法》规定,银行可通过银行控股公司另外设立的子公司,在限定范围内经营证券业务。实际上在《金融服务现代化法》通过以前,美国的分业经营体制已经解体,混业经营已经十分普遍,大商业银行已成为典型的美国式全能银行。该法案则是从法律上消除了银行、证券、保险机构在业务范围上的边界。至此，美国结束了长达66年之久的金融分业经营体制。

在20世纪80年代改革开放的初期，我国金融业并不是分业经营的。当时，商业银行可以设立信托投资公司、证券公司。例如，交通银行和太平洋保险就是连在一起的。但是，由于后来金融业出现了一些混乱情况，当时一种主流的看法认为这些混乱来自于混业经营，因此，就逐渐把金融业务切分开来；同时在立法上加以保证，形成了一种比较严格的分业经营体制。1995年通过并于2003年修改的《中华人民共和国商业银行法》第四十三条规定，商业银行在中华人民共和国境内不得从事信托投资和证券经营业务，不得向非自用不动产投资或者向非银行金融机构和企业投资，但国家另有规定的除外。在中国银监会成立后，将鼓励创新和减少一切不必要的限制列入银监会倡导的六条良好监管标准之中。在这六条标准的指导下，银监会出台了相应的管理办法，稳步推进商业银行的综合经营，先后允许商业银行设立基金管理公司、金融租赁公司、参股信托公司、投资保险公司，以向企业提供并购贷款，开展资产证券化试点，开办人民币衍生品业务等，但力度有限，总体格局仍然分业经营，分业监管。

郭田勇等（2008）指出，在我国分业经营、分业监管的具体国情下，市场监管当局对PE的监管也面临着种种挑战。PE作为投资基金的一种运作方式，其相关利益人关系的确定从本质来说是一种信托制度安排，是投资信托行为。PE涉及各种主体的切身利益，要对其进行规范。银行、证券公司、PE投资者和中小投资者有着极不相同的要求。除此之外，现有信托投资公司的代客理财业务，基金管理公司的证券投资基金业务，保险公司投资联结保险业务，尚待研究的证券公司和基金管理公司的资产管理业务，原国家计委的产业和创业投资业务，按业务性质基本上都属于信托范畴，但却分属于不同的监管部门负责，容易出现多头管理、政策信号不统一的问题。此外，这些不同主体对PE的立法要求，既有利益冲突，也有立法和执法上的技术困难，需要理论界、政府、社会各界共同提高认识，去加以解决。而在法律制定之后，在涉及各自的部门利益时出现容易相互矛盾的监管措施，并容易出现监管重复或监管真空。

在混业经营模式下，不同的金融业态可以互相借鉴、融合，创造出很多新产品，但分业经营情况下创新较难。缺乏创新，发展也缓慢。另外，由于利率管制，中国货币市场和资本市场至今也尚未形成基准利率体系，自然也没有简单的金融衍生工具，如期权和期货。这使得中国的金融衍生品市场不仅落后于发达国家，和其他发展中国家相比也存在差距。PE 在美国迅速发展的一个主要原因是持续不断的创新，但在中国不具备良好的环境，发展速度势必受到限制。

二、构建具有中国本土特色的 PE 监管体系

2010 年我国私募股权基金投资案例 817 起，其中，披露金额的 667 起涉及投资总额 53.87 亿美元，数量、金额均远超前两年。其中，有限合伙制 PE 案例上升速度最快，投资数量、金额年增速逾 30%[①]。不过，这一迅猛增长的投资潮背后日益显现出诸多忧患，亟待加强监管。前文的分析表明，对 PE 的监管并不存在一个完美的可以任意套用的固定模式。由于各国的法律体系、商业文化背景存在很大差异，产业发展阶段也不尽相同，监管模式在移植的过程中因缺乏与其原形相适应的背景，在具体应用时常常会存在冲突或是漏洞。与美国相比，我国 PE 产业发展的法律背景和商业文化还有待改善，因此，在国内完全推行美国的行业自律监管模式不太适宜[②]。

从我国 PE 产业目前所处的状态来看，对其监管可以采取内外结合的功能监管模式，即"适度，有效，统分结合，市场化运作"，从而构建具有中国本土特色的 PE 监管体系。大致来看，外部监管即以政府和行业协会为主，其中政府监管要着重于对基金投资者的监管，并负责推动金融产品的创新和杠杆率的监控；内部监管则是投资者和基金管理人通过订立内部契约来监管，比较可行的做法是外部引入托管人承办监管的运作职能，监督基金管理人的资金运营，披露信息和考核基金管理人[③]。

（一）确立监管理念

正如前文所述，关于 PE 监管，国内有两种主要观点争论不下：一是

[①] 万国华. 中国 PE 监管难题 [J]. 董事会, 2011 (3).
[②] 郭田勇等 (2008) 认为, 在 PE 监管方面, 国外可供借鉴的法律很少。
[③] 据报道，2010 年 10 月上报给国务院的《股权投资基金管理办法（草案）》明确了适度监管的四条主线：第一，对股权投资基金管理机构合格性进行监管；第二，对募集资金的对象——机构投资者提出基本要求；第三，对基金募集之后的投资运作，包括投资对象、投资范围、投资额度设立基本要求；第四，在信息披露上，对投资者保护方面做一些必要规定。此外，在管理主体上，实行属地备案制，也就是分级监管的模式，何地注册，何地监管。

主张借鉴发达国家的经验,弱化政府监管,以行业自律为主。国务院发展研究中心市场研究所副所长张文魁(2007)指出,PE最大的特点是它的灵活性,不能管得太多,应该放开,当然这需要法律进行引导、规范。但一定要放松管制才有发展[①]。二是主张政府监管为主,但采取环节监管模式。北京股权投资基金协会副会长何小锋(2007)提出,对PE的监管要分不同的业务环节进行,如：工商局监管注册;证监会监管上市;商务部监管外资;出资人是商业银行时,银监会监管;出资人是保险公司时,保监会监管;出资人是券商,证监会监管。此种监管模式虽然尊重了各部门的权力,但是对于PE而言,多头监管必然会产生一些制度和权力上的冲突,给PE产业的发展造成行政阻碍。

前文的分析表明,无论是PE的自身属性还是发达国家的实践都表明,PE不需要太多的监管,市场机制在此领域是有效的,各参与主体能够处理好相互之间的关系。如果政府过多干预,PE可能会继续选择地下的方式游离在政府管制的范围之外。我国对金融业有严格监管的传统,由于PE现在还不需要准入牌照,尚未纳入政府监管的体系。随着PE的金融属性日渐明显,有学者提出要对PE进行监管。

尽管我国的国情与发达国家不完全相同,发达国家的做法不能完全照搬,但事物的基本规律还是要遵守,监管要秉持市场化理念,市场能解决的,政府尽量少参与。从我国PE长期发展来看,并没有一个明确的机构进行监管,实际上是在监管的真空地带自由发展起来的,表现良好,因此我们有理由相信,市场参与者已经渐渐懂得如何维护自身权益,我们需要做的就是令其规范化和法制化,充分发挥会计机构、律师机构、资产评估机构、评级机构等各类市场机构的力量,进行市场化监督。在市场化监督的基础上,政府应集中精力解决市场解决不了的问题。对于PE,有两个问题是市场无法解决的,因此监管内容也就仅限于这两个方面。

(二) 明确监管依据

PE各方当事人的行为是由多种机制来约束和规范的：一是市场约束,主要是市场的优胜劣汰机制;二是法律约束,主要是PE资金募集和投资过程中的各种合同契约以及相关法律规定;三是行业自律,主要是行业

---

① 李慧莲,张文魁.PE放松管制才有发展[N],中国经济时报,2007-07-09.

行为规范（重点是信息披露和企业估值等）；四是政府部门的行政监管，包括审批、注册、备案、检查和处罚等。

现代经济学的发展，尤其是"市场失灵理论"和"信息经济学"的发展为金融监管奠定了理论基础。市场的失灵导致政府有必要对市场机构和市场体系进行外部监管，行政监管的依据是"市场失灵"。

但是，政府也会"失灵"。在纠正"市场失灵"时不能损失市场效率和阻碍市场创新。行政监管既要避免出现监管真空，又要避免不当监管；既要避免监管不力，又要避免监管过度。同时，行政监管必须依法进行。要讲究效率和效益，避免监管成本过高。

对于PE的监管，特别要注意PE与其他金融中介的区别和不同发展阶段与国家PE的特点：

第一，与共同基金的投资者包括大量中小投资者不同，PE的投资者是"合格投资者"，包括机构投资者和高净值人士或富裕家庭。"合格投资者"是证券法定义的一个术语，用以描述允许从事某些高风险投资，进入有限合伙制、对冲基金和天使投资者网络的投资者，包括富裕个人（家庭）和公司、捐赠基金和退休基金等机构。各国对"合格投资者"的资产规模和收入水平都有严格的定义。如在美国，净资产至少100万美元，或过去两年的年收入至少20万美元（已婚双方至少30万美元）并且预期当年收入能达到同样水平的个人和其他成熟投资者才能考虑为合格投资者；专业投资顾问机构和总资产达到一定规模（500万美元）的其他机构才能考虑为合格的机构投资者。如此，"合格投资者"不但有较强的风险承受能力，而且更重要的是，应该有更强的识别风险能力、选择管理人的能力、缔结平等合理契约的能力以及监督管理人行为的能力。

第二，尽管PE，特别是收购基金在收购目标企业后通常会进行战略、业务、资产和人员的重组，但大量实证研究表明，与受控组企业对比，PE投资对受资企业股东价值的影响是十分正面的，对受资企业员工就业与工资的影响也和受控组企业没有太大差异。同时，对于PE解雇受资企业员工和降低员工工资的行为，主要应该由市场竞争以及就业、最低工资和社会保障法规约束，而不是行政业务监管。同样，对于PE活动可能涉及的垄断后果与反垄断审查以及跨国PE活动可能涉及的外资准入，民族产业保护和投资所在国经济安全问题也应该主要由相关法律来规范。

第三，与其他金融机构和工具（包括对冲基金）不同，实证研究表明，PE 的系统性风险不大。例如，Robert J. Shapiro & Nam D. Pham（2008）的研究发现，尽管金融危机前 PE（主要是收购基金）迅速扩张（处于收购基金第二次繁荣期），而且收购业务普遍使用财务杠杆，但 PE 并没有增加资本市场和经济的系统性风险。这是因为，相对于 GDP、相对于 CDO 等金融衍生品甚至相对于对冲基金的规模，总体上 PE 仍然很小，PE 交易使用的财务杠杆也大大低于投资银行等其他机构，PE 引发连锁违约的可能性不大。

第四，不同发展阶段与国家的具体环境对 PE 活动和 PE 业的监管会产生不同的影响。比如，PE 活动的范围与程度，PE 业的相对规模，投资者的成熟程度，管理人的成熟程度，PE 活动发生地的市场成熟程度、法制完善程度、行业协会的有效性等。

(三) 明确监管原则

2008 年金融危机以来，全球经济已经逐步进入金融体系改革的时代，需要加强对金融市场的监管，在市场自由与政府监管之间寻找新的平衡，中国也不例外。基于此，中国应加强对私募股权基金的监管，首先必须明确监管的原则：

第一，明确监管的目的。呼吁私募基金阳光化是正确的，但要把握一个大原则：私募基金的监管目标，应以防范整个行业的系统性风险，规范行业平稳、健康运作为目的，而不是要保证每个基金都运作成功。所以说，私募基金监管可以引导行业的健康发展，使其既能发挥灵活性和专业性的优点，为特定客户群体提供个性化投资服务，也能时刻接受社会监督，实现信息的公开透明。总结来说，即提倡合理监督，建立适度监管与行业自律相结合的监管体系。

第二，监管要"适度"。所谓"适度"，是对监管程度的要求。在呼吁加强金融监管的同时，也应认识到，我国的实际情况与美欧发达国家不同，不要"别人生病，我们吃药"，监管过度会阻碍基金市场的正常发展。

第三，要"合理"监管，坚持市场化原则。所谓"合理"，是对监管方式的要求。灵活自由是私募基金的特点。因此，应建立一种高度灵活的政府监管模式，即尊重基金自身市场化运作规律的监管方式，以充分实现行业自律与政府监管相结合。比如，将信息披露等任务交由托管人办理；对于设立私募股权投资管理公司和发起设立基金的行为，根据不同的设立主体实行区别监管；减少不必要的审批环节；规范使用财政公共资金发起设立私募股权投资公司和基金。

第四，建立健全基金监督信息系统。监管体系中的信息系统十分重要。加强信息化建设，强化信息披露制度对于防止暗箱操作，确保各项基金的安全运行是十分必要的。

第五，强化监管队伍建设。一是要招收一些专业人士进入基金监管机构；二是要对基金监督管理人员开展警示教育；三是利用良好的机制避免寻租问题出现。

（四）明确监管内容

本书认为，按照我国 PE 发展的情况，对我国 PE 的监管主要应包括五个方面的内容：

1. 设定资格限制。规定机构和个人投资 PE 的资格，并对受托管理他人资产的机构投资者的投资行为加以限制。

2. 登记豁免和营销限制。监管 PE 的豁免登记条件及其营销行为。

3. 税收和外汇监管。加强对基金纳税，特别是跨国交易的税收和外汇监管。

4. 向小投资者强制披露信息。加强基金信息披露的规范性与透明性，增强行业自律的强度与水平。标准的 PE 是不接纳小投资者的，但近年来，有 PE 就通过公开市场融资，给小投资者提供了参与 PE 的机会。我国 PE 目前的募集来源以及投资对象主要是面向非公开市场，是继续走"私募"路线还是向"公募"转型尚未有定论。如果要面向公开市场，接纳小投资者，就有必要参照上市公司进行监管，强制信息披露；如果继续走私募路线，则无须监管。

5. 严格监控 PE 的杠杆率。目前，我国还没有放开杠杆融资市场，将来随着银行、保险公司、社保基金等主流机构的进入以及杠杆融资市场的放开，有可能引发杠杆风险，并传递到实体产业，因此，对 PE 的监管更应该注重对杠杆率的监管。高杠杆经营的机构一旦对市场的变化方向把握不准，很容易陷入资不抵债的破产境地。一家机构的破产往往造成债权人的损失，如果债权人也是高杠杆运行的机构，损失放大后很可能也陷入资不抵债的破产境地，由此风险传递出去，造成系统性风险。控制风险的关键在于限制 PE 的杠杆率。

银行是高杠杆经营的机构，《巴塞尔资本协议》及各国法律均规定了资本充足率,明确限制了杠杆率;我国对证券公司的监管中针对不同的业务有净资本的要求,对保险公司有偿付能力监管。我国目前虽然只允许PE采用自有资金进行并购,对杠杆融资渠道还有所保留,暂时不存在爆发杠杆风险的可能,但是从目前的发展趋势来看,杠杆收购会成为主流投资活动。未来如果放开这一约束,杠杆风险不容忽视,美国的次贷危机已经是前车之鉴,对于PE的杠杆率必须作出明确规定,并进行实时监控,确保杠杆率在安全范围内。

同时,应针对不同的杠杆融资工具设定不同的安全线,定期测量杠杆贷款和投资分布,对于主要债务资金来源于大型公众机构的,杠杆率则相应调低。一旦杠杆率超过安全线,监管部门可以发出警告,并要求其提供更多的担保资产,确保债权人的债权能得到偿付。与此同时,还可以要求被监管对象定期上报资产负债表,实时监控企业的现金流。

(五)确立监管模式

PE需要监管的内容不多,而且在我国还没有放开,监管工作量自然也不大。因此设置一个机构来监管PE意义不大。因此,笔者认为,我国PE的监管宜采用功能监管模式。

我国现行的金融监管模式是分业(机构)监管模式,银监会、证监会、保监会等金融监管机构负责监管各自领域内的金融商业机构。这种模式在分业经营时问题不大,但在混业经营时问题就会很多。PE在经营中有很多跨领域的行为,机构监管模式就会显得力不从心。单独设置一个机构来监管PE,跨领域的协调问题也很难解决。

功能监管是金融市场成熟国家的主要监管模式,也是我国金融监管未来的发展方向,但从机构监管模式过渡到功能监管模式需要解决的问题很多,难度很大,需要很长时间。PE的出现正好是一个试验功能监管模式的机会,可以采用如下的思路:PE通过银行渠道发行基金和并购贷款行为由银监会监管,PE向社会公众发行基金和发债的行为由证监会监管。

需要说明的是,随着我国PE规模的增长,尤其是中小投资者更多地参与到PE中来,使得PE存在由"私募"向"公募"的转变趋势,在这种情形下,在适当的时候,可以考虑建立"统分"结合的监管模式,即建立多部门分工协作、共同监管的新模式。在这种模式下,该"统"则"统"——由监管部门统一负责监管基金管理人遵守"合格投资者"规定和私募证券的发行营销行为，并负责监督基金的信息披露；该"分"则"分"，按照职能监管的原则，由有关部门在各自职责范围内进行监管。银监会、证监会、保监会和国有资产管理等部门分别监管各自监管对象在投资时是否遵守"谨慎人"规则，财税部门监管基金纳税和跨国交易税收安排，工商行政管理部门监管基金注册，司法部门监管基金管理人是否存在欺诈行为等。为了便于监管部门统一管理，发起设立基金进行证券私募必须在该部门备案，并自动获得私募证券发行的登记注册"豁免"。如果发起人在基金募集营销过程中违反私募的有关规定，监管部门有权查处。

（六）明确监管主体

目前，我国对PE的监管主体尚未明确。2008年金融危机爆发之前，美国对PE的监管主要是依靠行业自律，其中，行业者协会起到了很多的引导和监督作用。由于美国的PE产业是目前国际上公认的发展得最为成熟，因此国内不少人主张中国PE的监管模式可以效仿美国。但是美国之所以采用这种自律模式，主要取决于以下三点：一是具备专业的投资团队；二是信用体系相对完备；三是法律对投资者利益的保护程度较高。金融危机爆发之后，美国认识到政府监管的重要性，在监管理念上也逐步加强了政府监管。我国PE产业刚刚起步，单纯效仿美国的自律模式不一定能收到预期效果。

值得注意的是，在强调政府监管的同时我国并没有明确PE的监管主体。在我国，金融市场的监管主体是"一行三会"，但是，由于对非PE的划分目前还没有明确定位，对其监管暂时由发展改革委负责，因此，如何界定PE的性质，并确定其监管主体，有助于规范监管。

笔者认为，在当前我国金融发展环境下，PE更适合功能监管。在功能监管的模式下，PE监管不需要一个专职的监管机构，只要针对具体的事项，由相应的监管机构履行监管职责即可。

首先，功能监管模式在美国收到了良好的效果，有一个很重要的原因是美国的立法精神体现在"法无禁止即许可"，鼓励金融机构创新。但是，我国对金融市场尤其是资本市场立法的基本精神是"法无允许则禁止"，因此，我国的金融创新往往由具有立法权的监管机构来推动，而非从事金融活动的经营实体来推动。

其次，这种模式与机构监管模式也相容，监管机构会从行业发展的角度为被监管的商业机构解决法律层面的问题。对于 PE 这样的新型机构，在法律层面找不到具体的监管机构，在实践中遇到问题后没有机构从立法层面去考虑推动解决此问题，在"法无允许则禁止"的法律框架下，PE 发展面临的多种法律障碍难以得到及时解决。为此可以考虑设置一个协调机构，不承担监管职能，但可以代表全体 PE 跟工商、税务、证监会、银监会等部门沟通协调，促进行业发展。本来，行业协会可以承担这个职能，但在我国的现实条件下行业协会协调政府的力度不够，最好能由一个政府部门来承担协调职能。

最后，在功能监管的思路下，PE 的特定行为由相关的机构进行监管，没有日常监管的需要。由于 PE 往往是双层架构运行，投资机构和管理机构是分开的，虽然 PE 的运营由管理机构负责，但运营的结果由投资机构承担，无论是公募发行还是杠杆融资，都由投资机构承担结果。另外，一个管理机构往往管理多个投资机构，不同投资机构的运营方式有所不同。因此，在功能监管的理念下，PE 的监管对象应该是投资机构，监管者在监管投资机构时，可以要求管理机构披露相应的信息，遵守相关监管规则。例如，一个管理机构管理了两只基金，一只私募发行，另一只公募发行，公募发行的需要监管，私募发行的则不需要监管。或者，一个管理机构管理了两只基金，一只高杠杆运营，另一只没有杠杆，对于杠杆的基金应要求其降低杠杆到安全水平，不能把两只基金的杠杆率合并计算。

（七）明确监管对象

通常，PE 行业监管的对象包括基金管理人、基金投资者、基金托管人和基金运作过程等四大类，在功能监管理念下，应该明确对不同监管对象采取差异化的监管措施，具体为：

1. 基金管理人

对基金管理人，一般不需要政府监管，也无须制定"任职资格"之类的行政规定，类似麦道夫和斯坦福的"庞氏骗局"[①] 是无法通过审查任职资格来防范的。主要应由行业协会等中介组织制定相应的行业行为规范并监督执行，在实践中由市场优胜劣汰。

2. 基金投资者

---

① 杨蕾. 麦道夫金融欺诈案——史上最大"庞氏骗局". 新华网，2008-12-31.

对基金投资者，主要是必须建立"合格投资者"和"谨慎人"概念，制定相应的合格投资者条件和谨慎人规则。合格投资者条件的监管客体表面上是投资者，实质上是管理人募集基金的行为，特别是在管理人向潜在的个人（或家庭）营销募集资金的情形下；谨慎人规则监管的是机构的投资行为。

3. 基金托管人

对基金托管人（在我国主要是托管银行），目前国内还存在一些认识上的盲区和误区，一方面，忽视基金托管人的存在（主要是由于缺乏对基金运作的理解），部分早期基金管理人不理解基金托管人是一方当事人，忽略基金托管人的作用和意义；另一方面，对基金托管人的资质的监管出现空缺，主要是一些投资者认为托管业务就是资金存款，任何银行都能参与。实际上，基金托管人除了发挥负责安全保管所托管的基金财产，并对基金管理人的投资行为进行监督外，还要为投资者和管理人提供一系列增值金融服务。因此，托管人资格必须经过银监会的批准，也必须接受严格的监管。

4. 基金运作过程

对基金运作过程的监管，包括基金募集、投资者（或基金份额）信息、基金投资监督、估值、核算、业绩报告、基金其他信息披露、基金纳税义务和其他守法行为等。

此外，对于基金发起人或管理人资格的监管，各国还存在很大差异。但是，至少各国监管实践还没有将此作为重点。毕竟挑选基金发起人和管理人的责任在于投资者。作为合格的投资者，应该能够挑选合格发起人和管理人，并具备保护自身权益的能力，在与发起人和管理人的谈判和协议中规定有关的条款。而且，市场的优胜劣汰法则不会让不合格的发起人或管理人存在太长时间，获得大的发展。

（八）确立监管措施

1. 保证"私募"的性质

PE 的典型特征就是私募，一旦公募或者变相公募，就必须要接受监管，不被监管的 PE 必须要保证私募的性质，常见的措施有：

一是限定 PE 的发行和募集方式。限制公开做广告，禁止通过报纸、杂志、电视、广播、互联网等媒体或以开座谈会、研讨会的形式向社会发布有关招募广告，发行人只能通过认识的人互相介绍来接触潜在投资者。

二是禁止风险承受能力低的社会资产进入 PE。从国外的情况来看，PE 本身对投资者的要求就比较高。例如美国证监会对于 PE 投资者的资质有着近乎苛刻的标准：只有资产在 2 500 万美元以上的机构才能投资于 PE，而对于个人投资者，则要求至少拥有 500 万美元的证券资产，而且最近两年的平均收入至少要在 100 万美元以上。我们可以借鉴国外的做法，用法律的手段规定参与者的标准，运用立法的手段分离出风险承受能力高的群体作为投资主体，对于 PE 的投资者，无论是个人投资者还是机构投资者，都应该规定投资额度的下限，以避免中小投资者对风险认识不足影响个人生活和社会稳定。

三是规定投资者的人数上限。规定了投资者人数上限后，PE 机构为了达到募集资金的目标额，必然会选择提高单个投资者的出资额度，从而把小投资者排除在外，这样就能进一步确保私募基金的本质属性。

2. 设置安全的杠杆率

将来随着银行、保险公司、社保基金等主流机构进入 PE 市场，以及杠杆融资市场的放开，杠杆的使用在扩大收益的同时也会放大风险并加速风险的传播，因此应该注重对 PE 杠杆率的监管。由于不同的债权人的风险识别能力和承受能力不同，而且债权人之间也难有有效的信息沟通，因此最好针对不同的杠杆融资渠道设定不同的安全线，定期测量杠杆贷款和投资分布。对于主要债务资金来源于风险承受能力相对较低的投资者，杠杆率则相应调低，一旦杠杆率超过安全线，监管部门可以发出警告，并要求其提供更多的担保资产，确保债权人的债权能得到偿付。

3. 审批与备案结合

由于政府监管限定在公募发行和杠杆化经营两个方面，这两个方面的行为一定要事先审批，否则风险难以控制。对于 PE 的其他经营行为，政府无须监管，但出于统计等需要，可以考虑采用备案制，以便及时了解行业发展状况。但备案要做成自愿备案，不能借备案之名行监管之实。

4. 鼓励托管等市场化监督力量

行业自律的核心在于商业机构之间的相互制约机制。如果仅仅由投资者（LP）和管理人（GP）两方的协议约定，难以形成有效的治理结构，引入其他外部的商业机构，形成多方互相制约的局面更容易形成完善的治理结构。例如引入"托管人"就是一种非常好的治理模式。

我国在对证券投资基金的监管中,已经成功地引入了托管人,取得了很好的效果。证券投资基金托管机制是这样的:托管人与管理人在基金投资运作过程中存在着互相监督的关系,这种关系体现了证券投资基金这一大众投资工具在制度安排上的优点。托管人对基金的投资运作进行监督,可以及时发现、提示和报告基金管理人出现的违法违规情况和异常交易或异常行为,督促基金管理人诚信勤勉地履行运用和管理基金资产职责,最大限度地保护基金投资者的利益。

从本质上讲,基金托管是基金资产运作的风险控制手段,是实现基金所有权、管理权和保管权三权分立、相互制衡、规范运作的制度设计(见图7-3)。

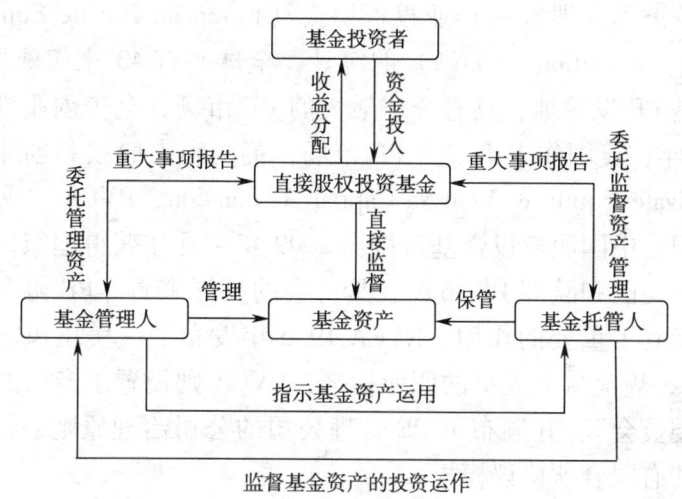

图7-3 基金托管机制

对PE监管中引入托管人,虽然一定程度上增加了PE的经营成本,但是可以对基金内部契约的治理发挥两个主要作用:一是充分实现了所有权、经营权、保管权三权分立制衡,既确保了股权基金的规范运作,也大大提升了股权基金的公信力,为基金发起人和管理人募集资金带来便利。二是保障基金投资者权益。托管人充分发挥银行特长和信誉优势,独立保管股权基金的资产,规避了基金资产被挪用的风险;利用银行结算网络优势,确保基金划款的安全高效;监督和规范直接股权基金管理人的投资行为,确保合规运作;对基金资产进行科学合理的核算,实现客观的基金业绩评估,各类报表报告可以使投资者及时掌握第一手的基金运作信息。

在 PE 市场中，有多个参与主体，基金投资者、基金管理机构、各类中介服务机构等，而托管银行则是服务于各类主体的不可或缺的金融服务供应商。PE 的投资活动对投资管理的专业能力要求很高，因此 PE 通常会委托给专业的投资管理机构运作基金资产，一旦出资人和资金运作权分离，就产生了管理人的道德风险和诚信风险，当内部契约不足以预见和控制这些风险时，就需要引入独立第三方进行内部监督和保护投资者利益。可以说，PE 引入托管机制的内在原因是基于内部风险控制的需要。

（九）加强行业自律

根据欧洲私人股权和创业投资协会（European Private Equity & Venture Capital Association，EVCA）的统计，全球共有 43 家权威 PE 行业协会。美国是 PE 发源地，具有全球最大的 PE 市场，全美创业投资协会成立于 1973 年；英国作为第二大 PE 市场，英国私人股权和创业投资协会（British Private Equity & Venture Capital Association，BVCA）成立于 1982 年。在我国，中国股权投资基金协会 2009 年 4 月才获得国家发展改革委的批准。从美国和欧洲 PE 市场及其协会的发展来看，PE 协会在规范行业发展中起到了重要的作用。NVCA 1996 年发布了《美国风险投资协会交易标准》，规范从业人员的职业标准；EVCA 则设置了专门的"行业标准和交流委员会"，并颁布了 PE 管理公司的公司治理原则、行业估值标准和通行的有限合伙协议模板。

从上述这些国家的实践经验来看，PE 协会的发展对推动 PE 行业的发展起到了不可替代的作用。郭田勇等（2008）认为，PE 的发展仅仅依靠政府的外部监管是远远不够的，其自身的规范与自律也是不可或缺的。这些经验对于我国 PE 行业的行业协会定位以及行业自律监管模式的最终形成，都具有极强的借鉴性和可行性。我国在 PE 比较集中的北京、上海、深圳、广州、香港、天津和浙江都成立了创投协会，这些创投协会大多数是由地方 PE 机构自发成立的，它们已经成为当前我国 PE 监管的主要力量。需要注意的是，过多的地方行业协会很容易形成一种地方保护，阻碍 PE 的流动，反而不利于整个产业的发展，因此，在鼓励 PE 行业协会自律监管的同时，应对行业协会的组建适当设置条件。

此外，构建具有中国本土特色的 PE 监管体系，必须要有相应的法律法规提供制度保障。值得庆幸的是，PE 产业的发展也促进了政府对 PE 立法工作的推动。2011 年 1 月中旬，《证券投资基金法（修订草案）》（以下简称《草案》）的征求意见稿下发至各基金公司等相关机构，征求各方意见①。《草案》中提出了很多创新性观点，包括基金从业人员可以炒股票；把私募基金纳入监管范围，只要符合条件，也可以开展公募业务，监管范围拓宽了很多，PE 投资也纳入监管。此外，《草案》规定主要发起股东应具有经营金融业务或管理金融机构经验等条件时，特别加上了"长期投资理念"。之前"最近三年没有违法记录"也变成了"最近三年没有违法违规记录"及"财务状况良好"。征求意见稿另一重大改变在于基金的组织形式扩大到三种：契约型、公司型、有限合伙型。而对 PE 而言，《草案》拓展了"证券"的定义，"证券"最终被定义为"股权、已上市和未上市的股票和债券及其衍生品，以及国务院证券监督机构规定的其他投资品种"。

总之，PE 产业是一个动态发展的过程，对其监管模式的探讨也应该基于产业的发展情况。从其产业特性来看，PE 市场是一个可以自我调节的市场，在完美竞争市场下，行业自律可以起到监管作用。然而，随着金融工具的不断创新，对 PE 的监管仅仅依靠行业自律很显然不足以实现。因此，对 PE 的监管也应该是一个动态的发展过程。毕竟，适度有效的监管才能促进该行业的健康发展。

---

① 毛瀚民. 基金法修改草案进行时，私募"阳光化"全面提速 [N]. 时代周报，2011-02-24.

参考文献

［1］艾小乐．论外资并购与中国本土私募股权投资的发展［J］．特区经济，2008（3）．

［2］巴曙松．香港创业板市场发展历程的反思与展望［N］．经济学消息报，2000-09-15．

［3］柏高原，李东光．私募基金监管立法：美国的经验和启示［J］．法制与社会，2011（3）．

［4］北京大学金融系产业投资基金课题组．国外产业投资基金研究之一：国外产业投资基金概况．国家发展和改革委员会网站，2006-12．

［5］卞华舵．中国私募股权投资基金发展的问题与对策［J］．现代企业教育，2007（13）．

［6］曹理达，周慧兰．股权投资基金：危机情境下的金融创新［N］．21世纪经济报道，2008-10-13．

［7］陈德棉．风险投资业的发展研究［M］．北京：科学管理研究出版社，1998．

［8］陈德棉，卓悦．英国风险投资业发展的历史现状分析［J］．国际技术经济研究，2000（3）．

［9］陈莹莹．私募股权基金监管重点应为防范公众性风险［N］．中国证券报，2010-11-18．

［10］陈永坚．中国风险投资与私募股权［M］．北京：法律出版社，2007．

［11］陈云贤．风险投资的制度创新及发展中国风险投资的政策建议［J］．中国风险投资，2002（2）．

［12］陈宗胜，沈扬扬．有效监管与私募股权基金的发展［J］．中国金融，2010（17）．

［13］成思危．科技风险投资论文集［M］．北京：民主与建设出版社，1997．

[14] 成思危. 积极稳妥地推进中国的风险投资事业 [J]. 管理世界, 1999 (1).

[15] 成思危. 中国风险投资运行机制探讨 [M]. 北京: 民主与建设出版社, 2000.

[16] 逯春明. 制约我国风险投资业发展的因素分析 [J]. 中国软科学, 2001 (11).

[17] 戴志敏. 世纪之交的美国风险投资业剖析 [J]. 世界经济, 1999 (5).

[18] 樊志刚, 赵新杰. 全球私募基金的发展趋势及在中国的前景 [J]. 金融论坛, 2007 (10).

[19] 范柏乃. 创业投资法律制度研究 [M]. 北京: 机械工业出版社, 2005.

[20] 范柏乃, 沈荣芳, 陈德棉. 国际风险投资理论研究综述 [J]. 浙江金融, 2000 (9).

[21] 方芳. 创业板问题理论综述 [J]. 经济理论与经济管理, 2001 (2).

[22] 冯冰. 关于促进风险投资政策的思考 [J]. 财政研究, 2003 (2).

[23] 冯郁青. 华尔街风暴: 贪婪的代价 [N]. 第一财经日报, 2008-10-06.

[24] 高正平. 政府在风险投资中作用的研究 [M]. 北京: 中国金融出版社, 2003.

[25] 葛宝山. 高技术产业化风险投资的宏观机制 [J]. 科学研究, 1999 (6).

[26] 郭锋, 卢春泉, 姚铮. 创业板市场的制度创新 [M]. 北京: 经济科学出版社, 2001.

[27] 郭建鸾. 创业投资基金公司治理机制研究 [M]. 北京: 中国财政经济出版社, 2006.

[28] 郭田勇, 孙铁东. 中国私募基金的监管与自律 [J]. 西部论丛, 2008 (5).

[29] 郭晓果: 风险投资公司的组织形式及其激励与约束机制 [J]. 行政与法, 2002 (5).

[30] 何国华,杨之帆,周志凯. 论风险投资的政府监管 [J]. 中国软科学,2001 (10).

[31] 何小锋,窦尔翔,龙淼. 私募基金监管时代渐行渐近 [J]. 资本市场,2010 (5).

[32] 何孝星. 我国私募基金存在的六大问题及规范化建议 [J]. 经济理论与经济管理,2001 (10).

[33] 侯玉娜,李振一. 国内私募股权投资基金发展思考 [J]. 合作经济与科技,2007 (12).

[34] 黄宝印,吕克敏,王称意. 风险投资理论、政策、实务 [M]. 北京:经济科学出版社,1999.

[35] 黄汉权. 风险投资与创业 [M]. 北京:中国人民大学出版社,2001.

[36] 黄宪,代军勋. 我国创业投资的发展及其存在的问题和对策 [J]. 管理现代化,2000 (4).

[37] 黄孝武. 风险投资与风险投资企业间的激励约束机制初探 [J]. 财贸经济,2002 (1).

[38] 黄亚玲. 私募股权基金文献综述 [J]. 国际金融研究,2009 (3).

[39] 科技部风险投资调研小组. 中国风险投资现状与对策 [N]. 中国高新技术产业导报,2000 (6).

[40] 孔杰. 国际 PE 基金监管的实践与中国的选择 [J]. 国际经济评论,2008 (11 - 12).

[41] 李安方. 美国私募基金的运作机制 [N]. 证券市场导报,2001 - 05.

[42] 李斌,冯兵. 私募股权投资基金:中国机会 [M]. 北京:中国经济出版社,2007.

[43] 李慧莲,张文魁. PE 放松管制才有发展 [N]. 中国经济时报,2007 - 07 - 09.

[44] 李连发,李波. 私募股权投资基金理论及案例 [M]. 北京:中国发展出版社,2008.

[45] 李玮栋. 国内银行热衷 PE 业务,美国金融监管改革提供借鉴,China Venture,2010 - 08 - 05.

[46] 李昕旸, 杨文海. 私募股权投资基金理论与操作 [M]. 北京: 中国发展出版社, 2008.

[47] 李世谦. 公开资本市场监管问题研究 [M]. 北京: 经济管理出版社, 1997.

[48] 李延喜. 风险投资的后续管理对创业价值增值的影响 [J]. 科学与科学技术管理, 2002 (1).

[49] 李英, 陈岩. 风险投资与高技术企业的发展 [J]. 财经问题研究, 2001 (11).

[50] 李月平, 王增业. 风险投资的机制与运作 [M]. 北京: 经济科学出版社, 2002.

[51] 厉以宁, 曹凤岐. 跨世纪的中国投资基金业 [M]. 北京: 经济科学出版社, 2000.

[52] 林霆. PE 中国怪象: 老板明星化, 用保险方式做 PE [N]. 21 世纪经济报道, 2011 - 02 - 12.

[53] 刘传葵, 高春涛. 契约型与公司型、公募与私募之基金治理结构比较——兼谈我国证券投资基金治理结构的改善 [J]. 浙江金融, 2002 (10).

[54] 刘红贺, 刘卫红. 风险投资基金: 世界概况及对我国的启示 [J]. 财贸经济, 1999 (4).

[55] 刘健钧. 创业投资制度创新 [M]. 北京: 经济科学出版社, 2004.

[56] 刘健钧. 创业投资基金的制度安排 [J]. 经济导刊, 2002 (10).

[57] 刘健钧. 建立我国创业投资政策扶持机制的对策探讨 [J], 宏观经济管理, 2003 (8).

[58] 刘曼红. 风险投资探析 [J]. 金融研究, 1998 (10).

[59] 刘琦. 产业投资基金——中国式的私募股权基金 [R]. http://www.zero2ipo.com.cn/eweekly/0260/view026018624.html.

[60] 刘清华, 吴晓波. 风险投资中的信息不对称分析 [J]. 科学与科学技术管理, 2002 (9).

[61] 刘秀芳. 发展我国风险的策略选择 [J]. 财经问题研究, 2003 (6).

[62] 刘宇飞. VaR 模型及其在金融监管中的应用 [J]. 经济科学, 1999 (1).

[63] 刘志迎, 汪莹. 风险投资理论研究综述 [J]. 中国科技产业, 2001 (12).

[64] 吕厚军. 私募股权投资基金治理中的反向代理问题研究 [J]. 现代管理科学, 2007 (12).

[65] 罗海平. 美国风险资本运营的微观监控机制及其借鉴 [J]. 世界经济, 2001 (7).

[66] 毛瀚民. 基金法修改草案进行时, 私募"阳光化"全面提速 [N]. 时代周报, 2011-02-24.

[67] 孟长康. 美国风险投资运作框架法律设计及其借鉴 [J]. 国际经济合作, 1999 (11).

[68] 孟长康. 美国合伙制与风险投资运作框架的法律设计 [N]. 证券市场导报, 1999 (10).

[69] 欧新黔. 我国拓宽直接融资渠道缓解中小企业融资难 [N]. 上海证券报, 2007-06-12.

[70] 彭文平, 肖继辉. 新金融中介理论述评 [J]. 当代财经, 2002 (3).

[71] 钱水土. 风险投资运行中道德风险的防范与控制 [J]. 数量经济技术经济研究, 2002 (10).

[72] 钱水土. 上市公司参与风险投资的动因分析与模式选择 [J]. 财贸经济, 2002 (10).

[73] 钱水土, 周恺秉. 加快我国风险投资业发展的若干设想 [J]. 数量经济技术经济研究, 1998 (2).

[74] 秦国楼. 现代金融中介论 [M]. 北京: 中国金融出版社, 2001.

[75] 清科研究中心. 2007 年中国私募股权投资年度研究报告 [R], 2008.

[76] 萨缪尔森, 威廉·D. 诺德豪斯. 经济学 [M]. 北京: 中国发展出版社, 1992.

[77] 申金升, 祝甲山, 张智文. 风险投资的运作机理及其发展的对策思考 [J]. 数量经济技术经济研究, 2001 (3).

[78] 颜慧. 私募基金监管：国际调整与我国的制度选择 [J]. 中国金融, 2009 (23).

[79] 盛立军. 风险投资操作、机制与策略 [M]. 上海：上海远东出版社, 1999.

[80] 盛立军. 私募股权与资本市场 [M]. 上海：上海交通大学出版社, 2003.

[81] 斯蒂芬·德森纳, 库尔特·金. 上市公司私募融资 [M]. 北京：中信出版社, 2007.

[82] 宋立. 创业投资基金：国外经验与中国发展模式 [J]. 国际经济合作, 2000 (3).

[83] 孙景安. 夹层融资——企业融资方式创新 [N]. 证券市场导报, 2005 (11).

[84] 汤谷良. 私募基金——昂贵的盛宴 [J]. 财务会计, 2008 (4).

[85] 涂春辉. 我国创业板市场引入做市商制度的发展前景 [J]. 财贸经济, 2001 (12).

[86] 王爱俭. 金融衍生工具特点及风险管理 [J]. 财经问题研究, 1997 (6).

[87] 王国刚. 设立创业板中应注意解决的几个认识问题 [J]. 国际金融研究, 2000 (10).

[88] 王国刚. 建立多层次资本市场体系，保障经济的可持续发展 [J]. 财贸经济, 2004 (4).

[89] 王国刚等. 发展产业投资基金中的若干选择 [J]. 农村金融研究, 2000 (11).

[90] 王国实, 王剑. 我国私募基金的定位与发展战略 [J]. 财经理论与实践, 2002 (1).

[91] 王立国, 林山. 论政府导向型风险投资基金 [J]. 投资研究, 1999 (1).

[92] 王丽红. 中国私募股权市场逐渐活跃 [J]. 中国科技投资, 2007 (2).

[93] 王松奇. 中国创业投资发展报告 2002 [M]. 北京：经济管理出版社, 2003.

[94] 王松奇. 中国创业投资发展报告 2003 [M]. 北京: 经济管理出版社, 2004.

[95] 王松奇. 中国创业投资发展报告 2004 [M]. 北京: 经济管理出版社, 2005.

[96] 王松奇. 中国创业投资发展报告 2005 [M]. 北京: 经济管理出版社, 2006.

[97] 王松奇, 李杨, 王国刚. 中国创业投资体系研究 [J]. 财贸经济, 1999 (1-2).

[98] 王松奇, 王国刚. 中国创业投资发展报告 2002 [M]. 北京: 中国财政经济出版社, 2002.

[99] 王苏生. 私募基金风险管理研究 [M]. 北京: 人民出版社, 2007.

[100] 王巍, 施迈克等. 杠杆收购与垃圾债券: 中国机会 [M]. 北京: 人民邮电出版社, 2007.

[101] 王巍. 迎接私募股权基金的时代 [J]. 中国金融, 2007 (11).

[102] 王谢勇. 论政府在风险投资中制度创新的角色 [J]. 财经问题研究, 2003 (3).

[103] 吴士君, 张永强. 透视我国私募基金的产生与发展——一个制度经济学的解释 [J]. 上海经济研究, 2002 (6).

[104] 吴晓灵. 发展私募股权基金需要研究的几个问题 [J]. 中国企业家, 2007 (5).

[105] 吴晓求. 中国资本市场: 面临新的选择 [J]. 经济理论与经济管理, 2002 (7).

[106] 吴晓求, 应展宇. 激励机制与资本结构: 理论与中国实证 [J]. 管理世界, 2003 (6).

[107] 伍凤仪, 王连洲. 中国投资基金立法国际研讨会文集 [M]. 北京: 中国金融出版社, 2000.

[108] 夏斌. 中国"私募基金"报告 [J]. 金融研究, 2001 (8).

[109] 夏斌. 中国私募基金报告 [M]. 上海: 上海远东出版社, 2002.

[110] 厦门大学王亚南经济研究院, 新加坡管理大学中国资本市场

研究中心,高能资本有限公司. 中国私募股权基金研究报告[M]. 北京:中国财政经济出版社,2007.

[111] 杨海霞. 私募股权基金走到"阳光"监管下[J]. 中国投资,2007(6).

[112] 杨蕾. 麦道夫金融欺诈案——史上最大"庞氏骗局"[N]. 新华网,2008-12-31.

[113] 杨艳萍. 风险投资中双重委托代理风险及其功能[J]. 经济体制改革,2003(1).

[114] 俞自由,李松涛,赵荣信. 风险投资理论与实践[M]. 上海:上海财经大学出版社,2001.

[115] 郑辉. 风险投资双重委托代理研究[D]. 复旦大学博士学位论文,2008.

[116] 张承惠. 建立中国风险投资体系的构想及有关政策建议[J]. 金融研究,2000(4).

[117] 张东生,刘健钧. 中国创业投资基金组织结构与立法模式探讨[J]. 金融研究,2000(6).

[118] 张东生等. 欧洲创业基金实践与借鉴意义[J]. 金融研究,1998(2).

[119] 张杰. 金融中介理论发展述评[J]. 中国社会科学,2001(6).

[120] 张明. 境外私募股权投资基金是如何规避政府管制的[J]. 世界经济,2008(3).

[121] 张树中. 美国创业资本市场的制度分析[M]. 北京:中国社会科学出版社,2001.

[122] 张小蒂. 美国创业投资业成功运作的主要因素及启示[J]. 金融研究,1999(9).

[123] 张英婕. 风险投资选项过程及企业家应对措施[J]. 财贸研究,2005(4).

[124] 张永衡. 风险投资与产权制度[M]. 北京:经济科学出版社,2002.

[125] 张增刚. 中国私募股权基金的设立及组织形式探讨[N]. 科技创新导报,2007(31).

［126］中国科学技术发展战略研究院科技投资研究所．中国创业风险投资发展报告2008［M］．北京：经济管理出版，2009．

［127］周炜．解读私募股权投资基金［M］．北京：机械工业出版社，2007．

［128］朱奇峰．中国私募股权基金发展研究［D］．厦门大学博士学位论文，2009．

［129］Advance Research. The study of SMEs in Thailand. Report submitted to the Department of Industrial Promotion, the Ministry of Industry, 1997.

［130］Aghtonm, P., Bolton, P.. An incomplete contracts approach to financial contracting［J］. Reviewing of Economic Studies, 1992 (59).

［131］Amit, A. R., Brander, J., Zott, C.. Venture capital financing of entrepreneurship in Canada. In: Halpern, P. (Ed.), Financing Innovative Enterprise in Canada. University of Calgary Press, 1997: 237 – 277.

［132］Amit, R., Brander, J., Zott, C.. Why do venture capital firms exist? Theory and Canadian Evidence. Journal of Business Venturing, 1998 (13): 441 – 466.

［133］Anderson, S., Tian, Y. S.. Incentive fees, valuation and performance of labour sponsored investment funds. Working Paper. Ryerson University and York University, 2003.

［134］Andreas Bascha and Uwe Walz. Convertible securities and optimal exit decisions in venture capital finance［J］. Journal of Corporate Finance, 2001 (7): 285 – 306.

［135］Anonymous. Testimony of a Union Sponsor of a LSVCC before Liberal Task Force of the House of Commons of Canada on Jobs and Small Business, 1996.

［136］Barclay, Michael J., Clifford G. Holderness, and Dennis P. Sheehan, Dividends and corporate shareholders［J］. Review of Financial Studies 2009 (22): 2423 – 2455.

［137］Barry, C. B., Muscarella, C. J., Peavy Ⅲ, J. W., Vetsuypens, M. R.. The role of venture capital firms in the creation of public companies: evidence from the going public process. Journal of Financial Economics, 1990 (27): 447 – 471.

[138] Bergloof, E. . A control theory of venture capital finance. Journal of Law, Economics, and Organization, 1994 (10): 247 – 267.

[139] Black, B., Gilson, R. . Venture capital and the structure of capital markets: banks versus stock markets. Journal of Finance Economics 43 (3): 243 – 277.

[140] Black, B. S. Gilson, T. J. . Venture capital and the structure of capital markets: Banks versus stock markets. Journal of Financial Economics, 1998 (47): 243 – 277.

[141] Black, F., The Future for Financial Servicesin R. P. Inman, Ed. Managing the Service Economy [M]. Cambridge University Press, 1985.

[142] Bodie, Z. & Merton, R. C. . Finance. First Edition, Prentice Hall, Inc. .

[143] Brealey, R. A., Myers, S. C. . Principles of Corporate Finance, fifth ed. McGraw – Hill, New York (International Editions) . Bygrave, W. D., Timmons, J. A., 1992. Venture Capital at the Crossroads.

[144] Brennan, M. J. . Aspects of Insurance, Intermediation and Finance [J/OL]. The Geneva Papers on Risk and Insurance Theory, 1991 (7): 7 – 30.

[145] Bygrave, William D., Jeffrey A. Timmons. Venture Capital at the Crossroads. Boston: HBS Press, 1992: 234 – 267.

[146] Bygrave, William d., Jeffrey A. Timmons. Venture Capital at the Crossroads. Boston: HBS Press, 1992: 234 – 267.

[147] Canadian Venture Capital Association (CVCA) Annual Statistical Review, prepared by Macdonald and Associates Limited www. cvca. ca.

[148] Casamatta C. . Financing and Advising: Optimal financial contracts with venture capitalists. University pf Tpulouse. Working paper, 1999.

[149] Chant, J. . The New Theory of Financial Intermediation [M] . Kevin Dowd and Mervyn K. Lewis: Current Issues in Financial and Monetary Economics, The Macmillan Press Ltd., 1989.

[150] Chen, Peng, Gary T. Baierl, Paul D. Kaplan. Venture Capital and its Role in Strategic Asset Allocation [J] . Journal of Portfolio Management

Winter, 2002.

[151] Cochrane, J.. The risk and return of venture capital. Journal of Financial Economics, 2005 (75): 3–20.

[152] Cumming, D., and U. Walz. Private equity returns and disclosure around the world. Working Paper No. 234, 2007.

[153] Cumming, D. J.. The structure, governance and performance of UK Venture Capital Trusts. Journal of Corporate Law Studies, 2003 (3): 401–427.

[154] Cumming, D. J.. Agency costs, institutions, learning and taxation in venture capital contracting. Journal of Business Venturing, 2005 (20): 573–622.

[155] Cumming, D. J., in press – a. Government policy towards entrepreneurial finance: innovation investment funds. Journal of Business Venturing.

[156] Cumming, D. J.. The determinants of venture capital portfolio size: empirical evidence. Journal of Business, 1985 (79): 451–478.

[157] Cumming, D. J., MacIntosh, J. G.. The role of interjurisdictional competition in shaping Canadian corporate law. International Review of Law and Economics, 2000 (20): 141–186.

[158] Cumming, D. J., MacIntosh, J. G.. Venture capital investment duration in Canada and the United States. Journal of Multinational Financial Management, 2001 (11): 445–463.

[159] Cumming, D. J., MacIntosh, J. G. . The rationales underlying reincorporation and implications for Canadian incorporations. International Review of Law and Economics, 2002: 277–330.

[160] Cumming, D. J., MacIntosh, J. G. . Venture capital exits in Canada and the United States. University of Toronto Law Journal, 2003 (53): 101–200.

[161] Cumming, D. J., MacIntosh, J. G.. A cross – country comparison of full and partial venture capital exits. Journal of Banking and Finance, 2003b (27): 511–548.

[162] Cumming, D. J., MacIntosh, J. G. . Canadian labour sponsored venture capital corporations: bane or boon? 2004.

[163] Cumming, D, J&J. G. MacIntosh. A cross-country comparison of full and partial venture capital exits. Online at http://www.ssrn.com, 2002.

[164] Cumming, D. & D. Schmidt &U. Walz. Legality and venture governance around the world [M]. 2004.

[165] Diamond, D. W. & Dybvig, P. H.. Bank Runs, Deposit Insurance, and Liquidity [J], Journal of Political Economy, 1983, 91 (3): 401-419.

[166] Diamond, D. W.. Financial intermediation and delegated monitoring. Review of Economic Studies, 1984 (51): 393-414.

[167] Diamond, D. W.. Financial intermediation and delegated monitoring [J]. Review of Economic Studies, 1984 (51): 393-414.

[168] Dimson, Elroy. Risk measurement when shares are subject to infrequent trading. Journal of Financial Economics, 1979 (7).

[169] Djankov. Simeon, Edwadr Glaeser, RafaelLa Porta, Florencio López de Silanes and Andrei Shleifer. The new comparative economics [J/OL]. Working Paper, Harvard University Department of Economics, 2003.

[170] Douglas Cumming. Sofia Johan Regulatory harmonization and the development of private equity markets [J]. Journal of Banking & Finance, Volume 31, Issue 10, October 2007: 3218-3250.

[171] Emery, Kenneth. Private Equity Risk and Reward: Assessing the Stale Pricing Problem. Journal of Private Equity, spring, 2003.

[172] Ernst & Young. The year of the hunters and the hunted, Mergers, acquisitions and capital raising in Mining and Metals sector Private, 2007.

[173] Eurico J. Ferreira A., I., LeRoy D. Brooks. Evidence on private equity offering announcements: Strong and weak firms' pooling versus separation. Journal of Economics and Business, 2007 (59): 89-110.

[174] Financial Services Authority. Private equity: a discussion of risk and regulatory engagement, www.fsa.gov.uk/pubs/discussion/dp06_06.pdf.

[175] George C. Nnona. The Nigerian Investment and Securities Act: Delineating Its Boundaries in Relation to the Registration of Securities [J]. Journal of African Law, Volume 50 - Issue 01, 2006.

[176] Getmansky, Mila, Andrew Lo, and Igor Makarov. An econometric model of serial correlation and illiquidity in hedge fund returns. MIT Working Paper 4288-03, 2003.

[177] Gilson, Ronald, and David Schizer. Understanding venture capital structure: a tax explanation for convertible preferred stock [J]. Harvard Law Review, 2003.

[178] Gompers, P. A., Lerner J.. The determinants of corporate venture capital success: organization structure, incentives and complementarities [J]. NBER Working Paper, 1998 (6): 1145-1178.

[179] Gompers, P. A, Lerner J.. The Determinants of Corporate Venture Capital Success: Organization Structure, Incentives and Complementarities [J]. NBER Working Paper, 1998 (6): 1145-1178.

[180] Gompers, P. A.. Optimal investment, monitoring, and the staging of venture capital. Journal of Finance, 1995 (50): 1461-1489.

[181] Gompers, P. A., Lerner, J.. What drives venture capital fund rasing? NBER Working Paper, 1999: 6906.

[182] Gompers, P. A.. Granstading in the venture capital industry. Journal of Financial Economics, 1996 (42): 133-156.

[183] Gompers, P. A.. Ownership and control in entrepreneurial firms: An examination of convertible securities in venture capital investments. Harvard Business School, Working Paper, 1997.

[184] Gompers, P. A., Lerner, J.. An analysis of compensation in the US venture capital partnership. Journal of Financial Economics, 1999 (51): 3-44.

[185] Greenbaum, S. I. and B. Higgins, Financial Innovation in G. J. Benston, Ed.. Financial Services: The Changing Institutions and Government Policy [M]. Englewood Cliffs, NJ, Prentice-Hall, 1993.

[186] Hege, U., Palomino, F., and A. Schwienbacher. Venture Capital Performance: the Disparitybetween Europe and the United States, RICAFE Working Paper No. 001, 2006: 32.

[187] Hellmann, T., L. Lindsey, and M. Puri. Building Relationships Early: Banks in Venture Capital. Working Paper, Duke University, 2005.

[188] Henry, J., Mayle, M. (Eds.). Managing innovation and change. The Open University & Sage Publications, London.

[189] Hertzel, M., & Smith, R. L.. Market discounts and shareholder gains from placing equity privately. Journal of Finance, 1993 (48): 459 – 485.

[190] Hertzel, M., Lemmon, M., Link, J. S., & Rees, L.. Long – run performance following private placements of equity. Journal of Finance, 2002 (57): 2595 – 2617.

[191] Hochberg, Y., Ljungqvist, A., and Y. Lu. Venture capital networks and investment performance. Journal of Finance forthcoming, 2007.

[192] Hwang, M., Quigley, J. and S. E. Woodward. An index for venture capital, 1987 – 2003, Contributions to Economic Analysis and Policy, 2005 (4).

[193] Jeng L. A., C. Wells. The determinants of venture capital funding: evidence across countries [J]. J. of Corporate Finance, 2000 (3): 241 – 289.

[194] Jensen, M., Meckling, W.. Theory of the firm: managerial behavior, agency costs, and capital structure [J]. Journal of Financial Economics, 1977 (3): 305 – 360.

[195] Josh Lerner. Boom and Bust in the Venture Capital Industry and the Impact on Innovation [J]. Harvard NOM Woeking Paper No. 3 – 13, 2003 (4).

[196] Kahn, C., & Winton, A.. Moral hazard and optimal subsidiary structure for financial institutions. Journal of Finance, 1998 (53): 99 – 129.

[197] Kanniainen, V., Keuschnigg, C.. The optimal portfolio of start – up firms in venture capital finance. Journal of Corporate Finance, 2003 (9): 52 – 534.

[198] Kanniainen, V., Keuschnigg, C.. Start – up investment with scarce venture capital support. Journal of Banking and Finance, 2004 (28): 1935 – 1959.

[199] Kaplan, S.. The effects of management buyouts on operating performance and value. Journal of Financial Economics, 1989 (24): 217 – 254.

[200] Kaplan, S. N. , and A. Schoar. Private equity performance: return persisi-tence and capital flows. Journal of Finance, 2005 (5): 231-255.

[201] Kaplan, S. N. and A. Schoar. Private equity performance: returns, persistence, and capital flows. Journal of Finance, 2005 (60): 1791-1823.

[202] Kaufman George G. Bank Failures. System Risk, and Bank Regulation [J]. CATO Journal, Spring/ Summer, 1996 (16): 17-46.

[203] Kesselman, J. R. . Base reforms and rate cuts for a revitalized personal tax. Canadian Tax Journal, 1999 (47): 210-241.

[204] Keuschnigg, C. . Venture capital backed growth. Journal of Economic Growth, 2002 (9): 239-261.

[205] Keuschnigg, C. . Taxation of a venture capitalist with a portfolio of firms. Oxford Economic Papers, 2004 (56): 285-306.

[206] Keuschnigg, C. , Nielsen, S. B. . Public policy for venture capital. International Tax and Public Finance, 2001 (8): 557-572.

[207] Keuschnigg, C. , Nielsen, S. B. . Tax policy, venture capital and entrepreneurship. Journal of Public Economics, 2003 (87): 175-203.

[208] Keuschnigg, C. , Nielsen, S. B. . Taxes and venture capital support. Review of Finance, 2003 (7): 515-539.

[209] Kortum, S. , Lerner, J. . Assessing the contribution of venture capital to innovation. RAND Journal of Economics, 2000 (31): 647-692.

[210] La Porta, Florencio López de Silanes, Andrei Shleifer and Robert Vishny. Investor protection and corporation valuation [J/OL]. NBER Working Paper, 1999b: 7403.

[211] Leland, H. & Pyle, D. . Informational Asymmetries, Financial Structure and Financial Intermediation [J]. Journal of Finance, 1977 (32): 122-145.

[212] Lerner Josh & Antoinette Schoar. Transaction structures in the developing world: evidence from private equity [J/OL]. MIT Sloan School of Management Working Paper, 2005.

[213] Lerner, J. , A. , Schoar, and W. , Wong. Smart Institutions, Foolish Choices? The LimitedPartner Performance Puzzle. Journal of Finance

forthcoming, 2007.

[214] Lerner, J. , F. Hardymon, and A. Leamon. Venture capital and private equity: a casebook, 3rd edition, John Wiley & Sons, 2004.

[215] Lerner, J.. The syndication of venture capital investments. Finance Manage, 1994, 23 (3): 16 - 27.

[216] Ljungqvist, A. and M. Richardson. The Cash Flow, Return, and Risk Characteristics of Private Equity. NBER Working Paper, 2003.

[217] Long, Austin M. , and Craig Nickels. A method for comparing private, 1995.

[218] Marciukaityte, D. , Szewczyk, S. , & Varma, R. . Investor overoptimism and private equity placements. Journal of Financial Research, 2005 (28): 59 - 608.

[219] Market internal rates of return to public market index returns. manuscript, University of Texas System, August 28.

[220] McEvily, S. K. , Eisenhardt, K. M. , Prescott, J. E. . The global acquisition, leverage, and protection of technological competencies. Strategic Management Journal, 2004 (25): 713 - 722.

[221] Megginson, W. . Toward a global model of venture capital? [J] . Journal of Applied Corporate Finance, 2004 (16): 8 - 26.

[222] Merton, R. C. , & Bodie, Z. . Deposit Insurance Reform: A FunctionalApproach [J], in A. Meltzerand C. Plosser. EDS. Carnegie Rochester Conference Series on Public Policy, 1993 (38) .

[223] Merton, R. C. , & Bodie, Z. . A framework for analyzing the financial system in crane et al. , Eds [M] . The Global Financial System: A Functional Perspective, Harvard Business School Press, 2000.

[224] Merton, R. . A functional perspective of financial intermediation [J] . Financial Management. 1995 (24), No. 2, Summer 1995.

[225] Metrick, A. , &A. . and Yasuda. Economics of private equity funds. [M] Working paper, Wharton Business School, 2007.

[226] Mikkelson, W. H. , & Partch, M. M. . The consequences of unbundling managers' voting rights and equity claims. Journal of Corporate Finance, 1994 (1): 175 - 199.

[227] Moore, B. . Financial constraints to the growth and development of small, high-technology firms. Small Business Research Centre, Cambridge University, UK, 1993.

[228] Muzyka, D., Birley, S., Leleux, B. . Trade-offs in the investment decisions of European venture capitalists. Journal of Business Venturing, 1996, 11 (4): 273-287.

[229] Myers, S. C., & Majluf, N. S. . Corporate financing and investment decisions when firms have information those investors do not have. Journal of Financial Economics, 1984 (13): 187-221.

[230] Pavitt, K. . Sectoral patterns of technical change: towards taxonomy and a theory. Research Policy, 1984 (13): 343-373.

[231] Peng, L. . Building a venture capital index. Yale Center for International Finance Working Paper, 2002.

[232] Porter, M. . The competitive advantage of Nations. Macmillan, London, 1990.

[233] Porter, M. . San Diego, Clusters of Innovation Initiative, Council on Competitiveness. Monitor Group on the Frontier, Washington, DC, 2001.

[234] Poterba, J. . Capital gains tax policy towards entrepreneurship. National Tax Journal, 1989 (42): 375-389.

[235] Powell, A. A. . A complete system of demand equations for the Australian economy fitted by a model of additive preferences. Econometrica, 1966 (34): 661-675.

[236] Roberts, E. B. . Entrepreneurs in High Technology. Oxford University Press, New York, 1991.

[237] Roll, R. . The Hubris hypothesis of corporate takeovers. Journal of Business, 1986 (59): 197-216.

[238] Ronald J. Gilson. Engineering a venture capital market: Lessons from the American experience, 2002 (12) .

[239] Ross, A. . Institutional markets, financial marketing, and financial innovation [J], Journal of Finance, 1989 (7): 541-556.

[240] Rothwell, R., Zegveld, W. . Industrial innovation and small and medium sized firms. Francis Pinter, London, 1982.

[241] Sahlman, W. A.. The structure and governance of venture capital organisations. Journal of Financial Economics, 1990 (27): 473 - 521.

[242] Samuel Kortu and Josh Lerner. Assessing the contribution of venture capital to innovation. The RAND Journal of Economics, Vol. 31, No. 4, 2000: 674 - 692.

[243] Scholtens, Bert & Wensveen, Dickvan. A critique on the theory of financial intermediation [J]. Journal of Banking & Finance, 2000 (24): 1243 - 1251.

[244] Schumpeter, J. A.. Business Cycles: A theoretical, historical and statistical analysis of the capitalist process, Vol. 2. McGraw - Hill, New York, 1939.

[245] Schumpeter, J. A.. The theory of economic development, fifth ed. Oxford University Press, New York, 1967.

[246] Schwartz A. Financial stability and the federal safety net [J/OL]. In W. Haraf and R. M. Kushmeider Restructuring Banking and Financial Services in America: 19 - 30, Washington D. C. , American Enterprise Institute, 1988.

[247] Shimshoni, D.. The mobile scientist in the American instrument industry. Minerva8, 1970 (1): 59 - 89.

[248] Sorensen, M.. How smart is smart money? a two - sided matching model of venture capital. Journal of Finance forthcoming, 2007.

[249] Steven Kaplan &Per Johan Stromberg. Financial contracting theory meets the real world: an empirical analysis of venture capital contracts [J]. Review of Economic Studies, 2000.

[250] Stigler G. J.. The theory of economic regulation. The Bell Journal of Economic and Mangement Science, 1971 (2): 3 - 21.

[251] Report of the Research and Development Division. Office of Small and Medium Enterprises Promotion, Thailand.

[252] Thomson James B.. Using market incentive to reform nank regulation and federal deposit insurance [J]. Economic Review (Federal Reserve Bank of Cleveland), 1990 (Vol. 26): 28 - 42.

[253] Ulf Axelson, Per Johan Stromberg Michael. Weisbach why is buy-

out leveraged? The Financial Structure of Private Equity Firms, CEPR Discussion Papers, 2007.

[254] Vaillancourt, F.. Labour – sponsored venture capital funds in Canada: institutional aspects, tax expenditure and employment creation. In: Halpern, P. (Ed.). Financing Innovative Enterprise in Canada. University of Calgary Press, 1997: 571 – 592.

[255] Wermers, R.. Mutual fund performance: an empirical decomposition into stock – picking talent, style, transactions costs and. Journal of Finance, 2000 (55): 1655 – 1695.

[256] Williamson, O. E.. Corporate finance and corporate governance [J]. Journal of Finance, 1988 (7): 567 – 591.

[257] Williamson, O. E.. The economic institutions of capitalism [M]. New York, NY, The Free Press, 1985.

[258] Wonglimpiyarat, J.. What are the mechanisms driving the success of US Silicon Valley? International Journal of Technology, Policy and Management, 2005 (2): 200 – 213.

[259] Wright, M., Lockett, A.. The structure and management of alliances: syndication in the venture capital industry. Journal of Management Studies 40, 2003: 2073 – 2104.

[260] Wruck, K. H.. Equity ownership concentration and firm value: Evidence from private equity financing. Journal of Financial Economics, 1989 (38): 3 – 28.

[261] Wu, Y. L.. The choice of equity – selling mechanisms. Journal of Financial Economics, 2004 (74): 93 – 119.